欄江網[窮通寶鑑]

韓國 第一의 '八字術 마스터'가 풀어내는

欄江網 마스터리

李修 지음

장서원
도서출판

동양오술(東洋五術)의 시종(始終), 팔자명리(八字命理)

근자에 대중적인 인기를 구가하는 종합격투기의 긍정적 요소로 그동안 무술(武術)계를 지배해 온 신비주의(神秘主義)의 혁파(革罷)를 꼽을 수 있다. 산속 수련을 하며 하늘을 날아다니고, 사람들의 눈에는 보이지 않을 정도의 발차기 능력을 지녔다거나, 손에서 장풍(掌風)이 나오는 고수(高手)들을 신봉(信奉)했던 이들에게 종합격투기는 무술에 대한 개념 자체를 뒤흔드는 일대 충격이었다. 종합격투기는 무술의 본질이 원초적인 싸움 기술이고, 격투 자체에 일차적 존재 가치가 있음을 확연히 알려 준 셈이다. 그곳에서는 유도나 레슬링의 금메달리스트 등 평생을 운동에 바친 기량이 출중한 엘리트 체육인들마저도 단 1승이 어려웠다. 격투기의 세계에서는 무엇보다 실전 기량이 중요하다. 지금은 어떤 신비주의 파이터가 출연한들 검증되지 않은 선수는 패배할 것으로 바라보게 된다. 결과적으로 무도(武道)만을 부르짖는 한편, 자신의 기예(技藝)야말로 실전최강이라는 믿음을 지녔던 부류들의 모순은 자연스럽게 폭로되었다.

"내가 몇 해 동안 복학(卜學)나 상학(相學)의 대가(大家)로 이름난 이들을 견문(見聞)하고 헤아려 보았는데 이들은 한결같이 팔자명리(八字命理)를 아는 듯 처세하지만, 실은 몹시 서툴렀다. 육임(六壬)이나 기문(奇門), 육효(六爻) 또는 풍수(風水)와 의(醫), 선(仙)의 단계에 이르기까지 다양한 학술과 도학을 선택하고 정진하는 문제는 다 개인의 취향과 자유다. 다만 어떤 형태로든 명리(命理)에 정통하지 않은 한, 간략한 점술(占術)이나 허세(虛勢)에 지나지 않는다고 볼 수 있다. 명(命)은 오술(五術)의 근간이자, 세사(世事) 일반을 벗어난 도(道)는 의미가 없기 때문이다. 가령 팔자(八字)를 모르고 유체(遺體)를 매장하는 음택법(陰宅法) 자체가 성립되지 않는데도 명리를 도외시한 풍수가 판을 친다. 개체적인 자아(自我)를 실체의 것으로 믿고 집착해 자기중심의 한정된 이론 체계를 벗어나지 못하는 부류들과는 도통 말이 통하지 않지만, 정히 불민(不敏)한 자세를 보이는 이들에겐 언제든 이 '이수'가 팔자술(八字術)의 진가를 쾌도난마(快刀亂麻)식으로 각인시킬 뜻이 있다. 부디 허구를 진실로 믿지 말고, 한번쯤 돌이켜 명학(命學)의 기본부터 제대로 복기하기 바란다."

한 마디로 검증되지 않은 술(術)과 도(道)는 의미가 없다. 세사(世事)를 간파(看破)하는 과정을 거치지 않은 도(道)란 그 자체로 불완전하기 쉽다. 팔자명리(八字命理)의 세계는 비록 속진(俗塵)의 빈부귀천(貧富貴賤)과 길흉수요(吉凶壽夭)를 따져 보는 형이하학(形而下學)적 연구를 바탕으로 삼지만, 세사(世事) 일반의 가치를 헤아린 연후 참다운 도(道)를 구현해 나가는 자연스러운 과정이라 할 수 있다. 그런데 현실은 팔자학(八字學)이 쉽지 않고, 사학(斯學)의 학문적 원칙을 견지한 인사들조차 찾아보기 어려운 문제가 있다. 실전에서 급수(級數)를 나누는 기준은 예외 없이 '기초(基礎)의 튼실함'으로 설명되어 왔다. 따라서 우리는 먼저 선학(先學)들이 친절하게 설명해 두지 않은 – 실상 몇 세기 전까지만 해도 문학이나 철학이 정형화된 포맷으로 존재하지 않고 오직 시(詩)의 형태로만 존재했으므로 대중이 공유하는 상세한 지식의 전수는 불가했다 – '베이식'부터 정확하게 완성해 나가야 마땅하다. 기초 체력부터 확실히 다지고, 눈부신 고급 기법을 체득해야만 현실에서 통하고 검증된다. 술(術)의 진가(眞價)는 현장에서 증명되는 것이지, 쌓아 둔 서책(書冊)으로 평가되는 게 아니므로 강호(江湖)의 환경은 갈수록 척박해질 게 분명하다. 한번 제대로 된 임자를 만나면 턱없이 무너질 골목의 '스트리트파이터'나 현실감각이 결여된 은둔 고수(高手)로 머물지 말고, 언제 어느 곳에서든 강력한 '포스'를 발산할 수 있는 정상급 실력자로 변모해서 한 번쯤은 명리(名利)를 거머쥐는 영화(英華)를 누려 보기 바란다.

"고래(古來)로 대부분의 인사들은 팔자명리(八字命理)를 잘 알지 못했다. 자평(子平)의 동호인(同好人)이나 평범한 학인(學人)으로 머문다면 모르되, 이른바 현장 술가(術家)라면 마땅히 팔자(八字)의 오의(奧義)에 통해야 한다. 그런데 강호(江湖)와 강단(講壇)을 묶어, 대개 사학(斯學)을 연구하는 학자들은 명리(命理)를 단지 '오행(五行) 생극제화(生剋制化)'의 이법(理法)적 틀에 국한된 시각을 견지하거나 그 정도 선에서 이해하기 일쑤다. 이토록 명리(命理)를 인식하는 수준이 낮으므로 명술(命術)의 다양한 기법을 수렴하기란 거의 불가능한 얘기가 된다. 기초적인 자평술(子平術)이나 두수(斗數) 또 이를 병용하는 성평합참(成平合參), 그리고 명학(命學)의 최고봉으로 치는 칠판신수(鐵板神數)나 복(卜)의 태을(太乙)에 이르기까지 나름대로 일가견을 피력한들, 명리(命理)에 정통하지 않다면 양두구육(羊頭狗肉)이 그럴듯한 바에 지나지 않는다. 오랫동안 동양술학계에는 수많은 문파(門派)와 유파(流派)들이 존재해 왔지만, 아직껏 성숙한 환경을 구축하지 못했고 학문적 위상에 걸맞는 대접을 받지 못한다. 원인은 자못 간단하다. 학문적인 원칙이 불분명하고, 지식이 온전치 않기 때문이다. 까닭에 지금껏 '명학의 학습 과정'이나 '술(術)의 실전 간명(看命) 순서'조차 바르게 설명되지 못하는 현실이다. '체용(體用)을 분간하는 용법(用法)'부터 정리가 되지 못했으므로 한 마디로 '펀더멘털'의 부재 상황이라 할 만하다. 이를테면 '자평진전(子平眞詮)'과 '난강망(欄江網)'은 체신(體神)의 영역에 집중된 이론을 전개하는 고서(古書)임에도 불구하고, 이를 통해 세월(歲月)의 희용(喜用)을 구하려는 우(愚)를 범한다. '적천수(滴天髓)'를 더한 사주학(四柱學)의 3대 텍스트 각각을 바르게 회득(會得)하지 못하므로 팔자명리의 근간을 일관되게 관통하는 지식체계를 견지하지 못한다. 무릇 팔자학을 학습하는 이라면 '이기(理氣)와 체용(體用), 기질(氣質)' 등의 기본 개념을 확고히 다진 연후, 제 것을 만들어야 비로소 천박하지 않은 진정한 팔자술(八字術)을 구사할 수 있는 것이다. 그러므로 명리(命理)의 '이법(理法)과 기학(氣學)'을 온전하게 이해하지 못하면 더한 학문이 사상누각(砂上樓閣)에 그치고 만다. 자평(子平)의 고법(古法)과 신법(新法)은 대부분 체(體)를 축으로 한 이론 체계로 구성되어 있다. 반면 근자의 선진 명학(命學)은 용(用)의 영역인 '오운육기(五運六氣)의 물상법(物象法)'과 '형충회합(刑沖會合)의 실기(實技)' 분야로

> 확장해 가는 추세를 보이고 있다. 혹자는 자평(子平)은 실성(實星)이요, 두수(斗數)는 허신(虛神)으로 대립 보완적인 관계를 논하기도 하는데, 이 또한 몰라서 하는 얘기다. 명리(命理)의 고급 기법은 허(虛)와 실(實)을 다 같이 포괄하고 수렴한다. 고전(古典)으로 기초(基礎)를 다지고, 이후 명술(命術)의 각론, 선진 기법을 익혀 이를 자유자재로 운용하는 묘법(妙法)을 체득해야만 비로소 '팔자술'의 마스터로 부상하게 되는 것이다."

학습자들은 항상 아집(我執)과 견강부회(牽强附會)를 경계해야 한다. 아울러 명학(命學)에 뜻을 둔 이상, 확고한 지식체계와 원칙을 세우는 노력을 게을리 해선 안 된다. 적당히 타협하거나 포기할 근기(根氣)라면 실은 지체 없이 진로를 바꾸는 게 좋다. 모르면서 안다고 착각하지 말고, 늘 겸손하며 삼가는 태도로 학습에 정진한다면 머지않아 명리(命理)를 온전히 깨칠 것이다. 스스로 흔들리지 않는 지경에 이르러 강호(江湖)로 나서라. 그러면 세인(世人)들의 존경을 한 몸에 받게 된다. 술법(術法)의 시대인 21세기는 필시 동양의 예측술(豫測術)이 대중의 기대와 주목, 찬사를 받게 될 것이다. 그러니 즐겁게 배우고 익혀 나가길 바란다.

乙酉年 龍仁, 寓居에서

이수 記

| 목 차 |

■ 머리말

■ 일러두기

券 二

■ 三春丙火總論 15

■ 三春丙火 18

■ 三夏丙火總論 40

■ 三夏丙火 43

■ 三秋丙火 56

■ 三冬丙水 70

■ 三春丁火 83

■ 三夏丁火 98

■ 三秋丁火 113

■ 三冬丁火 121

■ 三春戊土總論 128

■ 三夏戊土 142
■ 三秋戊土 155
■ 三冬戊土 167
■ 三春己土 178
■ 三夏己土 191
■ 三秋己土 198
■ 三冬己土 207
■ 三春庚金 217
■ 三夏庚金 236
■ 三秋庚金 248
■ 三冬庚金 266
■ 三春辛金 277
■ 三夏辛金 295
■ 三秋辛金 307
■ 三冬辛金 326
■ 참고문헌 338

券 一

Ⅰ 인트로[*Intro]

■ 체용(體用)
■ 격국(格局)
■ 십간(十干)
■ 조후(調候)

Ⅱ 마스터리[*Mastery]

■ 五行總論
■ 論木
■ 論火
■ 論土

- 論金
- 論水
- 三春甲木總論
- 三春甲木
- 三夏甲木
- 三秋甲木總論
- 三秋甲木
- 三冬甲木
- 三春乙木總論
- 三春乙木
- 三夏乙木總論
- 三夏乙木
- 三秋乙木
- 三冬乙木

劵 三

- 三春壬水
- 三夏壬水
- 三秋壬水
- 三冬壬水
- 三春癸水
- 三夏癸水
- 三秋癸水
- 三冬癸水

Ⅲ 아우트로[*Outro]

- 십간론(十干論) 스펙트럼
- 참고문헌

| 일러두기 Explanatory Notes |

'난강망(欄江網) 마스터리'는 기존의 명리서(命理書) 각각이 지닌 이질(異質)적인 내용의 통일성을 꾀한 일관(一貫)된 논리 체계로 전개됩니다. 다시 말해 자평명리(子平命理)의 음양오행(陰陽五行) '이법(理法)과 기학(氣學)'을 최적의 상태로 조율(調律)하는 데 초점을 맞춘 것입니다. 따라서 학습자들은 '마스터리'를 통해 일정한 원리에 따라 자연스럽게 조직된 명리학(命理學) 지식의 통일된 전체를 이해하게 될 것으로 기대합니다. 근세에 자평(子平)의 3대 고서(古書)를 모두 주해, 저술한 서락오(徐樂吾) 대사의 오류 일반은 '자평진전리뷰'에서 이미 언급한 바, 이를 참고로 대조하여 본다면 명리(命理)의 바른 계통을 한결 수월하게 파악할 수 있을 것입니다.

이 책은 전체 'Ⅰ 인트로, Ⅱ 마스터리, Ⅲ 아우트로'의 전체 3 단계로 구성되어 있습니다.

1. '인트로'에서는 팔자학(八字學) 전반의 학문적 원칙을 확고히 하는데 목적을 두고 기본 사항을 점검합니다. 강호(江湖)와 강단(講壇)을 불문하고, 팔자명리(八字命理)의 이법(理法)과 기학(氣學) 체계 조직을 정확하게 인식하는 실력자를 아직 찾아보지 못했습니다. 선학(先學)들의 유산도 부족한 점이 있으므로 최근에 발표한 '베이식'을 축으로 몇 가지 중요한 내용들을 요약하였습니다. 이 부분의 분명한 이해가 수반되어야 '마스터리' 본문의 내용에 한결 자연스럽게 다가설 수 있게 됩니다.

2. '마스터리' 에서 채택한 텍스트는 '궁통보감(窮通寶鑑)' 입니다. 본문은 [원시*TEXT]와 원문을 직역(直譯)한 [일람*Scanning], 그리고 최신 견해를 피력한 [숙달*Mastery] 순으로 전개됩니다. '해설' 편에서는 '조화원약평주(造化元鑰評註)' 의 일부 내용을 인용하고 있습니다. 특히 '1권' 의 각론(各論)에서는 생극제화(生剋制化)의 이법(理法)과 기후론(氣候論)이 조화되는 팔자(八字) 유형의 예시로 학습자들의 수월한 이해를 도모하였고, '2권' 의 각론(各論)에서는 명인(名人)들의 명례(命例)를 통해 격국(格局)의 귀천고저(貴賤高低)를 종합적으로 판단하는 데 중점을 두어 종래의 해설서와 차별화했습니다.
3. '아우트로' 에서는 십간용신(十干用神)을 기후(氣候)와 부억(扶抑) 관계로 포괄한 십간론(十干論) 전반을 요약하였습니다. 양상윤(梁湘潤)이 편술한 '여씨용신사연(余氏用神辭淵)', 서락오(徐樂吾)의 '궁통보감(窮通寶鑑)' 에 요약된 십간희용제요(十干喜用提要) 및 진소암(陳素庵)이 수립한 '십간론(十干論)' 등에 이르기까지 십간(十干) 희기(喜忌) 조합 전반을 일관되고 균형 잡힌 관점에서 새롭게 압축 정리한 것입니다. 이로써 학습자들은 순식간에 팔자(八字), 체신(體神)의 성패(成敗)와 희기(喜忌)를 판정하는 고급실력을 갖추게 될 것입니다.

삼춘병화총론
■ 三春丙火總論

[원시*TEXT]

三春丙火秉象至威, 陽回大地, 侮雪欺霜, 耑用壬水為扶陽, 名曰天和地潤, 既濟功成.

삼춘병화병상지위, 양회대지, 모설기상, 전용임수위부양, 명왈천화지윤, 기제공성.

[일람*Scanning]

삼춘(三春) 丙火는 형상을 쥐고 지극히 위엄이 있는바 양(陽)이 대지로 돌아와 설상(雪霜)을 업신여기고 기만하니 오직 壬水를 용(用)하여 부양(扶陽)하므로 천화지윤(天和地潤)이라, 기제(旣濟)의 공(功)을 이룬다.

[숙달*Mastery]

'십간론'에 丙火 일간(日干)에 壬水를 용(用)하면 강휘상영(江暉相映)의 귀격(貴格)을 짜고, 더해서 甲乙木을 상신(相神)으로 하는 살격용인(殺格用印)으로 성격(成格)되면, 염양려화(艶陽麗花)라 해서 상당한 지위에 오를 수 있다고 했다. 丙火와 壬水는 대개 수화기제(水火旣濟)의 상(象)을 이룬다. 壬水는 수보양광(水輔陽光)으로 丙火를 극(剋)하지 않고, 이때는 戊土 역시 丙火를 설(洩)하지 않는다. 다음은 살용식제격(殺用食制格), 미국 여우(女優) 미셸 파이퍼(Michelle Pfeiffer)의 팔자(八字)다.

壬 丙 丙 戊
辰 子 辰 戌

[원시*TEXT]

正月用壬, 庚辛為助. 二月耑用壬水. 三月土重晦光, 取甲佐之為妙.
정월용임, 경신위조, 이월전용임수, 삼월토중회광, 취갑좌지위묘.

[일람*Scanning]

1. 寅月에는 壬水를 용(用)하고 庚辛金으로 보조(補助)한다.

2. 卯月에는 오직 壬水를 용(用)한다.

3. 辰月에는 土가 중(重)하여 빛을 가리니 甲木을 취하여 보좌(輔佐)하면 묘(妙)하다.

[숙달*Mastery]

삼춘(三春) 丙火는 모두 壬水가 존신(尊神)이다. 寅月에는 壬水가 병(病)이 되어 甲木이 생왕(生旺)하므로 庚金이 유용하다. 辰月에 토중(土重)하면 壬水의 흐름을 막을 우려가 있으므로 이때 甲木으로 구제(救濟)하면 수보양광(水補陽光)이 되어 귀격(貴格)을 이룬다.

[원시*TEXT]

癸丙春生, 不晴不雨之天. 丙日春生, 時月出癸, 雲霧迷濛, 不顯不達, 非若壬水輔丙也.

계병춘생, 불청불우지천. 병일춘생, 시월출계, 운무미몽, 불현불달, 비약임수보병야.

[일람*Scanning]

1. 봄의 癸丙은 불청불우(不晴不雨)한 하늘이다.

2. 삼춘(三春) 丙火에 時月에 癸水가 출(出)하면 구름과 안개가 끼어 가랑비가 올 듯 말 듯 하니 현달(顯達)하지 못하므로 壬水가 丙火를 보(輔)하는 것과 같지 않다.

[숙달*Mastery]

丙火는 보통 癸水로 인해 불청불우(不晴不雨)해짐을 두려워하지만, 춘월(春月)에 丙火가 강한 경우에는 癸水를 크게 겁내지 않는다. 그러나 월시(月時)에 함께 癸水가 투간(透干)하여 흑운차일(黑雲遮日)의 상(象)을 지으면 구름과 안개가 태양을 가려 발전성을 찾기 어렵다. 따라서 癸水 두 개를 중관(重官)으로 壬水 칠살(七殺)과 동일시하는 발상은 어불성설(語不成說)이 아닐 수 없다. 또한 癸水를 대용(代用)하는 것이 壬水의 효용(效用)에는 미칠 수 없는 것이다.

■ 三春丙火(삼춘병화)

[원시*TEXT]

正月丙火, 三陽開泰, 火氣漸炎, 取壬為尊, 庚金佐之. 壬庚兩透, 科甲定然. 即壬透庚藏. 亦有異途顯達.

정월병화, 삼양개태, 화기점염, 취임위존, 경금좌지. 임경량투, 과갑정연. 즉임투경장, 역유이도현달.

[일람*Scanning]

1. 寅月 丙火는 삼양(三陽)이 열려 커질 때니 화기(火氣)가 점차 타

올라 壬水를 취하여 존귀하게 여기고, 庚金으로 보좌(輔佐)한다.

2. 壬庚이 양투(兩透)하면 과갑(科甲)이 자연스럽게 정해진다.

3. 壬이 투(透)하고 庚이 암장(暗藏)되어도 역시 이도(異途)로 현달(顯達)한다.

[숙달*Mastery]

寅月 丙火가 壬水를 용신(用神)으로 삼으면 인수용살(印綬用殺)의 귀격(貴格)이 성립된다. 庚壬이 모두 투출(透出)하면 재(財)는 나타나고 인수(印綬)는 암장(暗藏)되어 재자약살(財滋弱殺)의 최상격(最上格)을 이룬다. 재(財) 庚金은 암장(暗藏)되어도 좋은데 만일 庚金이 申金에 있어 寅木과 상충(相沖)하면 자살(滋殺)과 화살(化殺)의 효용을 잃게 되니 흉하다.

庚 丙 壬 □

寅 □ 寅 □

[원시*TEXT]

若一庚高透, 支藏一二丙火, 納粟奏名, 主為人慷慨英雄, 有才邁眾.

약일경고투, 지장일이병화, 납속주명, 주위인강개영웅, 유재매중.

[일람*Scanning]

만일 庚金 하나가 고투(高透)하고 지지(地支)에 한두 개의 丙火가 암장(暗藏)되면 납속주명(納粟奏名)으로 위인이 강개심(慷慨心)이 있는 영웅(英雄)이자, 그 재능이 몹시 뛰어나다.

[숙달*Mastery]

寅月 丙火에 庚金을 용(用)하는 인수용재격(印綬用財格)은 납속주명(納粟奏名)으로 재무 계통에서 출세하는 경우가 많다. 또한 정의감이 특출하고, 재지(才智)가 무척 뛰어난 준매(俊邁)로 각광받는다. 이때는 丙火가 신왕(身旺)해야 함이 관건이므로 인수(印綬)나 겁재(劫財)의 글자가 투(透)해야 귀격(貴格)이 되기 쉽다. 납속주명(納粟奏名)이란 상대적으로 부(富)가 귀(貴)를 앞서는 팔자(八字) 유형을 뜻한다.

丁 丙 庚 辛
□ 子 寅 □

乙 丙 庚 辛
□ 子 寅 □

[원시*TEXT]

或一派庚辛混雜, 常人. 得時月兩透庚金, 無辛者, 定主清貴. 或辛年辛時, 名為貪合, 酒色之徒. 女命一理.

혹일파경신혼잡, 상인. 득시월량투경금, 무신자, 정주청귀. 혹신년신시, 명위탐합, 주색지도. 여명일리.

[일람*Scanning]

1. 혹 한 무리의 庚辛金이 혼잡(混雜)하면 평범하다.

2. 庚金이 時月에 양투(兩透)하고 辛金이 없는 사람은 청귀(淸貴)하다.

3. 혹 신년(辛年) 신시(辛時)로 탐합(貪合)하면 주색(酒色)을 즐기는 무리로 여명(女命)도 마찬가지다.

[숙달*Mastery]

월시(月時)에서 모두 庚金이 투출(透出)했다는 것은 庚寅月, 庚寅時생(生)을 말하는 것이다. 위의 대목에서 거론한 두 개의 丙火가 암장(暗藏)된 납속주명(納粟奏名)을 상기해 볼 수 있다. 다만 庚金 재(財)가 절지(絶地)에 이르니 청귀(淸貴)할 뿐이다. 庚辛의 재(財)가 혼잡해도 신왕(身旺)하면 능히 귀격(貴格)을 이룰 수 있다. 양신(兩辛)이 투출(透出)하면 丙火가 합(合)을 탐(貪)하므로 본성을 잃기 쉽다는 것이다.

[원시*TEXT]

或丙少壬多, 而無戊制, 名殺重身輕. 斯人笑裏藏刀, 尋非痞棍. 或見一戊制壬, 反而富貴, 宜見一二比肩方妙.

혹병소임다, 이무무제, 명살중신경. 사인소리장도, 심비비곤. 혹견일무제임, 반이부귀, 의견일이비견방묘.

[일람*Scanning]

1. 혹 丙火는 적고 壬水가 많은데 戊土로 제(制)하지 못하면 살중신경(殺重身輕)이 된다.

2. 이런 사람은 웃음 속에 칼을 감추고 있는 사람으로 평소에는 악한(惡漢)의 모습을 찾을 수 없다.

3. 혹 戊土가 壬水를 제(制)하면 도리어 부귀(富貴)하고 이때는 마땅

히 한두 개의 비견(比肩)을 보면 바야흐로 묘(妙)해진다.

[숙달*Mastery]

寅月 丙火에 壬水가 많아 살중신경(殺重身輕)이 되는 경우는 비록 인수용살(印綬用殺)로 격국(格局)이 성격(成格)되는 구조지만, 경중(輕重)으로 인해 파격(破格)되는 무정(無情)을 뜻하는 것이다. 이때 戊土로 壬水를 제(制)하는 식신대살(食神帶殺)로 성격(成格)되고 더하여 비견(比肩)까지 가세하면, 이른바 삼자개비(三者皆備), 삼자개균(三者皆均)으로 유정(有情)과 유력(有力)을 겸한 부귀격(富貴格)을 이루는 것이다. 무릇 식신(食神)으로 제살(制殺)하려면 응당 신왕(身旺)해야 한다. 그렇지 않으면 극설교가(剋洩交加)가 되기 쉽다.

戊 丙 壬 壬
戌 子 寅 子

[원시*TEXT]

或一片戊土, 甲不出干, 終非大器, 且恐孤貧. 正月之丙, 忌戊晦光. 或支成火局, 嵩取壬水為貴. 無壬, 癸亦姑用. 若壬癸俱無, 取戊以洩火氣. 但屬平人.

혹일편무토, 갑불출간, 종비대기, 차공고빈. 정월지병, 기무회광. 혹지성화국, 전취임수위귀. 무임, 계역고용. 약임계구무, 취무이설화기, 단속평인.

[일람*Scanning]

1. 혹 한쪽의 戊土를 보고 甲木이 출간(出干)하지 않으면 종내 대기(大器)는 못되며 또 고빈(孤貧)함이 염려된다.

2. 寅月 丙火는 戊土가 빛을 어둡게 하는 것을 꺼린다.

3. 혹 지지(地支)에 화국(火局)을 지으면 壬水를 취해 귀(貴)를 이룬다.

4. 壬水가 없으면 癸水를 차용(借用)한다.

5. 만일 壬癸를 갖추지 못하면 戊土를 취하여 화기(火氣)를 설(洩)해도 다만 평상인에 지나지 않는다.

[숙달*Mastery]

寅月 丙火는 戊土의 회광(晦光)을 꺼리지만, 壬水만 있다면 귀격(貴格)을 이루는 예가 많다. 戊土가 두터우면 甲木으로 제복(制伏)하는 식다용인(食多用印)으로 성격(成格)되어야 빈한(貧寒)을 면하고 부격(富格)을 이룬다.

戊 丙 甲 戊

戌 □ 寅 □

지지(地支) 화국(火局)을 이루면 壬水를 용(用)해야 진정한 귀격(貴格)이라 할 수 있다. 가령 다음과 같이 甲木을 용신(用神)으로 삼는 경우 부(富)는 있으나 귀(貴)는 없다고 볼 수 있다.

戊 丙 甲 戊

戌 午 寅 □

[원시*TEXT]

或支成火局, 又作炎上而推, 但不逢時耳. 若不見東南歲運. 反致孤貧.

혹지성화국, 우작염상이추, 단불봉시이. 약불견동남세운, 반치고빈.

[일람*Scanning]

1. 혹 지지(地支)에 화국(火局)을 이루면 또한 염상(炎上)으로 간주하지만, 시(時)를 만난 것은 아니다.

2. 만약 동남(東南) 세운(歲運)을 보지 못하면 반대로 고빈(孤貧)함에 이른다.

[숙달*Mastery]

寅月 丙火의 염상격(炎上格)은 계절을 얻은 것이 아니다. 이것은 같은 외격(外格)이라도 미세한 고저(高低)의 차이를 분별하는 단서가 된다. 그러나 이미 온전한 염상(炎上)을 이루면 대운(大運)의 흐름에 따라 차별되는 법은 드물다. 원시(原詩)도 분명 세운(歲運), 즉 세월(歲月)을 거론하고 있으므로 대운(大運)의 동남운(東南運)을 기뻐하는 것으로 오역(誤譯)하면 곤란하다. 다만 세월(歲月)에서 염상(炎上)의 세(勢)를 거스르는 금수운(金水運)을 만나면 급격하게 추락할 우려가 있다.

결론적으로 명백 타당한 외격(外格)이 성립되면 세운(歲運)에 비해 대운(大運)의 영향력은 축소된다. 또한 세월(歲月)의 희기(喜忌)에도 좌우되지 않을 정도로 청순(淸純)한 외격(外格)이 성립되는 한, 그 자체로 부귀(富貴)가 보증된다고 볼 수 있다. 다만, 완벽한 외격(外格)의 팔자(八字) 자체가 희소(稀少)하므로 미약한 흠결이 본성을 거스르는 세월(歲月)의 운(運)에 의해 성패(成敗)의 부침을 실감케 하는 요인이 되는 것이다. 가령 다음과 같은 팔자(八字)는 염상격(炎上格)을 이루어 아름다운 명(命)이지만, 월간(月干) 庚金이 흠(欠)이 되므로 금수운(金水運)이 패인(敗因)이 될 가능성이 있다.

甲 丙 庚 甲
午 午 寅 午

[원시*TEXT]

或四柱有甲木, 得庚金暗制, 可作秀才.

혹사주유갑목, 득경금암제, 가작수재.

[일람*Scanning]

혹 사주(四柱)에 甲木이 있고 庚金이 암제(暗制)하면 가히 수재(秀才)의 명(命)이 된다.

[숙달*Mastery]

甲木이 있고 庚金이 암제(暗制)하는 팔자(八字)는 甲庚이 투(透)한 인다용재격(印多用財格)과 맥락을 같이 하는데, 이런 사주(四柱)는 과시할만한 부귀(富貴)와는 거리가 멀고, 다만 유림(儒林)의 수사(秀士)로 청귀(淸貴)함은 있다고 본다.

[원시*TEXT]

無壬用癸者. 略富貴. 且官殺亦要旺相有根. 丙火無壬, 多主貧賤, 屢徵屢驗.

무임용계자, 략부귀, 차관살역요왕상유근. 병화무임, 다주빈천, 루징루험.

[일람*Scanning]

1. 壬水가 없고 癸水를 용(用)해도 대강 부귀(富貴)하지만, 관살(官殺)이 왕상(旺相)하고 유근(有根)함을 요(要)한다.

2. 丙火는 壬水가 없으면 빈천(貧賤)한 경우가 많다는 사실이 누차 징험(徵驗)된다.

[숙달*Mastery]

丙火가 壬水를 보지 못하면 빈천(貧賤)한 경우가 많음은 자주 밝혀지고 경험되는 바다. 壬水가 없으면 癸水를 대용(代用)하는 인수용관(印綬用官)으로도 귀격(貴格)을 이룰 수 있다. 이때 癸水는 지지(地支)에 뿌리를 내려야 하고, 가급적 壬水가 암장(暗藏)되어야만 귀격(貴格)이 확연해진다.

□ 丙 庚 癸

□ 子 寅 亥

[원시*TEXT]

或火多無水, 一至水鄉必死, 不然, 定有災咎. 惟五月丙火, 合炎上格, 則不喜水破格. 用癸無根, 定主目疾.

혹화다무수, 일지수향필사, 불연, 정유재구. 유오월병화, 합염상격, 즉불희수파격. 용계무근, 정주목질.

[일람*Scanning]

1. 혹 火가 많고 水가 없으면 수향(水鄕)에 이르러 필시 죽음에 이르거나 아니면 재앙(災殃)이 따른다.

2. 생각건대 午月 丙火로 염상격(炎上格)이 합당한즉 水를 기뻐하지 않고 파격(破格)됨을 꺼린다.

3. 癸水를 용(用)하는데 뿌리가 없으면 반드시 목질(目疾)이 있다.

[숙달*Mastery]

'화다무수(火多無水), 수향필사(水鄕必死)'의 원시(原詩) 대목은 실은 子午 충(沖)의 특성에 연유하는 바가 크다. 午月 丙火의 염상격(炎上格)이 수운(水運)에 파격(破格)됨을 몹시 기피하는 것 또한 마찬가지다. 고서(古書)와 종래의 해설서는 이점을 명백히 밝히지 못하고 있으나 이는 충(沖)으로 인한 개고(開庫)의 득실(得失) 상황을 염두에 두면 간단하게 풀리는 문제다. 이를테면 子午 충(沖)은 子 중 壬水와 午 중 丁火의 합거(合去) 상황으로 인해 子午의 두 기물(器物)은 그 자체로 손상된다. 이것은 팔자(八字)의 타간(他干)과 합거(合去)되는 상황이 아닌 한, 지지(地支) 글자 자체에는 손상이 가지 않는 寅申 충(沖)과는 전혀 실감을 달리하는 문제다. 따라서 寅月 丙火의 염상(炎上)과 午月 丙火의 염상(炎上)이 수운(水運)에 봉착해서 겪을 상황의 심각성은 경중(輕重)을 달리 한다. 또 팔자(八字)에 午火가 있어 子水를 보는 것과

午火가 없는 경우 또한 정도의 차이는 천차만별로 갈라진다. 까닭에 수향필사(水鄕必死) 내지 정유재구(定有災咎)는 午를 子가 충(沖)하는 상황에 특별히 주목할 필요가 있다. 이 대목의 설명이 잘 이해가지 않으면 '팔자술 필살기'나 '팔자술 파이널블로'의 '형충(刑沖)' 편을 참고하기 바란다.

寅月에는 水가 병궁(病宮)에 임(臨)하므로 뿌리가 없으면 쉽게 마른다. 특히 癸水는 속히 메마르므로 안과(眼科) 계통의 질환이 따르기 쉽다. 또한 양간(陽干) 壬水가 아닌 음간(陰干) 癸水가 투간(透干)하면 寅申 충(沖)에도 개고(開庫)된 戊土와 합거(合去)되므로 지지(地支)의 기물(器物)이 파괴되어 불리하다. 다음의 팔자(八字)는 자운(子運)에 망명도주(亡命逃走)한 것으로 '조화원약평주'에 예시된 명(命)이다.

癸 丙 甲 癸
巳 午 寅 酉

[원시*TEXT]

用壬者, 金妻水子. 用庚者, 土妻金子.

용임자, 금처수자. 용경자, 토처금자.

[일람*Scanning]

1. 壬水를 용(用)하면 金이 아내요, 水가 자식이다.
2. 庚金을 용(用)하면 土가 아내요, 金이 자식이다.

[숙달*Mastery]

금처수자(金妻水子)는 인수용살격(印綬用殺格)을, 토처금자(土妻金子)는 인다용재격(印多用財格)을 말한다. 이 두 격국(格局)은 신왕(身旺)해야 귀격(貴格)을 이루므로 부억(扶抑)의 관점에서 봐도 재살(財殺)과 식재(食財)의 희용(喜用) 관계가 일치한다. **'난강망'은 대개 부억(扶抑)에 기초하여 희기(喜忌) 오행(五行)의 추상적인 관계를 처자(妻子)로 암유(暗喩)한 것이라 누차 설명한 바 있다. 따라서 이를 곧이곧대로 육친궁(六親宮)의 구체적인 희기(喜忌)로 이해하면 곤란하다.** '서락오'는 간간이 '난강망'의 용신(用神) 오행(五行)을 실제 육친의 육신(六神)과 동일시하여 해설하였는데 내용의 일부는 맞아 떨어지지만, 전체를 살피면 무리한 시도에 불과한 것임을 어렵지 않게 알 수 있다.

[원시*TEXT]

二月丙火, 陽氣舒升, 耑用壬水. 壬透天干, 不見丁化, 加以庚辛己亦透, 壬水有根, 定主科甲.

이월병화, 양기서승, 전용임수. 임투천간, 불견정화, 가이경신기역투, 임수유근, 정주과갑.

[일람*Scanning]

1. 卯月 丙火는 양기(陽氣)가 펼쳐 오르니 오로지 壬水를 용(用)한다.

2. 壬水가 투간(透干)하고, 丁火와 합화(合化)되지 않으며 또한 庚辛金과 己土가 투(透)하고 壬이 유근(有根)하면 과갑(科甲)한다.

[숙달*Mastery]

卯月은 양장(陽壯)하니 木이 메마르므로 반드시 壬水를 용신(用神)으로 삼는 것이다. 寅月과 卯月은 壬水의 병사지(病死地)이므로 庚金으로 생조(生助)하면 좋다. 즉 卯月 丙火는 인수격(印綬格)을 축으로 壬水를 용(用)하는 인수용살(印綬用殺)에 庚辛金이 보좌(輔佐)하는 재자약살(財滋弱殺)이나 또는 己土의 상관가살(傷官駕殺)로 귀격(貴格)을 이룬다.

壬 丙 己 庚
辰 □ 卯 □

[원시*TEXT]

或無壬水, 己土姑用, 主有才學, 雖不成名, 必衣食充足.

혹무임수, 기토고용, 주유재학, 수불성명, 필의식충족.

[일람*Scanning]

혹 壬水가 없으면 일단 己土를 용(用)하는데 재능과 학식은 있으므로 이름이 나지 못해도 의식(衣食)은 충족하다.

[숙달*Mastery]

삼춘(三春) 丙火에 壬水가 용(用)이면 귀(貴)가 보증되지만, 부득이 土로 火를 설(洩)하는 경우에는 귀(貴)는 작고 부(富)는 기대해 볼 만하다. 특히 卯月 丙火는 양기(陽氣)가 씩씩하여 己土로 설기(洩氣)하는 화토상관격(火土傷官格)을 이루면 총명하고 학문에 재능이 있고, 월령(月令)의 인수(印綬)와 투간(透干)한 상관(傷官)이 서로 방해하지 않는 인용상관격(印用傷官格)은 공명(功名)에는 이르지 못해도 의식(衣食)은 풍요로운 부격(富格)이 된다. '십간론'에 이르길 丙己의 조합은 대지보조(大地普照)의 상(象)으로 학술, 종교, 교육, 서비스업 계통에서 장점을 발휘한다고 했다.

己 丙 丁 己
亥 □ 卯 □

[원시*TEXT]

或一派壬水, 見一戊制, 雖不科甲, 亦有恩庇. 或無戊透, 則有辰戌丑未之戊, 但辰宮癸水, 貪合成火, 不能制土, 此平常衣祿. 若支下全無一戊. 此係奔流之人, 加以金多生水, 下賤之命.

혹일파임수, 견일무제, 수불과갑, 역유은비. 혹무무투, 즉유진술축미지무, 단진궁계수, 탐합성화, 불능제토, 차평상의록. 약지하전무일무, 차계분류지인, 가이금다생수, 하천지명.

1. 혹 한 무리의 壬水가 있는데 戊土의 제(制)를 보면 비록 과갑(科甲)은 아니나 역시 은비(恩庇)가 있다.

2. 혹 戊가 투(透)하지 않은 즉, 이를테면 辰戌丑未에 戊土가 있을 때 진궁(辰宮)의 癸水는 탐합(貪合)하여 火를 성(成)하므로 土로 제(制)하는 것이 불능(不能)하여 평범한 명(命)으로 의록(衣祿)이 있을 뿐이다.

3. 만약 지지(地支)에도 하나의 戊土가 없고 더하여 金이 많아 水를

생(生)하면 하천(下賤)한 명(命)이 된다.

[숙달*Mastery]

卯月 丙火에 壬水가 많으면 戊土로 제(制)하는 살용식제(殺用食制)로 성격(成格)되어야 출세(出世)를 기약할 수 있다. 칠살(七殺)을 제복(制伏)하지 못하면 떠돌이 팔자가 되고, 더욱이 재생살(財生殺)하면 하천(下賤)한 명(命)이 된다.

戊土가 투출(透出)하지 않으면 辰戌丑未의 土로 壬水를 제(制)해야 하는데, 戌土가 戊土에 버금가는 공(功)을 세울 수 있다. 다음으로는 未土를 들 수 있는데, 未 중의 丁火가 壬水를 암합(暗合)하는 작용력이 있기 때문이다. 다만 卯月에는 卯未 목국(木局)을 이루어 壬水를 설기(洩氣)하는 작용에 그치고 만다. 丑土는 癸水의 습기(濕氣)를 함유하여 壬水를 제(制)하기 어렵다. 원시(原詩)에서 따로 거론되는 辰土는 이미 글자 자체에서 戊癸 암합(暗合)을 이루고 있어 壬水를 제(制)하는 작용력이 거의 없다. 더욱이 子辰 수국(水局)을 짓기도 하므로 믿을만한 글자가 못된다. 다음의 사주(四柱)는 '조화원약평주'에 절강성(浙江省)의 실업청장(實業廳長)을 지낸 사람으로 설명된 명(命)이다. 격국(格局)의 겉모습은 신살양정(身殺兩停)하나 관살혼잡(官殺混雜)이 되어 흠이다. 지지(地支)의 亥卯 회국(會局)으로 화살(化殺)하고, 戌土가 戊土의 작용을 하여 식제(食制)하므로 귀격(貴格)이 성립되었다.

壬 丙 癸 丁

辰 戌 卯 亥

[원시*TEXT]

或一派戊土, 亦用壬水, 運喜行木, 見土不祥. 行火亦不利.

혹일파무토, 역용임수, 운희행목, 견토불상. 행화역불리.

[일람*Scanning]

1. 혹 戊土가 무리를 지으면 또한 壬水를 용(用)하며 목운(木運)을 기뻐하고, 土를 보는 것을 좋아하지 않는다.
2. 또 화운(火運)으로 나아가는 것도 이롭지 않다.

[숙달*Mastery]

卯月 丙火는 壬水를 용신(用神)으로 삼기에 일파(一派) 戊土가 壬水를 위협한다면 살경제중격(殺輕制重格)의 파격(破格)이 되기 쉽다. 이때 대운(大運)이 목향(木鄕)으로 흐르면 인수용살(印綬用殺)로 성격(成格)되어 신(身)을 돌볼 수 있게 되므로 이로운 것이다. 그러나 근재묘선(根在苗先)이니, 甲木이 없으면 동방(東方) 목운(木運)으로 흘러도 크게 발전하지 못하고 다만 운(運)을 잃지 않을 뿐이다.

[원시*TEXT]

或丙子日, 辛卯時, 乃從化格, 但不逢時, 貪財壞印, 難招祖業. 若得一二重丁火破辛, 壬水得位, 亦主富貴, 雖不科甲, 亦有異途, 名傳郡邑. 合此格, 主妻妾多子.

혹병자일, 신묘시, 내종화격, 단불봉시, 탐재괴인, 난초조업. 약득일이중정화파신, 임수득위, 역주부귀, 수불과갑, 역유이도, 명전군읍,

합차격, 주처첩다자.

[일람*Scanning]

1. 혹 丙子日 辛卯時에 태어나면 종화격(從化格)이 될 수도 있으나 때를 만나지 못하면 탐재괴인(貪財壞印)이 될 뿐으로 조업(助業)을 승계하기 어렵다.

2. 만약 丁火가 辛金을 파(破)하고, 壬水가 득위(得位)하면 역시 부귀(富貴)하고 비록 과갑(科甲)은 아닐지라도 이도(異途)로 군읍(郡邑)에서는 이름이 난다.

3. 차격(此格)에 해당하면 처첩(妻妾)을 두고, 자식이 많다.

[숙달*Mastery]

辛卯月 丙子日은 화격(化格)을 지어도 실령(失令)한 것으로 그 자체로 귀격(貴格)이 되지 못한다. 원리부(元理賦)에 丙子와 辛卯는 상형(相刑)을 이루어 음탕(淫蕩)하다고 했다. 간지합형(干支合刑)은 곤랑도화(滾浪桃花)로 주색(酒色)을 좋아하여 파가(破家)할 우려가 있다. 辛卯月 丙子日이 곤랑도화(滾浪桃花)라 해도 격국(格局)을 이루면, 비록 일간(日干)이 재(財)를 향하여 간사함이 있지만 녹(祿)을 얻고, 처첩(妻妾)과 자식을 많이 두게 된다.

[원시*TEXT]

或月時見二辛卯, 日乃丙子, 名為爭合, 年不透丁制辛, 此人昏迷酒色, 年透丁火反吉. 或支成木局, 反因奸得財, 因酒得名.

혹월시견이신묘, 일내병자, 명위쟁합, 년불투정제신, 차인혼미주색, 년투정화반길. 혹지성목국, 반인간득재, 인주득명.

[일람*Scanning]

1. 혹 월시(月時)가 모두 辛卯에 丙子日이면 쟁합(爭合)이 되고, 년(年)에 丁火가 투(透)하지 않아 辛金을 제(制)하지 못하면 위인이 혼미(昏迷)하고 주색(酒色)에 빠지니 년(年)에 丁火가 투(透)하는 것이 좋다.

2. 혹 지지(地支)에 목국(木局)을 지으면 오히려 간사(奸邪)함으로 인해 재(財)를 구하고, 주색(酒色)으로 이름이 난다.

[숙달*Mastery]

년간(年干)에 丁이 투(透)하면 월건(月建)은 癸卯月이 되는데, 丁火로 辛金을 극거(剋去)하면 쟁합(爭合)하지 않는다는 설명은 착오가 있어 보인다. 子卯 형(刑)은 卯의 글자가 형(刑)이 되므로 지지(地支)에 목국(木局)을 이루면 형(刑)의 위협은 해소된다. 모름지기 卯月 丙火는 관(官)을 향해야 하는데, 재탐(財貪)하므로 간교함으로 지위를 얻는 것이다.

[원시*TEXT]

凡用壬者, 金妻水子.

범용임자, 금처수자.

[일람*Scanning]

무릇 壬水를 용(用)하는 자는 金이 아내요, 水가 자식이 된다.

[숙달*Mastery]

卯月 丙火는 壬水를 용신(用神)으로 삼는 것이 정법(正法)으로 금처수자(金妻水子)의 재자약살(財滋弱殺)이 귀격(貴格)의 전형이다. 壬水가 없다면 己土를 용(用)하는 인용상관격(印用傷官格)의 부격(富格)이 차선인데, 이때는 화처토자(火妻土子)가 될 것이다.

[원시*TEXT]

三月丙火. 氣漸炎升, 用壬水. 或成土局, 取甲為輔, 壬不可離. 壬甲兩透, 科甲定宜, 惟忌庚出制甲, 則秀才而已. 無甲用庚, 助壬水洩土氣.

삼월병화, 기점염승, 용임수. 혹성토국, 취갑위보, 임불가리. 임갑량투, 과갑정의, 유기경출제갑, 즉수재이이. 무갑용경, 조임수설토기.

[일람*Scanning]

1. 辰月 丙火는 기세(氣勢)가 점차 불타오르는 때니 壬水를 용(用)한다.

2. 혹 지지(地支)에 토국(土局)을 이르면 甲을 취(取)하여 보좌(輔佐)해야 하나 壬水를 떼 놓고는 불가(不可)하다.

3. 壬甲이 양투(兩透)하면 과갑(科甲)이 마땅하고, 오직 庚金이 출(出)하여 甲木을 제(制)함을 기피하므로 그러한 즉 수재(秀才)로 그칠

것이다.

4. 甲木이 없으면 庚金을 용(用)하여 壬水를 생조(生助)하고 토기(土氣)를 설(洩)한다.

[숙달*Mastery]

辰月 丙火는 壬甲이 모두 투출(透出)하면 과갑(科甲)에 준하지만 이때 金이 출간(出干)하여 甲木을 파(破)하면 수재(秀才)로만 머물게 된다. 甲木이 없으면 庚金을 기뻐한다. 토기(土氣)를 설(洩)할 때는 반드시 일주(日主)가 왕상(旺相)해야 한다. 이것은 甲木이 土를 제(制)하여 壬水를 보호하고, 신왕(身旺)을 돕는 것과는 비교되지 않는 것이다. '서락오'는 '조화원약'에서 甲木의 역할을 특히 강조했다. 辰月 丙火에 壬水가 용신(用神)이면 수보양광(水輔陽光)이라고는 하나, 토왕(土旺)한 때로 천간(天干)에 戊己土가 투간(透干)하지 않고, 지지(地支)에 묘고(墓庫)가 없어도 甲木으로 보좌(輔佐)하지 않으면 귀격(貴格)을 이루기 어렵다고 했다. 이것은 자신의 명(命)을 두고 한 말이다.

丙 丙 壬 丙
申 申 辰 戌

'서락오'는 팔자(八字)에 甲木이 없고, 辰戌 토국(土局)이 있는데 신궁(申宮) 庚金으로 토기(土氣)를 설(洩)하고 壬水를 생조(生助)하는 유형으로 자명(自命)을 규정했다. 그렇다면 원문(原文)의 '무갑용경(無甲用庚), 조임수설토기(助壬水洩土氣)'에 따라 귀격(貴格)이 되어야 마땅하다. 그런데 실상은 그렇지 못하다. 따라서 그는 재(財)가 당살(當殺)하여 극신(剋身)하기 때문에 흉하다고 설명했다. 더해서 辰月 丙火

는 甲木이 없으면 화살(化殺)하여 일원(日元)을 생(生)할 수 없으므로 甲木이 없으면 평생이 곤고(困苦)하다고 했다.

그러나 '난강망'이 "辰月에 庚으로 壬을 생(生)하라"고 한 말은 壬水가 辰의 묘고(墓庫)를 만나 쇠약(衰弱)하기 때문이다. 그런데 '서락오'의 팔자(八字)와 같이 양신(兩申)에 뿌리를 내리고, 申辰 수국(水局)을 이룬 경우라면 이미 庚壬으로 귀(貴)를 논할 수 없는 상황이다. 이때는 필히 살격용인(殺格用印)으로 성격(成格)되어야 마땅한 것이다. 이와 달리 팔자(八字)에 申을 보지 않고, 甲木이 없었다면 庚壬의 재자약살(財滋弱殺)로 귀격(貴格)이 되는 경우도 적지 않으므로 甲木이 선결 요건이 되는 것만 아니다.

[원시*TEXT]

壬透甲藏. 富大貴小, 有甲無壬, 勞碌濁富. 壬藏無甲, 一介寒儒. 壬甲兩無, 愚賤之輩. 乙丁雜亂, 定必屬凡夫.

임투갑장, 부대귀소, 유갑무임, 노록탁부. 임장무갑, 일개한유. 임갑량무, 우천지배. 을정잡란, 정필속범부.

[일람*Scanning]

1. 壬水가 투(透)하고 甲木이 암장(暗藏)되면 부(富)는 크나 귀(貴)는 작으며 甲이 있고 壬이 없으면 힘겹게 고생하여 재물(財物)을 모은다.

2. 壬水가 암장(暗藏)되고 甲이 없으면 일개 추운 선비에 지나지 않는다.

3. 壬甲이 모두 없으면 우매(愚昧)하고 빈천(貧賤)한 무리가 된다.

4. 乙丁이 잡란(雜亂)하면 필시 범부(凡夫)에 속한다.

[숙달*Mastery]

辰月 丙火는 식신격(食神格)으로 먼저 인수(印綬) 甲木을 용(用)하여 식다용인(食多用印)으로 성격(成格)되면 壬水와 조화를 이루기 용이하다.

[원시*TEXT]

用壬者, 金妻水子. 用甲者, 水妻木子.

용임자, 금처수자. 용갑자, 수처목자.

[일람*Scanning]

1. 壬水를 용(用)하면 金이 아내요, 水가 자식이 된다.
2. 甲木을 용(用)하면 水가 아내요, 木이 자식이 된다.

[숙달*Mastery]

금처수자(金妻水子)는 재자약살격(財滋弱殺格)을, 수처목자(水妻木子)는 살인상생격(殺印相生格)을 말한다.

삼하병화총론
■ 三夏丙火總論

[원시*TEXT]

三夏丙火. 陽威性烈. 專用壬水. 若亥宮壬水無力, 回剋洩氣故也, 仍用申宮長生之水, 方云富貴.

삼하병화, 양위성렬, 전용임수. 약해궁임수무력, 회극설기고야, 잉용신궁장생지수, 방운부귀.

[일람*Scanning]

1. 삼하(三夏) 丙火는 양기(陽氣)가 세차고 위엄(威嚴)이 있으니 오직 壬水를 용(用)한다.

2. 만약 해궁(亥宮)의 壬水라면 무력하여 회극설기(回剋洩氣)하니, 거듭 신궁(申宮)에서 장생(長生)되는 水를 용(用)한다면 바야흐로 부귀(富貴)를 말할 수 있다.

[숙달*Mastery]

삼하(三夏) 丙火는 반드시 壬水로 뜨거움을 식혀야 한다. 壬水가 출간(出干)하지 않으면 亥와 申에 암장(暗藏)된 壬水를 취할 수도 있을 것이다. 그러나 삼하(三夏)에 亥中 壬水는 회극설기(回剋洩氣)하여 申中 壬水와 같지 않다. 巳月에는 巳亥가 상충(相沖)하고, 午月에는 午中 丁己가 亥中 壬甲을 상합(相合)하여 용신(用神)을 기반(羈絆)한다. 未月에는 亥未 목국(木局)의 가능성이 있어 수기(水氣)를 설(洩)하기 쉽다.

[원시*TEXT]

四月耑用壬水, 金為佐. 五月亦耑用壬. 四五月壬透者富貴. 丁多, 兼看癸水. 六月用壬, 但借庚金為佐.

사월전용임수, 금위좌. 오월역전용임. 사오월임투자부귀. 정다, 겸간계수. 유월용임, 단차경금위좌.

[일람*Scanning]

1. 巳月에는 오로지 壬水를 용(用)하고, 庚金으로 좌(佐)한다.
2. 午月에 壬水가 투(透)하면 부귀(富貴)하다.
3. 이때 丁火가 많으면 癸水를 겸해서 본다.
4. 未月에도 壬水를 용(用)하지만, 庚金으로 좌(佐)해야 한다.

[숙달*Mastery]

삼하(三夏) 丙火는 壬水를 전용(專用)하고 庚金으로 보좌(輔佐)해야 한다. 까닭에 신궁(申宮)에 장생(長生)된 水는 녹왕(祿旺)한 庚金이 壬水를 생(生)하여, 근원이 멀고 흐름이 깊으니 부귀격(富貴格)을 이루는 것이다. 다음은 미국 제 38대 대통령인 제럴드 포드(Gerald Ford)의 팔자(八字)다.

戊 丙 己 癸
子 申 未 丑

[원시*TEXT]

陽刃合殺, 威權萬里. 丁火羊刃太旺, 正謂羊刃倒戈, 無頭之鬼. 丙火用壬, 生旺坐實方好, 忌壬水太多, 名殺重身輕.

양인합살, 위권만리. 정화양인태왕, 정위양인도과, 무두지귀. 병화용임, 생왕좌실방호, 기임수태다, 명살중신경.

[일람*Scanning]

1. 양인(陽刃)을 합살(合殺)하면 위권(威權)이 만리(萬里)에 미친다.

2. 丁火와 양인(羊刃)이 태과(太過)하면 양인도과(羊刃倒戈)라 이르니 목이 잘린 귀신이 된다.

3. 丙火가 壬水를 용(用)하는데 생왕(生旺)하고 좌실(坐實)하면 좋고, 壬水가 태다(太多)하면 살중신경(殺重身輕)이 되므로 이를 꺼린다.

[숙달*Mastery]

午月 丙火는 양인(陽刃)이 사령(司令)했으니 천간(天干)에 丁火가 투출(透出)하고 壬水가 출간(出干)하면 양인합살(陽刃合殺)이 되어 대귀격(大貴格)을 이룬다. 양인도과(羊刃倒戈)란 양인(陽刃)으로 인해 아신(我身)이 지나치게 왕성(旺盛)해진 것으로 만일 甲木이 화살(化殺)하여 인(刃)을 더욱 더 생(生)하면 오히려 자신을 해치는 것이다. 원문(原文)에 무두지귀(無頭之鬼)라, 머리가 잘릴 징조가 있다고 했을 정도다. 따라서 **巳月과 午月의 丙火가 살인격(殺刃格)을 이루면 인수(印綬)를 쓰지 못한다**. 그러나 壬水가 생왕좌실(生旺坐實)하면 도과(倒戈)의 염려가 없다. 삼하(三夏)에 水가 많으면 甲木이나 戊土가 있어야 살중신경(殺重身輕)을 면한다.

■ 三夏丙火 (삼하병화)

[원시*TEXT]

四月丙火, 建祿於巳, 火勢炎炎, 宜專用壬水, 解炎威之力, 成既濟之功. 如無壬水, 孤陽失輔, 難透清光. 得庚發水源, 方為有根之水. 壬庚兩透, 不見戊土, 號曰湖水汪洋, 廣映太陽, 光輝顯著, 文明之象, 人格合此, 不但科甲崢嶸, 必有恩諡封榮, 若不驗, 必暗損陰德.

사월병화, 건록어사, 화세염염, 의전용임수, 해염위지력, 성기제지공. 여무임수, 고양실보, 난투청광. 득경발수원, 방위유근지수. 임경량투, 불견무토, 호왈호수왕양, 광영태양, 광휘현저, 문명지상, 인격합차, 불단과갑쟁영, 필유은익봉영, 약불험, 필암손음덕.

[일람*Scanning]

1. 巳月 丙火는 巳에 건록(建祿)이 되어 화세(火勢)가 염염(炎炎)하니 마땅히 壬水를 전용(專用)해서 염위(炎威)를 해소(解消)하고 기제(旣濟)의 공(功)을 이뤄야 한다.

2. 만일 壬水가 없으면 고양실보(孤陽失輔)하여 빼어나거나, 밝게 빛나기 어렵다.

3. 庚金이 수원(水源)을 발(發)하면 바야흐로 水의 뿌리가 있는 것과 같다.

4. 壬庚이 양투(兩透)하고 戊土를 보지 않으면 호수왕양(湖水汪洋)이라 해서 태양(太陽)이 널리 비추는 상(象)이니 광휘(光輝)가 현저(顯著)한 문명지상(文明之象)으로 인격(人格)이 이에 부합하니 과갑(科甲)이 쟁영(崢嶸)함에 그치지 않고, 필시 은익봉영(恩諡封榮)이 있으며 만약 그렇지 않다면 반드시 음덕(陰德)이 암(暗)으로 낮은 것이다.

[숙달*Mastery]

巳月 丙火는 화왕(火旺)하여 염상(炎上)의 성질이 있다. 丙火는 壬水가 뜨거움을 풀어 주지 않으면 기제(旣濟)의 공(功)을 이루기 어렵고 수정(水晶)의 상(象)이 나타나지 않는다. 다만 壬水가 巳에 이르면 절지(絶地)에 들어가니 庚金으로 수원(水源)을 발(發)하지 않으면 水는

쉽게 마른다. 따라서 壬庚이 모두 투(透)했는데 戊土로 제(制)하지 않으면 필시 재자약살(財滋弱殺)의 귀격(貴格)을 이루고, 이때 지지(地支)에서 申을 보면 더욱 묘(妙)해진다.

壬 丙 辛 庚
辰 □ 巳 □

[원시*TEXT]

或無壬水, 癸亦姑用, 見庚透癸, 不富必貴, 但心性乖僻, 巧謀善辯. 或壬癸俱無, 愚頑之輩. 火炎無制, 僧道之流, 不然, 須防夭折. 或一派庚金, 不見比劫, 有富無貴.

혹무임수, 계역고용, 견경투계, 불부필귀, 단심성괴벽, 교모선변. 혹임계구무, 우완지배. 화염무제, 승도지류, 불연, 수방요절. 혹일파경금, 불견비겁, 유부무귀.

[일람*Scanning]

1. 혹 壬水가 없으면 癸水 또한 고용(姑用)할 수 있으므로 庚金을 보고 癸水가 투(透)하면 부(富) 아니면 필시 귀(貴)해지나 다만 심성은 괴팍하고 기교와 계략으로 착하게 말을 잘한다.

2. 혹 壬癸가 모두 없으면 어리석고 둔한 무리에 지나지 않는다.

3. 화염(火炎)하고 이를 제(制)하지 못하면 승도(僧道)의 계층으로 그렇지 않다면 요절(夭折)에 대비해야 한다.

4. 혹 한 무리의 庚金이 있고 비겁(比劫)이 없으면 부(富)는 있으나 귀(貴)는 없다.

[숙달*Mastery]

癸水는 壬水와 작용은 같아도, 힘이 부족하다. 丙火와 壬水는 수정(水晶)의 상(象)을 이루어 너그러운 영웅호걸(英雄豪傑)이 되지만, 癸水로는 귀(貴)가 삭감되고 말솜씨로 무리를 이끈다. 壬癸水가 전무(全無)하면 쓸모없는 사람이 된다. 이때 화염토조(火炎土燥)하면 승도(僧徒)의 팔자(八字)에 지나지 않고, 빈천(貧賤)하거나 요절(夭折)한다. 巳月 丙火에 金은 있는데 水가 없고, 신(身)과 재(財)가 모두 강하면 화장하천금첩첩(火長夏天金疊疊)이라 해서 거부(鉅富)가 된다. 이때 습토(濕土)가 火를 어둡게 하고 金을 생(生)하면 묘(妙)해진다.

丁 丙 辛 庚
酉 午 巳 辰

[원시*TEXT]

或丙午日干, 四柱多壬, 不見戊制, 名曰陰刑殺重, 光棍之流. 或支水局, 加之重重壬透, 一無制伏, 盜賊之命, 如見己土, 下賤鄙夫. 用壬者, 金妻水子.

혹병오일간, 사주다임, 불견무제, 명왈음형살중, 광곤지류. 혹지수국, 가지중중임투, 일무제복, 도적지명, 여견기토, 하천비부. 용임자, 금처수자.

[일람*Scanning]

1. 혹 丙午 일간(日干)인데 사주(四柱)에 壬水가 많고 戊土로 제(制)하지 않으면 음형중살(陰刑重殺)라 해서 곤장(棍杖)을 맞게 된다.

2. 지지(地支) 수국(水局)을 짓고 더해서 壬水가 투(透)하여 중중(重重)한데 이를 제(制)하지 못하면 도적(盜賊)의 명(命)이 되고 만일 己土를 봐도 하천(下賤)하고 인색(吝嗇)한 이에 지나지 않는다.

3. 壬水를 용(用)하면 金이 아내요, 水가 자식이 된다.

[숙달*Mastery]

팔자(八字)에 살인(殺刃)이 많고 격(格)을 이루지 못하면 도적(盜賊)의 명(命)이 되기 쉽다. 살인격(殺刃格)은 대개 살인(殺刃)이 하나씩 있어 서로 제(制)하면 위권(威權)이 나타나나 어느 것 하나가 특히 중(重)하면 흉폭하다. 금처수자(金妻水子)란 재자약살격(財滋弱殺格)을 말한다.

[원시*TEXT]

五月丙火, 得壬高透, 方為上命. 或一壬無庚, 亦主貢監, 猶防戊己出干, 丁壬化合, 則為平人. 即不透庚壬, 或有申宮長生之水, 濟之坐祿之金, 至妙, 必入詞林. 又怕戊己雜亂, 則為異路.

오월병화, 득임고투, 방위상명. 혹일임무경, 역주공감, 유방무기출간, 정임화합, 즉위평인. 즉불투경임, 혹유신궁장생지수, 제지좌록지금, 지묘, 필입사림. 우파무기잡란, 즉위이로.

[일람*Scanning]

1. 午月 丙火에 壬水가 고투(高透)하면 상명(上命)으로 인정한다.

2. 혹 하나의 壬이 있고 庚이 없으면 공감(貢監)은 하고, 오히려 戊

己가 출간(出干)하거나 丁壬 화합(化合)하면 평인(平人)에 지나지 않는다.

3. 만약 庚壬이 투(透)하지 않으면, 혹 신궁(申宮)의 장생(長生) 水와 건록(建祿)의 金으로 구제(救濟)되는 지극한 묘(妙)가 있으니 필시 사림(詞林)에 든다.

4. 또한 戊己의 잡란(雜亂)을 꺼려 이로(理路)로 간다.

[숙달*Mastery]

午月 丙火는 화기(火氣)가 최왕(最旺)하므로 壬水 두 개와 庚金 하나가 투(透)하면 상격(上格)을 이룬다.

壬 丙 壬 庚

辰 □ 午 □

壬水 하나가 있고 庚金이 없다면 공감(貢監)이나 생원(生員)에 그치고, 戊己土가 출간(出干)했는데 丁火까지 투(透)하여 壬水를 합(合)하면 범인(凡人)에 지나지 않는다. 만일 壬水와 丁火를 보지 않고 戊己土만으로 화염토조(火炎土燥)가 되면 격(格)은 더욱 낮아진다. 지지(地支)의 申만 보아도 사림(詞林)에는 들 수 있다. 이때 戊己土가 혼잡(混雜)되면 이로(理路)로 은봉(恩封)이 있다.

[원시*TEXT]

或成火局, 不見滴水者, 乃僧道鰥獨之命. 即有一二癸水, 多遇火土, 用之無力, 瞽目之人. 得戊己透洩火氣, 亦主刑剋孤寡, 行北運多凶, 何也? 所謂燥烈水激反凶!

혹성화국, 불견적수자, 내승도환독지명. 즉유일이계수, 다우화토, 용지무력, 고목지인. 득무기투설화기, 역주형극고과, 행북운다흉, 하야? 소위조렬수격반흉!

[일람*Scanning]

1. 혹 화국(火局)을 이루고, 적수(滴水)를 보지 못하면 승도(僧道)와 홀아비, 독신의 명(命)이 된다.

2. 만약 한두 개의 癸水가 있고 火土를 많이 보면 용(用)이 무력하여 소경이 된다.

3. 戊己가 투(透)하여 화기(火氣)를 설(洩)하면 이 또한 형극고과(刑剋孤寡)하니 북운(北運)으로 행(行)하면 흉(凶)이 많다.

4. 이른바 조렬수격(燥烈水激)하면 반대로 흉(凶)한 것이다.

[숙달*Mastery]

午月 丙火가 지지(地支)에 화국(火局)을 이루었는데 한 방울의 물도 보지 못하면 매우 조열(燥熱)하여 편고(偏枯)한 팔자(八字)가 된다. 이때는 한두 개의 癸水가 있어도 庚金으로 생(生)하지 못하고, 火土를 많이 만나면 적수(滴水)가 핍박을 받아 장님이 되는 것이다. 戊己土가 출간(出干)하여 화기(火氣)를 설(洩)해도 화염토조(火炎土燥)하여 생기(生氣)가 부족하니 형극(刑剋)이 많다. 원명(原命)에 金水가 없는데 북방운(北方運)을 향하면 매우 흉(凶)하다. 火土가 몹시 조열(燥烈)한데 물이 한 방울이라도 들어오면 오히려 불꽃을 격동(激動)시키는 상황이 나타나기 때문이다. 그러나 **화염토조(火炎土燥)한 국(局)도 부귀격(富**

貴格)을 이루는 경우가 적지 않으므로 무조건 형극고과(刑剋孤寡)를 논해서는 곤란할 때가 많다. 다만 편고(偏枯)하여 필시 부족한 것이 있을 뿐이고, 북방운(北方運)이 길(吉)할 때도 적지 않다.

[원시*TEXT]

或成炎上格, 柱運不見庚辛, 多見甲乙者, 反主大富貴, 然亦不可見水運.

혹성염상격, 주운불견경신, 다견갑을자, 반주대부귀, 연역불가견수운.

[일람*Scanning]

혹 염상격(炎上格)을 이루고, 팔자(八字)와 대운(大運)에서 庚辛을 보지 않거나 甲乙을 많이 보면 대부귀(大富貴)하나 수운(水運)을 보는 것은 불가(不可)하다.

[숙달*Mastery]

팔자(八字)에 金水가 없고 지지(地支)에 화국(火局)을 이루는 염상격(炎上格) 또한 대부대귀격(大富大貴格)을 이룬다. 이때는 수운(水運)이 좋지 않다. 염상격(炎上格)을 土로 설(洩)하면 화염토조(火炎土燥)하여 부(富)는 크나 귀(貴)는 삭감된다. 보통 화토상관(火土傷官)의 유형으로 팔자(八字)가 조열(燥熱)하면 봉건적인 시각으로 볼 때 천업(賤業)과 인연이 깊다고 했다. 다음은 미국의 여우(女優), 파멜라 앤더슨(Pamela Anderson)의 팔자(八字)로 비록 시간(時干)에 庚金을 보았으나 무근(無根)하여 염상격(炎上格)을 이룬 셈이다.

庚 丙 丙 丁
寅 寅 午 未

[원시*TEXT]

或有庚癸透者, 衣祿充足. 支火輕, 無目疾. 支見水者, 異途, 或成土局, 又為洩太過, 得壬滋甲出干, 土被制而火得生扶, 此必富貴壽考之格也.

혹유경계투자, 의록충족. 지화경, 무목질. 지견수자, 이도. 혹성토국, 우위설태과, 득임자갑출간, 토피제이화득생부, 차필부귀수고지격야.

[일람*Scanning]

1. 혹 庚癸가 투(透)하면 의록(衣祿)이 충족(充足)하다.
2. 지지(地支)의 火가 가벼우면 눈병이 없다.
3. 지지(地支)에서 水를 보면 이도(異途)로 간다.
4. 혹 토국(土局)을 이루고 다시 설기(洩氣)가 태과(太過)한데 壬水로 자윤(滋潤)하고 甲木이 출간(出干)하면 土의 제(制)로 火는 생부(生扶)를 얻으니 필시 부귀수고(富貴壽考)한 격(格)이 된다.

[숙달*Mastery]

午月 丙火는 庚壬을 용신(用神)으로 삼는 것이 정법(正法)이다. 癸水는 丙火를 불청(不晴)하게 하므로 상대적으로 귀(貴)는 낮은 부격(富格)

을 이룬다. 지견수자(支見水者)란 子水를 말하는 것으로 이도(異途)로 귀(貴)가 따른다. 午月 丙火에 지지(地支) 토국(土局)을 이루면 설기(洩氣)가 심하므로 이때는 庚壬을 취하지 않고, 壬甲을 용(用)한다. 庚金으로 토기(土氣)를 설(洩)하면 귀격(貴格)을 이루지 못하고, 木으로 土를 제(制)하여 火가 생부(生扶)를 얻어야 부귀(富貴)와 복수(福壽)를 누리게 되는 것이다. 다음은 독일의 소설가, 헤르만 헤세(Herman Hesse)의 팔자(八字)로 '지견수자(支見水者), 이로(異路)'의 경우에 든다.

丁 丙 丙 丁
酉 子 午 丑

[원시*TEXT]

六月丙火退氣, 三伏生寒, 壬水為用, 取庚輔佐.

유월병화퇴기, 삼복생한, 임수위용, 취경보좌.

[일람*Scanning]

未月 丙火는 퇴기(退氣)하고 삼복생한(三伏生寒)하여 壬水를 용(用)하고, 庚金을 취(取)해 보좌(輔佐)한다.

[숙달*Mastery]

未月 丙火는 己土가 당왕(當旺)한 때이니 壬水를 용신(用神)으로 삼은 다음 庚金으로 보좌(輔佐)해야 한다. 한 마디로 삼하(三夏) 丙火는 신궁(申宮)에서 장생(長生)되는 水를 용(用)해도 부귀(富貴)가 기약되는 것이다.

[원시*TEXT]

庚壬兩透, 貼身相生, 可云科甲名宦. 若無庚有壬, 不見戊出, 小富小貴. 見戊制壬, 則為鄉賢而已.

경임량투, 첩신상생, 가운과갑명환. 약무경유임, 불견무출, 소부소귀. 견무제임, 즉위향현이이.

[일람*Scanning]

1. 庚壬이 양투(兩透)하고, 서로 붙어 상생(相生)하면 과갑(科甲)하여 이름난 신하가 된다.

2. 만약 庚金이 없고 壬水만 있는데 戊土가 출(出)하지 않으면 소부소귀(小富小貴)하다.

3. 戊土가 壬水를 제(制)하면 향현(鄉賢)으로 그칠 것이다.

[숙달*Mastery]

未月 丙火에 庚壬이 모두 투출(透出)하면 상격(上格)으로 부귀(富貴)가 다 있다. 만일 壬水는 있으나 庚金이 없다면 壬水의 근원이 없으니 부귀(富貴)가 모두 작고, 戊土가 壬水를 제(制)하면 발전을 기대하기 어렵다. 다만 壬水가 庚金의 생조(生助)을 얻지 못한다 해도 뿌리가 견고하여 유기(有氣)하다면 귀(貴)가 적지 않을 것이다. 격국(格局)의 겉모습은 상관대살(傷官帶殺)이 이상적이기 때문이다.

壬 丙 □ □
辰 □ 未 □

[원시*TEXT]

或己土出干混雜, 此必庸夫俗子. 或壬水淺, 己土出干, 其人貧困. 無壬下格, 賤而且頑, 男女一理.

혹기토출간혼잡, 차필용부속자. 혹임수천, 기토출간, 기인빈곤. 무임하격, 천이차완, 남녀일리.

[일람*Scanning]

1. 혹 己土가 출간(出干)하여 혼잡(混雜)하면 필시 용부속자(庸夫俗子)에 불과하다.
2. 혹 壬水가 천(淺)하고 己土가 출간(出干)하면 그 사람은 빈곤(貧困)하다.
3. 壬水가 없으면 하격(下格)이고, 천(賤)하고 우완(愚頑)하다.
4. 이는 남녀(男女)가 다 마찬가지다.

[숙달*Mastery]

팔자(八字)에 庚金이 없고 壬水만 있는데 己土를 만나 水土가 혼탁해지면 속인(俗人)에 지나지 않고, 壬水가 없으면 하천(下賤)한 명(命)으로 어리석고 고집이 세다. 다음은 '조화원약평주'에 노비(奴婢)의 팔자(八字)로 예시된 명(命)이다.

癸 丙 辛 己

巳 午 未 巳

[원시*TEXT]

或天干一派丙火, 陽極生陰, 干支兩見庚壬, 登科及第.

혹천간일파병화, 양극생음, 간지량견경임, 등과급제.

[일람*Scanning]

혹 천간(天干)에 한 무리의 丙火를 보면 양극음생(陽極陰生)하므로 간지(干支)를 아울러 庚壬을 보면 등과급제(登科及第)한다.

[숙달*Mastery]

未月 丙火는 庚壬이 모두 투출(透出)하면 귀(貴)가 있으나 이때 인비(印比)가 돕고 동남운(東南運)을 향해야 길하다. 이는 또한 격국(格局)의 성패(成敗) 외형과 관련이 깊다. 이를테면 壬水를 용(用)하는 상관대살(傷官帶殺)이 재(財), 庚金을 보면 성격(成格)의 '포맷'에서 벗어난다. 이때 비겁(比劫)이 재(財)를 극(剋)하면 성격(成格)의 원형을 찾기 쉽다. 일파(一派) 丙火가 있으면 양극음생(陽極陰生)하여 이때는 필시 재살(財殺)이 있어야 하고, 서북운(西北運)으로 흘러야 길하다. 庚壬으로 귀(貴)를 얻는 것은 같으나 그 쓰임은 다소 다른 것이다.

[원시*TEXT]

總之六月丙火用壬, 不同餘月用壬, 喜運行西北, 六月用壬, 喜運行西南.

총지유월병화용임, 불동여월용임, 희운행서북, 유월용임, 희운행서남.

[일람*Scanning]

총론해서 未月 丙火가 壬水를 용신(用神)으로 삼으면 여타의 월이 壬水를 용(用)할 때 운(運)이 서북(西北)으로 행(行)함을 기뻐하는 것과 달리 서남(西南)으로 행(行)하는 것을 기뻐한다.

[숙달*Mastery]

未月 丙火가 壬水를 용신(用申)으로 삼는 것과 巳月, 午月에서 壬水를 용(用)하는 것은 의미가 다르다. 未月에는 동남운(東南運)을 향하면 길하지만, 수운(水運)에는 상관격(傷官格)으로 파란(波瀾)이 일기 쉽다. 그러나 巳月과 午月은 서북운(西北運)이 길하다. 未月도 금운(金運)은 나쁘지 않다. **삼하(三夏) 丙火가 금운(金運)을 향하면 천석지기가 된다**고 했다.

■ 三秋丙火(삼추병화)

[원시*TEXT]

七月丙火, 太陽轉西, 陽氣衰矣. 日近西山, 見土皆晦, 惟日照湖海, 暮夜光天, 故仍用壬水, 輔映光輝.

칠월병화, 태양전서, 양기쇠의. 일근서산, 견토개회, 유일조호해,

모야광천, 고잉용임수, 보영광휘.

[일람*Scanning]

1. 申月 丙火는 태양(太陽)이 전서(轉西)하므로 양기(陽氣)가 쇠(衰)한다.

2. 해가 서산(西山)에 가까우니 土를 보면 어둡게 되므로, 생각건대 일조호해(日照湖海), 모야광천(暮夜光天)이니 거듭 壬水를 용(用)하면 보영광휘(輔映光輝)할 것이다.

[숙달*Mastery]

申月 丙火는 태양(太陽)이 서쪽으로 기울어 양기(陽氣)가 점차 쇠약해지는 때에 있다. 태양이 강과 바다를 비추면 날이 저물어 가는 경치가 마치 광채(光彩)가 불타오르는 것과 같으니, 壬水를 용(用)하여 태양의 광휘(光輝)를 도와야 한다. 丙火가 申에 이르면 병(病)이 되니 식상(食傷)을 기뻐할 리 없다. 이때 丙火는 寅이나 巳에 통근(通根)하여 신강(身强)함을 요(要)한다. 壬水가 용신(用神)인데 인비(印比)가 없으면 애로가 나타난다. 아래는 50여 년간 서북운(西北運)에 고생을 겪다가 동방목운(東方木運)에 이르러 축재(蓄財)한 명(命)으로 고서(古書)에 묘사된 팔자(八字)다.

丙 丙 丙 丙

申 子 申 子

[원시*TEXT]

如壬多, 取戊制方妙. 有壬透干, 又見戊土出干, 可云科甲. 如戊藏支內, 不過生員. 多壬無戊, 平常人也. 或戊多壬少, 亦屬常人. 或多壬, 一戊出制, 所謂眾殺猖狂, 一仁可化, 必主顯達, 有權職.

여임다, 취무제방묘. 유임투간, 우견무토출간, 가운과갑. 여무장지내, 불과생원. 다임무무, 평상인야. 혹무다임소, 역속상인. 혹다임, 일무출제, 소위중살창광, 일인가화, 필주현달, 유권직.

[일람*Scanning]

1. 만일 壬水가 많으면 戊土를 취(取)하여 제(制)하면 묘(妙)해진다.

2. 壬水가 있어 투간(透干)하고, 다시 戊土가 출간(出干)하면 가히 과갑(科甲)에 이른다.

3. 만일 지지(地支)에 戊土가 암장(暗藏)되면 생원(生員)에 불과하다.

4. 壬이 많고 戊가 없으면 평상인(平常人)에 지나지 않는다.

5. 혹 戊가 많고 壬이 적어도 이 또한 상인(常人)에 속한다.

6. 혹 壬이 많고, 하나의 戊가 출(出)하여 제(制)하면 이른바 중살창광(重殺猖狂)이 일인가야(一仁可化)하니 필시 현달(顯達)하고 권직(權職)이 있다.

[숙달*Mastery]

申月 丙火는 壬水가 많을 때는 戊土로 제(制)해야 마땅하다. 만일 申中 壬水가 출간(出干)했는데 戊土가 또한 투(透)하면 과갑(科甲)에 이

르지만, 이때 戊土가 辰戌에 암장(暗藏)되면 생원(生員)에 불과하다. 戊土로 제(制)하지 못하면 평범하다. 壬水가 많고 癸水는 없는데 戊土로 壬水를 제(制)하면 중살(衆殺)이 창광(猖狂)하나 일장당관(一將當關)하여 고위직에 오른다.

□ 丙 戊 壬

□ □ 申 □

[원시*TEXT]

一派辛金, 又為棄命從才, 奇特之造, 雖不科甲, 亦得恩榮, 但多依親戚而為進身之階. 從才者以水妻木子.

일파신금, 우위기명종재, 기특지조, 수불과갑, 역득은영, 단다의친척이위진신지계. 종재자이수처목자.

[일람*Scanning]

1. 한 무리의 辛金을 보면 기명종재(棄命從財)하니 기특(奇特)한 명조(命造)로 비록 과갑(科甲)은 아닐지라도 크게 은영(恩榮)은 득(得)하나, 다만 친척(親戚)에게 많이 의지하여 진신(進身)의 계단(階段)을 삼는다.

2. 종재격(從財格)은 水가 아내요, 木이 자식이 된다.

[숙달*Mastery]

'조화원약'에는 申月 庚金의 종재격(從財格)을 두고 "或見一派庚金, 不見比印及辛金者, 又爲棄命從財"로 서술되어 있는데, 아마도 庚申月

상황을 염두에 둔 것으로 사료된다. '난강망'의 원시(原詩)는 일파신금(一派辛金)을, '조화원약'은 일파경금(一派庚金)에 불견신금(不見辛金)을 기명종재(棄命從財)의 첫 요건으로 삼았는데 '조화원약'의 입장이 타당하다고 생각된다. 辛金은 丙火와 합(合)하여 화격(化格)을 짓기 쉽다. 아무튼 申月 庚金의 종재격(從財格)은 과갑(科甲)이 아니어도 이도(異途)로 발전하는데, 이는 재왕(財旺)하여 관(官)을 생(生)하기 때문이다. 또한 처덕(妻德)이 두터우며 친척들의 강력한 원조를 입게 된다.

원시(原詩)의 종재자이수처목자(從才者以水妻木子)는 잘 납득이 가지 않는 대목이다. 비록 기명종재(棄命從財)라고는 하나, 丙火 일주(日柱)가 여타의 오행(五行)으로 화(化)하는 법은 없는 것이다. 따라서 이 또한 '조화원약'의 '用木者, 水妻木子, 妻必賢能'가 타당한 설명이다. **丙火의 재격(財格)으로 출간(出干)한 壬水를 보지 않고 庚金을 보면 신강재강(身强財强)이든, 종재(從財)든 간에 대개 큰 부자(富者)가 되기 쉽다.**

庚 丙 庚 戊
□ □ 申 □

[원시*TEXT]

八月丙火, 日近黃昏, 丙火之餘光, 存於光湖, 仍用壬水輔映.

팔월병화, 일근황혼, 병화지여광, 존어광호, 잉용임수보영.

[일람*Scanning]

酉月 丙火는 해가 황혼(黃昏)에 가까우니 丙火의 여광(餘光)이 광호

(光湖)에 있으므로 거듭 壬水를 용(用)하여 보영(輔映)한다.

[숙달*Mastery]

丙火의 남은 빛이 있는 한 강호(江湖)가 있어야 하므로 酉月 丙火도 壬水를 용신(用神)으로 삼아 비추는 것을 도와야 한다. 그러나 이때는 丙火의 기(氣)가 쇠하므로 가급적 팔자(八字)에 인비(印比)가 있어야 좋다. 다음은 러시아 대통령, 블라디미르 푸틴(Vladimir Putin)의 팔자(八字)다.

丁 丙 己 壬

酉 戌 酉 辰

[원시*TEXT]

四柱多丙, 一壬高透為奇, 定主登科及第. 富貴雙全. 一壬藏支, 亦主秀才. 或戊多困水則假作斯文. 若無壬水, 癸亦可用, 但功名不久.

사주다병, 일임고투위기, 정주등과급제. 부귀쌍전. 일임장지, 역주수재. 혹무다곤수즉가작사문. 약무임수, 계역가용, 단공명불구.

[일람*Scanning]

1. 사주(四柱)에 丙火가 많고 하나의 壬水가 고투(高透)하면 뛰어나므로 정히 등과급제(登科及第)하고 부귀쌍전(富貴雙全)한다.

2. 하나의 壬水가 지지(地支)에 암장(暗藏)되면 수재(秀才)가 된다.

3. 혹 戊土가 많아 水를 곤(困)하게 하면 겉으로나마 유림(儒林) 행세를 한다.

4. 만약 壬水가 없으면 癸水 또한 가용(可用)하나 공명(功名)이 오래 가진 않는다.

[숙달*Mastery]

酉月 丙火가 사주(四柱)에 丙火가 많은데 壬水 하나가 투(透)하면 부귀(富貴)가 무궁(無窮)하고 壬水가 암장(暗藏)되면 수명(秀命)이 된다. 다시 말해 申月과 酉月에는 壬水를 용(用)할 때 丙火가 많을수록 좋다는 얘기다. 土가 많으면 水가 곤(困)하여 선비에 불과하고, 壬水가 없으면 癸水를 용신(用神)으로 쓴다. 다음은 수재(秀才)이자 큰 부자(富者)였던 사람의 팔자(八字)다.

乙 丙 丁 丙
未 戌 酉 申

[원시*TEXT]

或見辛透, 不能從化, 貧苦到老. 或見一丁制辛, 為人奸詐, 不識高低. 女命合此, 長舌淫賤.

혹견신투, 불능종화, 빈고도로. 혹견일정제신, 위인간사, 불식고저. 여명합차, 장설음천.

[일람*Scanning]

1. 혹 辛金이 투(透)했는데 종화(從化)에 미치지 못하면 늙어서 빈고(貧苦)해진다.

2. 혹 하나의 丁火로 辛을 제(制)하면 위인이 간사(奸詐)하고 위아래

를 분간하지 못한다.

3. 여명(女命)도 마찬가지로 말이 많고 음천(淫賤)하다.

[숙달*Mastery]

酉月 丙火에 辛金이 많이 출간(出干)하면 대개 조부대(祖父代)의 덕(德)이 있다. 그러나 종화격(從化格)을 이루지 못하면 부모(父母)가 세상을 떠난 후부터 재물을 잃고 늙도록 빈고(貧苦)해질 우려가 깊다. 이때 丁火가 辛金을 제(制)하면 여자는 말이 많고 음탕(淫蕩)하며 천박해진다. 酉月 辛金은 상관(傷官) 도화(桃花)로 丙火의 뿌리가 없고 쇠약하면 대개 남녀 모두 색(色)을 좋아하고, 음란(淫亂)해지기 쉽다. 그러나 丙火 일주(日柱)가 뿌리를 얻어 신강(身强)하고 금재(金財)도 강하여 격(格)을 이루면 부자(富者)의 가능성이 높다. 위에서 丙火가 재격(財格)으로 출간(出干)한 壬水를 보지 않고 庚金을 보면 신강재강(身强財强)이든, 종재(從財)든 간에 대개 큰 부자(富者)가 되기 쉽다고 했다. 다음은 '조화원약평주'에 명배우(名俳優)로 설명된 재봉식상격(財逢食傷格)의 팔자(八字)다. 팔자(八字)의 격국(格局)이 성격(成格)되면 '난강망'의 원시(原詩) 한 구절에 얽매여 대의(大義)를 그르치는 일이 없도록 상세히 살펴 길흉(吉凶)을 종합적으로 판단하여야 한다.

己 丙 丁 辛
亥 寅 酉 巳

[원시*TEXT]

或成金局, 無辛出干, 此非從才, 乃朱門餓莩. 如辛出干, 不見比劫, 此從才格, 反主富貴, 親戚提拔, 妻賢內助.

혹성금국, 무신출간, 차비종재, 내주문아표. 여신출간, 불견비겁, 차종재격, 반주부귀, 친척제발, 처현내조.

[일람*Scanning]

1. 혹 지지(地支) 금국(金局)을 이루고 辛金이 출간(出干)하지 않으면 종재(從財)가 아니므로 곧 주문아표(朱門餓莩)가 된다.

2. 만일 辛金이 출간(出干)하고, 비겁(比劫)을 보지 않으면 종재격(從財格)이 되어 반대로 부귀(富貴)하며 친척(親戚)이 같이 성하고, 처(妻)는 어질며 내조(內助)한다.

[숙달*Mastery]

酉月 丙火에 辛金이 출간(出干)하지 않으면 겁인(劫印)의 글자가 투(透)하여 종재격(從財格)을 이루지 못하고 부옥빈인(富屋貧人)의 팔자(八字)가 되기 쉽다. 원시(原詩)는 이를 두고 지위(地位)가 높은 벼슬아치의 집에 비유(比喩)한 주문(朱門)에다 굶주린다는 아표(餓莩)의 다소 원색적인 표현을 가하고 있는데, 모두 그렇지는 않다. 가령 지지(地支)에 금국(金局)을 짓고 겁재(劫財)가 투(透)하여 신강재강(身强財强)하기만 하면 곧 부명(富命)이 된다. 다만 丙火가 뿌리를 잃어 신약(身弱)한 상태에서 지지(地支) 금국(金局)에 종재(從財)로 성격(成格)되지 않으면 재다신약(財多身弱)의 파격(破格)을 면할 수 없는 것이다.

酉月 丙火가 진종(眞從)이 성립되면 부귀격(富貴格)을 이룬다. 재격(財格)이 진국(眞局)으로 바르면 반드시 발전하는 것이다. 이런 사주는 귀인(貴人)이나 친지(親知)들의 도움이 적지 않으며 아내가 현명하여

내조(內助)의 공(功)이 있다.

[원시*TEXT]

用水者, 金妻水子. 從才者, 水妻木子.

용수자, 금처수자. 종재자, 수처목자.

[일람*Scanning]

1. 水를 용(用)하면 金이 아내요, 水가 자식이 된다.
2. 종재명(從財命)은 水가 아내요, 木이 자식이 된다.

[숙달*Mastery]

원시(原詩)의 '종재자(從才者), 수처목자(水妻木子)'는 이치에 잘 부합되지 않는다는 점을 이미 설명한 바 있다. 따라서 이 대목은 '조화원약'의 "用水者, 金妻水子, 用木者, 水妻木子"로 대체하는 것이 무난하다. 酉月 丙火가 신강(身强)하면 壬水가 용신(用神)이고, 이때 재왕생살(財旺生殺)하면 상격(上格)이 된다. 壬水가 출간(出干)하고, 丙火가 뿌리가 없이 신약(身弱)할 때는 인수(印綬)가 없으면 불가(不可)하다. 특히 酉月은 火의 사지(死地)로 甲木이 없으면 壬水를 화(化)하여 丙火를 생(生)하기 어렵다. 따라서 수처목자(水妻木子)는 재격투인(財格透印)에 화살(化殺)하면 유형을 의미하는 것이다.

[원시*TEXT]

九月丙火, 火氣愈退, 所忌土晦光火, 必須先用甲木, 次取壬水. 甲壬兩透, 富貴非凡. 若無壬水, 得癸透干, 亦可, 雖不科甲, 異路功名. 壬癸藏支, 貢監而已. 甲藏壬透, 無庚破甲, 可許秀才. 或庚戊困了水木, 定是庸才. 無甲壬癸者, 下格.

구월병화, 화기유퇴, 소기토회광화, 필수선용갑목, 차취임수. 갑임량투, 부귀비범. 약무임수, 득계투간, 역가, 수불과갑, 이로공명. 임계장지, 공감이이. 갑장임투, 무경파갑, 가허수재. 혹경무곤료수목, 정시용재. 무갑임계자, 하격.

[일람*Scanning]

1. 戌月 丙火는 화기(火氣)가 점점 더 물러가니 土로 인해 火가 회광(晦光)됨을 기피하므로 甲木을 선용(先用)하는 것이 필수고 다음으로 壬水를 취(取)한다.

2. 甲壬이 양투(兩透)하면 부귀(富貴)가 비범(非凡)하다.

3. 만약 壬水가 없고, 癸水가 투간(透干)해도 역시 가(可)하므로 비록 과갑(科甲)은 아닐지라도 이로공명(理路功名)한다.

4. 壬癸가 지지(地支)에 암장(暗藏)되면 공감(貢監)으로 그친다.

5. 甲木이 암장(暗藏)되고, 壬水가 투(透)했는데 庚金이 甲木을 파(破)하지 않으면 가히 수재(秀才)는 허락한다.

6. 혹 庚戊가 水木을 곤(困)하게 하면 보통의 재능에 머무른다.

7. 甲壬癸가 없으면 하격(下格)이다.

[숙달*Mastery]

戌月 丙火는 묘지(墓地)의 火니, 土가 빛을 어둡게 한다. 壬水가 있으면 태양(太陽)이 지평선 아래로 떨어지는 것과 같으니 남은 빛이 강

호(江湖)의 물결을 따라 위로 비추는 것처럼 나타나 광휘(光輝)가 살아난다. 丙火는 빛이 가려지는 것을 가장 꺼리니 먼저 甲木을 용신(用神)으로 삼아 土를 제(制)하는 식다용인(食多用印)으로 성격(成格)되어야 壬水와 조화를 이루기 용이하다. 戌月은 土가 건조(乾燥)하여 木이 메마른다. 따라서 甲木은 있는데 壬水가 없으면 흉(凶)하다. 壬癸水를 취하는 이유는 같으나 壬水는 丙火의 광휘(光輝)를 돕지만, 癸水는 甲木의 자윤(滋潤)에 그친다. 戌月 丙火에 甲壬이 모두 투출(透出)하면 과갑(科甲)에 이르고 부귀(富貴)가 범상치 않다. 다음은 제 263대 교황(敎皇), 요한 바오로 1세(John Paul I)의 팔자(八字)다.

甲 丙 庚 壬
午 寅 戌 子

壬水 대신 癸水가 투(透)해도 이도(異途)로 발전하고, 지지(地支)에 壬癸水가 암장(暗藏)되면 공감(貢監)에 불과하다. 甲木이 암장(暗藏)되고, 壬水가 투(透)했는데 庚金이 甲木을 파(破)하지 않으면 가히 수재(秀才)의 명(命)이다. 庚金이 甲木을, 戊土가 壬水를 곤(困)하게 하면 범명(凡命)이고, 팔자(八字)에 甲壬癸가 모두 없으면 하격(下格)이다. 다음은 甲木은 투(透)했지만 수기(水氣)가 전무(全無)하여 木이 메말라 고빈(孤貧)한 팔자(八字)가 된 경우다.

庚 丙 甲 己
寅 寅 戌 酉

[원시*TEXT]

或一派火土, 雖不太旺, 亦自燥矣. 如不離鄕過繼, 亦主奔流, 加以無庚辛壬癸出干, 必為夭命.

혹일파화토, 수불태왕, 역자조의. 여불리향과계, 역주분류, 가이무경신임계출간, 필위요명.

[일람*Scanning]

1. 혹 한 무리의 火土가 있으면 비록 태왕(太旺)하지 않아도 스스로 메마른다.

2. 고향(故鄕)을 떠나지 않아도 계승(繼承)하지 못하고, 분주(奔走)하며 더해서 庚辛壬癸가 출간(出干)하지 않으면 필시 요명(夭命)이 된다.

[숙달*Mastery]

戌月 丙火에 일파(一派) 火土가 있으면 고향을 떠나거나 혹 고향을 떠나지 않아도 조업(祖業)이나 가계(家系)를 이어가지 못하므로 양자(養子)의 운명(運命)이 되기 쉽다. 여기에 庚辛金이나 壬癸水가 출간(出干)하지 않으면 가난해지거나 요사(夭死)하는 경우가 많다. 다음은 전 프랑스 대통령, 프랑수아 미테랑(Francois Mitterand)의 팔자(八字)다. 세계 최고령 국가원수 가운데 한사람이자 프랑스 공화정 역사상 최장기 집권 대통령인 프랑수아 미테랑의 젊은 시절은 소문만이 무성한 수수께끼로 남아 있다. 일지(日支) 申宮과 시간(時干) 庚金으로 조열(燥烈)함을 면하고 만년 대업(大業)의 성취를 예고한다.

庚 丙 戊 丙
寅 申 戌 辰

[원시*TEXT]

或支成火局, 炎上失時, 若運入南方, 一貧徹骨.

혹지성화국, 염상실시, 약운입남방, 일빈철골.

[일람*Scanning]

혹 지지(地支)에서 화국(火局)을 이루어도 염상(炎上)이 실령(失令)하여 만약 운(運)이 남방(南方)으로 들면 가난해지고 철골(徹骨)이 된다.

[숙달*Mastery]

戌月에는 丙火가 입묘(入墓)하여 염상(炎上)이 실령(失令)했다고는 하나, 팔자(八字)가 염상격(炎上格)을 이루었다면 동남운(東南運)이 대길(大吉)한 것이다. 그러므로 원시(原詩)는 비록 지지(地支)에 화국(火局)을 지었으나 염상격(炎上格)을 이루지 못한 경우를 말한다. 이때 화운(火運)을 향하면 팔자(八字)는 더욱 메말라 가난해지고, 병(病)을 얻어 재기(再起)가 불가(不可)하다. 오죽하면 몸이 야위어 뼈만 앙상한 모양을 이르는 말인 철골(徹骨)이 된다고 했을 정도다. '조화원약'에는 "或支成火局, 炎上失令, 運入西方, 貧乏異常, 不顧妻子"이라 해서 염상격(炎上格)이 서방운(西方運)에 들면 몹시 가난해지고, 처자(妻子)를 돌보지 않는다고 했다. 즉 격(格)을 이루어도 서방운(西方運)으로 흐르면 발전하기 어려운데, 하물며 실령(失令)했으니 말로 다 표현하기 어려울 정도로 힘든 상황이 펼쳐진다는 애기다.

[원시*TEXT]

用甲者, 水妻木子. 用壬者, 金妻水子.

용갑자, 수처목자. 용임자, 금처수자.

[일람*Scanning]

1. 甲木을 용(用)하면 水가 아내요, 木이 자식이 된다.
2. 壬水를 용(用)하면 金이 아내요, 水가 자식이 된다.

[숙달*Mastery]

수처목자(水妻木子)는 식다용인(食多用印)으로 화살(化殺)하는 유형을 의미하고, 수처목자(金妻水子)는 丙火가 왕(旺)한 가운데 식신대살(食神帶殺)에 재왕생살(財旺生殺)하는 경우를 말한다.

삼 동 병 화

■ 三冬丙火

[원시*TEXT]

十月丙火, 太陽失令, 得見甲戊庚出干, 可云科甲, 主為人性好清高, 斯文領袖. 如辛透見辰, 名化合逢時, 主大貴.

시월병화, 태양실령, 득견갑무경출간, 가운과갑, 주위인성호청고, 사문령수. 여신투견진, 명화합봉시, 주대귀.

[일람*Scanning]

1. 亥月 丙火는 태양(太陽)이 실령(失令)하니 甲戊庚이 출간(出干)하면 과갑(科甲)에 이르고, 위인(爲人)이 청고(淸高)함을 좋아하며 사문(斯文)의 영수(領袖)가 된다.

2. 만일 辛金이 투(透)하고, 辰土를 보면 화합봉시(化合逢時)하니 대귀(大貴)하다.

[숙달*Mastery]

亥月은 丙火의 절지(絶地)로 휴수(休囚)가 극(極)에 달하니 먼저 甲木을 용신(用神)으로 삼아 생(生)해야 한다. 이때 甲木은 습목(濕木)으로 戊土가 壬水를 제(制)하면 더욱 목왕(木旺)해져 丙火를 생(生)하고, 또 丙火의 귀(貴)를 상징하는 壬水가 戊土의 제(制)를 당하면 庚金으로 도와야 하므로 甲戊庚 삼자(三者)가 모두 투(透)해야 부귀격(富貴格)을 이룬다는 것이다. 그러나 이 같은 설명은 별반 설득력이 없다. 얼핏 이현령비현령(耳懸鈴鼻懸鈴)같은 느낌을 지울 수 없기 때문이다. 또한 亥月에는 팔자(八字) 원국(原局)에 甲戊庚 세 글자가 공히 투(透)할 수가 없다.

亥月은 유일하게 壬水를 용신(用神)으로 삼지 않는 때다. 가령 子月 丙火만 해도 동지(冬至)에는 양(陽)이 생(生)하여 丙火는 약(弱)한 가운데 생왕(生旺)해지므로 壬水를 용(用)한다. 그러나 亥月이라 해도 丙火

의 근기(根氣)가 튼튼하고 신강(身强)하면 壬水를 쓰지 못하는 법이 없다. 따라서 亥月 丙火는 甲庚의 인다용재(印多用財)로 성격(成格)되거나,

庚 丙 乙 甲
寅 戌 亥 申

庚壬의 칠살봉재(七殺逢財)라 해도 파격(破格)이 아닌 부귀격(富貴格)을 이루게 된다. 丙火가 寅巳에 뿌리를 내리고 신강(身强)한 이상 壬水는 곧 귀(貴)를 의미하여 살(殺)이 아닌 관(官)의 작용을 수행하므로 칠살봉재(七殺逢財)가 아닌 정관용재(正官用財)와 같은 것이다. **오양간(五陽干) 중에 庚金을 빼고 나머지는 모두 칠살(七殺)의 극(剋)을 기뻐하여 격(格)을 이룬다.**

庚 丙 辛 壬
寅 寅 亥 申

亥月 丙火에 辛金이 투(透)하고 壬辰時 생(生)이면 진화격(眞化格)이 되어 대귀격(大貴格)을 이룬다. '적천수'에 丙火가 최양(最陽)이라고 했다. 까닭에 쉽게 화(化)하지 않는다. 지지(地支)에 수국(水局)과 북방(北方)이 있으면서 辰을 보아야 진화(辰化)가 성립된다. 가령 다음과 같은 경우다.

壬 丙 辛 壬
辰 子 亥 辰

[원시*TEXT]

或壬多無甲, 乃作棄命從殺, 即不科甲, 亦是宦僚, 或壬多有甲無戊. 卻非從殺, 宜用己土混壬.

혹임다무갑, 내작기명종살, 즉불과갑, 역시환료. 혹임다유갑무무, 각비종살, 의용기토혼임.

[일람*Scanning]

1. 혹 壬이 많고 甲이 없으면 이에 기명종살(棄命從殺)을 이루어 과갑(科甲)은 아니더라도 환료(宦僚)는 된다.

2. 혹 壬이 많은데 甲이 있고 戊가 없으면 도리어 종살(從殺)이 되지 않고, 이때는 己土를 용(用)하여 혼임(混壬)함이 마땅하다.

[숙달*Mastery]

亥月 壬水가 종살격(從殺格)을 이루면 역시 귀(貴)하다. 문제는 두 번째 구절로, 원시(原詩)는 마치 亥月 壬水에 甲木이 있어도 戊土만 있으면 종살격(從殺格)이 될 수 있는 것처럼 상황을 묘사하고 있으나 甲木이 있는 한 종살격(從殺格)은 성립되지 않는다. 이 대목이 시사하는 내용은 己土가 壬水를 혼합(混合)하는 격국(格局)으로, 亥月 丙火의 존신(尊神)이 되는 甲木을 생(生)하는 반생(反生)의 공(功)이다. 다시 말해 丙火가 亥月에 태어나 절처봉생(絶處逢生)이 되면 대귀격(大貴格)을 이룬다. 절처봉생(絶處逢生)이란 일원(日元)이 절(絶)을 만나나 인수(印綬)가 장생(長生)되는 것이다. 그런데 해궁(亥宮) 壬水는 당왕(當旺)하여 충분(沖奔)하는 水니 木을 생(生)하기 어렵다. 이때 己土가 출

간(出干)해서 壬水를 혼합(混合)하면 甲木을 배양(培養)하고 丙火를 생(生)한다. 이것은 申月 乙木이 丙癸를 보지 않고, 己土를 보아 부귀(富貴)를 잃지 않는 것과 마찬가지다. **보통 壬水가 己土를 보아 혼탁(混濁)해지면 흉하지만, 니토(泥土)가 비옥(肥沃)한 땅이 되어 甲乙木의 뿌리를 배양(培養)하는 반생(反生), 즉 일정한 틀이 없는 병약법(病弱法)의 묘수(妙手)를 팔자술(八字術)의 '마스터'라면 놓치는 법이 없다.** 亥未가 모여도 己土가 壬水를 혼합(混合)하는 이치와 같다. 다음은 '조화원약평주'에 예시된 팔자(八字)로 부귀(富貴)와 수복(壽福)을 크게 누린 자로 설명된 명(命)이다.

壬 丙 己 辛
辰 子 亥 巳

亥月 丙火가 己土를 용(用)하여 절처봉생(絶處逢生)의 대귀(大貴)를 증거(證據)하는 사례로 청대(淸代) 증국번(曾國藩)의 팔자(八字)를 들 수 있다.

己 丙 己 辛
亥 辰 亥 未

'증국번'은 태평천국(太平天國)을 진압한 지도자이며 양무운동(洋務運動)의 추진자였다. '장제스'는 스승으로 추앙했고, '마오쩌둥'도 젊었을 때 그의 강한 정신력을 높이 평가했다. 뛰어난 정치가이며 학자인 동시에 인품과 지혜를 겸전한 인물을 옛사람들은 완인(完人)이라 불렀다. 한 마디로 '하늘이 내린 인물'이란 얘기다. 중국(中國) 역사에는 완인(完人)의 계보가 있다. 삼국시대 촉한(蜀漢 :220~263)의 제갈량(諸葛亮:

181～234)과 송대(宋代)의 문천상(文天祥: 1236～1282), 원대(元代) 야율초재(耶律楚材: 1190～1244), 명대(明代) 유기(劉基: 1311～1375), 청대(淸代) 증국번(曾國藩: 1811～1872)으로 이어져 왔다. 이들은 모두 뛰어난 문장가(文章家)들이었다. '증국번'은 의사(醫師)와 약(藥)을 믿지 않은 사람이었다. 그는 30세 넘어 부터 자주 병을 앓곤 해 양생(養生)에 유념했는데 화를 억누르는 징분(懲忿)과 절욕(節慾)을 실천하는데 힘썼다. 나이 60세에 오른쪽 눈을 실명(失明)하고, 이듬해에 다리가 마비되고 혀가 굳어 말을 할 수가 없게 되자, 정좌(靜坐)한 채로 한 시간이 지나지 않아 세상을 뜨게 된다.

[원시*TEXT]

總之十月丙火, 木旺宜庚, 水旺宜戊, 火旺用壬, 隨宜酌用可也.

총지시월병화, 목왕의경, 수왕의무, 화왕용임, 수의작용가야.

[일람*Scanning]

총론해서 亥月 丙火는 木이 왕(旺)하면 庚金이, 水가 왕(旺)하면 戊土가 마땅하고 火가 왕(旺)하면 壬水를 용(用)하므로 팔자(八字)의 상황을 잘 참작(參酌)해서 용(用)을 정해야 한다.

[숙달*Mastery]

이상은 모두 팔자(八字)에 병(病)이 있으면 약(藥)이 되는 것을 용신(用神)으로 삼아야 한다는 의미다. 팔자(八字)의 쇠왕(衰旺)과 중화(中和)를 모르면 병약용신(病弱用神)은 전혀 알 수 없다. 병약용신(病弱用

神)은 십간론(十干論)의 틀에 가장 부합되며 체신(體神)의 범주에서 운용되는 것인데, 이를 부억(扶抑) 일반의 용법과 대동소이하게 인식하거나, 부억용신(扶抑用神)의 일부로 여기는 '아마추어'들이 사계(斯界)에는 너무 많은 것 같다.

[원시*TEXT]

十一月丙火, 冬至一陽生, 弱中復強, 壬水為最, 戊土佐之.

십일월병화, 동지일양생, 약중부강, 임수위최, 무토좌지.

[일람*Scanning]

子月 丙火는 동지(冬至)에 일양(一陽)이 생(生)하니 약(弱)한 가운데 다시 강(強)해지므로 壬水를 제일로 용(用)하고, 戊土로 보좌(輔佐)한다.

[숙달*Mastery]

子月 丙火는 살용식제(殺用食制)가 귀격(貴格)의 전형이지만, 중동(仲冬)은 천한지동(天寒地凍)하여 대개 쇠절(衰絶)된 火가 당왕(當旺)한 水를 만나면 극제(剋制)를 당하기 쉬우므로 신중하게 잘 살펴야 한다. 까닭에 살용식제(殺用食制)보다는 甲木을 쓰는 살격용인(殺格用印)이 한결 안전하다. **子月 丙火는 戊土의 회광(晦光)을 몹시 꺼리게 되므로 戊土는 용(用)인 동시에 병(病)이 된다**. '서락오'는 壬水가 용신(用神)이거나, 戊土가 용신(用神)일 때를 막론하고 모두 甲木이 없으면 불가(不可)하다고 했다. 이것은 매우 중요한 사항이다.

[원시*TEXT]

壬戊兩透, 科甲可許, 無戊見己, 異路功名. 或無壬水, 有癸出干得金滋無傷, 又有丙透以解凍, 可許衣衿.

임무량투, 과갑가허, 무무견기, 이로공명. 혹무임수, 유계출간득금자무상, 우유병투이해동, 가허의금.

[일람*Scanning]

1. 亥月 丙火에 壬戊가 양투(兩透)하면 과갑(科甲)을 허락하고, 戊土가 없는데 己土가 있으면 이로공명(異路功名)한다.

2. 혹 壬水가 없고, 癸水가 출간(出干)하면 金으로 자양(滋養)해야 상(傷)함이 없고, 또한 丙火가 투(透)해야 해동(解凍)하여 의금(衣衿)을 허락한다.

[숙달*Mastery]

子月 丙火가 사주(四柱)에 인비(印比)가 많아 신강(身旺)하면 壬水가 없이 귀격(貴格)을 이룰 수 없다. 만일 壬水가 없으면 癸水를 취하나, 중동(仲冬) 癸水는 설상(雪霜)과 같으니 丙火 비견(比肩)으로 해동해야 의금(衣衾)이 있는 것이다. 만일 壬癸水가 모두 투(透)하지 않으면 지지(地支)에 癸水가 있는 것이니 이때도 마찬가지로 金의 도움을 받아야 상(傷)하지 않고, **丙火가 투(透)하여 火金이 모두가 강(强)하면 능히 부격(富格)을 이루는 것이다.** 다음은 미 영화감독 스티븐 스필버그(Steven Spielberg)의 팔자(八字)다.

丁 丙 庚 丙
酉 寅 子 戌

[원시*TEXT]

或一派壬, 則耑用戊土, 此人雖不成名, 文章邁衆, 但名利虛浮. 何也? 因戊晦光, 又須甲木為葯也. 或無壬水, 癸亦可用, 但不甚顯. 或四柱多壬無甲, 乃作棄命從殺, 亦有雲路.

혹일파임, 즉전용무토, 차인수불성명, 문장매중, 단명리허부. 하야? 인무회광, 우수갑목위약야. 혹무임수, 계역가용, 단불심현. 혹사주다임무갑, 내작기명종살, 역유운로.

[일람*Scanning]

1. 혹 한 무리의 壬水가 있으면 오직 戊土를 용(用)하는데 이 사람은 비록 명리(名利)는 없으나 문장(文章)은 보통을 초월한다.

2. 왜냐하면 戊土가 회광(晦光)하기 때문인데 이때는 甲木이 약(藥)이 된다.

3. 혹 壬水가 없으면 癸水 또한 가용(可用)하나 드러나게 현달(顯達)하지는 않는다.

4. 혹 사주(四柱)에 壬水가 많고 甲木이 없으면 기명종살(棄命從殺)을 이루어 역시 운로(雲路)가 있다.

[숙달*Mastery]

子月 丙火는 수왕화쇠(水旺火衰)를 몹시 두려워한다. 까닭에 일파

(一派) 壬水가 있고 戊土가 있다면 壬戊를 보아 귀격(貴格)을 이루는 게 아니라 오히려 가난하고 고생하기 쉽다.

戊 丙 壬 丁
子 戌 子 巳

子月 丙火가 甲木을 보지 않으면 기명종살격(棄命從殺格)이 될 수 있다. 이때 지지(地支)에는 수국(水局)이 있거나 북방(北方)이 완전해야 진종(眞從)으로 아름다운 명(命)이 된다.

[원시*TEXT]

或水多, 有甲, 無戊, 卻非從殺, 宜用己土濁壬, 十一月丙火, 與十月頗同.

혹수다, 유갑, 무무, 각비종살, 의용기토탁임, 십일월병화, 여십월파동.

[일람*Scanning]

혹 水가 많은데 甲木이 있고 戊土가 없으면 종살(從殺)이 되지 않으니 이때는 己土를 용(用)하여 탁임(濁壬)이 마땅하므로 子月 丙火는 亥月과 자못 동일하다.

[숙달*Mastery]

子月 丙火가 인수(印綬) 甲木을 보면 종(從)하지 않는다. 己土로 壬水와 혼합하는 격국(格局)은 亥月 丙火와 이치가 같다. 다만 亥月에는

해궁(亥宮) 甲木이 유기(有氣)하여 甲木이 출간(出干)하지 않아도 쓸 수 있지만, 子月에는 甲木이 투(透)해야만 니토(泥土)의 효용(效用)이 있다.

[원시*TEXT]

十二月丙火, 氣進二陽, 侮雪欺霜, 喜壬為用. 己土司令, 土多又不可少甲. 壬甲兩透, 科甲堪宜, 甲藏則秀才而已. 或無甲得一壬透, 富中取貴.

십이월병화, 기진이양, 모설기상, 희임위용. 기토사령, 토다우불가소갑. 임갑량투, 과갑감의, 갑장즉수재이이. 혹무갑득일임투, 부중취귀.

[일람*Scanning]

1. 丑月 丙火는 이양(二陽)이 진기(進氣)하여 설(雪)을 업신여기고, 상(霜)을 기만하니 壬水를 기뻐하여 용(用)한다.

2. 己土가 사령(司令)하여 土가 많으면 甲木이 적어서는 불가(不可)하다.

3. 壬甲이 양투(兩透)하면 과갑(科甲)을 능히 감당(勘當)하고, 甲木이 암장(暗藏)되면 수재(秀才)로 그친다.

4. 혹 甲木이 없고, 하나의 壬水만 투(透)하면 부중취귀(富中取貴)한다.

[숙달*Mastery]

丑月은 己土가 영(令)을 잡는 때로 丙火를 회(晦)하고, 壬水를 탁(濁)

하게 하니 甲木이 없으면 귀격(貴格)을 이루기 어렵다. 다만 甲木이 없고 壬水만 투(透)해도 부격(富格)을 이룬다. 이것은 삼춘(三春) 丙火와 이치가 같은 것이다. 결론적으로 丑月 丙火는 상관패인격(傷官佩印格)을 제일로 치는 것이다. 또한 壬癸水가 투(透)하고 甲乙木이 투(透)하면 살인격(殺刃格)으로 대귀(大貴)한 명(命)이 된다. 다음은 '조화원약평주'에 통령(統領)의 팔자(八字)로 예시된 명(命)이다.

壬 丙 乙 癸
辰 午 丑 卯

김대중(金大中) 전 대통령은 1926년 생(生)으로 공식 확인되지만, 분명 몇 해 이전에 태어났다. 그래서인지 시중에는 전 대통령의 팔자(八字)가 3개 이상 떠돌았다. 내가 비교적 신뢰가 가는 지인(知人)을 통해 듣기로는 1923년 癸亥 생(生)이다. 일설(一說)에 떠돌 듯 혹 다음의 사주(四柱)가 인위적으로 정해졌다면 이는 '조화원약'의 명례(名例)를 참작해서 살인격(殺刃格)을 지었을 가능성이 농후하다.

丁 丙 乙 癸
酉 戌 丑 亥

[원시*TEXT]

如見一派己土, 不見甲乙, 名為假傷官, 聰明性傲, 名利虛浮.

여견일파기토, 불견갑을, 명위가상관, 총명성오, 명리허부.

[일람*Scanning]

만일 한 무리의 己土를 보고 甲乙木을 보지 않으면 가상관격(假傷官格)이 되어 사람은 총명(聰明)하고 오만(傲慢)하지만, 명리(名利)는 헛되고 실속이 없다.

[숙달*Mastery]

丑月 丙火가 일파(一派) 己土를 보면 甲乙木을 용(用)하여 화토상관패인격(火土傷官佩印格)을 이뤄야 귀격(貴格)을 짓는다.

□ 丙 己 乙

□ 寅 丑 □

[원시*TEXT]

或一派癸水, 得己出干, 必自主創業, 若制伏太過, 又取辛金作用. 得見癸透. 此人即不成名, 必清雅文墨士.

혹일파계수, 득기출간, 필자주창업. 약제복태과, 우취신금작용. 득견계투, 차인즉불성명, 필청아문묵사.

[일람*Scanning]

1. 혹 한 무리의 癸水를 보고 己土가 출간(出干)하면 필시 창업(創業)한다.

2. 만약 己土의 제복(制伏)이 태과(太過)하면 辛金을 취(取)해 작용(作用)한다.

3. 癸水가 투(透)하면 명성(名聲)을 얻지 못해도 청아(淸雅)한 문필가(文筆家)로 묵사(墨士)라 할 수 있다.

[숙달*Mastery]

축궁(丑宮)에는 己癸辛이 있다. 이중에 己癸가 투(透)하면 자수성가(自手成家)하고, 辛金이 나란히 투(透)하면 己土를 설(洩)하여 癸水를 도우므로 우아한 기풍(氣風)이 있다.

■ 三春丁火 (삼춘정화)

[원시*TEXT]

正月丁火, 甲木當權, 乃為母旺, 非庚不能劈甲, 何以引丁, 姑用庚金.
정월정화, 갑목당권, 내위모왕, 비경불능벽갑, 하이인정, 고용경금.

[일람*Scanning]

寅月 丁火는 甲木이 당권(當權)하여 모왕(母旺)한바, 庚金이 아니면 벽갑(劈甲)할 수 없어 인정(引丁)이 어려우니 庚金을 고용(姑用)한다.

[숙달*Mastery]

원문(原文)은 庚金의 고용(姑用)을 말하지만, 임시방편의 뜻을 지닌 고(姑)보다는 전(專)이나 존(尊)의 표현이 적합하다고 생각된다. 丁火는 반드시 甲木이 있어야 한다. 甲木이 없으면 의지할 곳이 없는 셈이다. 다음으로 庚金으로 甲木을 쪼개야 인정(引丁)할 수 있다. 寅月에는 이미 甲木이 있으므로 먼저 庚金을 쓰는 것이다. 寅月 丁火는 인수용재격(印綬用財格)을 이루면 일단 귀격(貴格)을 성립시킨다. 다음은 미국 40대 대통령, 로널드 레이건(Ronald Reagan)의 팔자(八字)다.

辛 丁 庚 辛
丑 未 寅 亥

[원시*TEXT]

或一派甲木, 無庚制之, 非貧即夭. 或只一甲木, 多見乙木者, 必離鄕之客, 焉問妻兒. 或見甲乙, 生庚子時, 又主妻早子早, 且可採芹.

혹일파갑목, 무경제지, 비빈즉요. 혹지일갑목, 다견을목자, 필리향지객, 언문처아. 혹견갑을, 생경자시, 우주처조자조, 차가채근.

[일람*Scanning]

1. 혹 한 무리의 甲木이 있는데 庚金이 없어 이를 제(制)하지 못하면 가난하거나 요절(夭折)에 이른다.

2. 혹 단지 하나의 甲木과 여러 乙木이 있으면 필시 고향(故鄕)을 떠나므로 처아(妻兒)는 물어 볼 것도 없다.

3. 혹 甲乙을 보고, 庚子時에 태어나면 일찍 처자(妻子)를 두고, 채

근(採芹)은 가(可)하다.

[숙달*Mastery]

寅月 丁火에 甲木이 태다(太多)하면 목다화식(木多火熄)이 된다. 이때는 반드시 재(財)로 인수(印綬)를 파(破)해야 한다. 또 乙木이 많으면 효신(梟神)의 흉의(凶意)가 나타나므로 庚金이 乙木을 제거(除去)하지 않으면 아내와 자식이 온전하기 어렵다. 그러나 庚子時 생(生)은 시(時)의 간지(干支)에 재관(財官)을 놓아 아내와 자식과의 인연이 두터운 편이다. 다만 귀격(貴格)에 해당되지는 않고 유림(儒林)의 선비에 불과할 뿐이고 가업(家業)을 잇는 것은 가능하다. 이때는 壬癸水가 투(透)해야 귀(貴)를 논할 수 있는 것이다.

[원시*TEXT]

得壬化木, 弱極復生, 合此必主大貴, 但此化合, 反以不見庚破格為妙.

득임화목, 약극부생, 합차필주대귀, 단차화합, 반이불견경파격위묘.

[일람*Scanning]

寅月 丁火가 壬水를 얻어 화목격(化木格)을 이루면 차명(此命)은 필히 대귀격(大貴格)에 부합(附合)하고, 庚金을 보지 않아 파격(破格)되지 않아야만 묘(妙)한 것이다.

[숙달*Mastery]

寅月 丁火가 화격(化格)을 이루면 필시 부(富)가 있다. 화격(化格)을

짓지 않으면 일반 내격(內格)에 준하여 용(用)을 구하면 된다.

壬 丁 壬 丁
寅 □ 寅 □

[원시*TEXT]

或有庚金壬癸, 得己土出干制之, 此命不由科甲, 亦有異途.

혹유경금임계, 득기토출간제지, 차명불유과갑, 역유이도.

[일람*Scanning]

혹 庚金과 壬癸水가 있고 己土가 출간(出干)하면 차명(此命)은 과갑(科甲)과는 인연을 맺지 못해고 이도(異途)는 있다.

[숙달*Mastery]

寅月에는 한기(寒氣)가 있어 재왕생살(財旺生殺)하면 식신(食神)으로 제살(制殺)해야 귀격(貴格)을 이룬다. 보통 음간(陰干)이 칠살(七殺)을 보아 귀격(貴格)을 이루기란 쉽지 않다. 다음은 '조화원약평주'에 빈천(貧賤)한 여명(女命)으로 묘사된 팔자(八字)다.

癸 丁 庚 辛
卯 酉 寅 卯

[원시*TEXT]

或一派壬癸, 不得寅時, 又無庚金, 必主窮困.

혹일파임계, 불득인시, 우무경금, 필주궁곤.

[일람*Scanning]

혹 한 무리의 壬癸水를 보고 寅時를 얻지 못하거나, 또는 庚金이 없으면 필시 곤궁(困窮)해진다.

[숙달*Mastery]

寅月 丁火가 寅時 생(生)이면 壬水를 보는 것이고 이것은 화격(化格)의 성립을 예고한다. 이때는 癸水가 용신(用神)인데 화격(化格)을 이루지 못하면 빈천(貧賤)해지기 쉬운 것이다.

戊 丁 壬 壬

申 □ 寅 □

또한 寅月 丁火에 庚金이 없다면 용신(用神)이 없으니 곤궁(困窮)하기 쉽다.

[원시*TEXT]

或丁年, 壬月, 丁日, 壬時, 男主大貴； 女則不宜. 此格以土為妻, 金為子. 但子女艱難. 女命合此, 淫賤, 刑夫剋子.

혹정년, 임월, 정일, 임시, 남주대귀； 여즉불의. 차격이토위처, 금위자. 단자녀간난. 여명합차, 음천, 형부극자.

[일람*Scanning]

1. 혹 丁年, 壬月, 丁日, 壬時 생(生)이라면 남자는 대귀(大貴)하나 여자는 마땅치 않다.

2. 차격(此格)은 土를 아내로 삼고, 金이 자식이다.

3. 다만 자녀(子女)는 간난(艱難)하다.

4. 여명(女命)이 이와 같으면 음천(陰賤)하고 형부극자(刑夫剋子)한다.

[숙달*Mastery]

寅月 丁火의 팔자(八字)가 화목격(化木格)을 이루면 아름다운 명(命)이 된다고 했다. 다만 이때 관(官), 金은 불리하므로 자식을 키우기가 쉽지 않다. 여명(女命)이라면 관(官), 金이 남편이므로 부궁(夫宮)에 애로사항이 나타나고, 원래의 남편 壬水가 기반(羈絆)되어 좋지 않다. 음천(陰賤)을 논한 것은 합다(合多)하기 때문이고, 지지(地支)에 동방(東方)을 이루지 않는 한, 진화(眞化)가 아니므로 결함이 나타나는 것이다.

[원시*TEXT]

或支火局, 無滴水解, 僧道之命. 見甲出略可. 總不可無水. 水多亦不宜.

혹지화국, 무적수해, 승도지명. 견갑출략가. 총불가무수. 수다역불의.

[일람*Scanning]

1. 혹 지지(地支)에 화국(火局)이 있고, 적수(滴水)의 해갈(解渴)이 없다면 승도(僧道)의 팔자(八字)다.

2. 이때 甲木이 출간(出干)하면 대략 가(可)하다.

3. 총론해서 水가 없으면 불가(不可)하다.

4. 水가 많아도 또한 마땅치 않다.

[숙달*Mastery]

寅月 丁火에 지지(地支) 화국(火局)을 이루고 水가 없으면 대개 고빈(孤貧)하고 용렬(庸劣)한 위인이다. 다만 甲木이 출간(出干)하면 가염상격(假炎上格)을 이루어 약간의 귀(貴)함이 있다. 丁火는 본성(本性)이 쇠갈(衰竭)하여 자체로는 염상(炎上)을 이루지 못하고 甲木의 도움이 없으면 쓰임새가 없다. 그러나 乙木은 같은 쇠갈(衰竭)한 기(氣)로 생부(生扶)가 어렵다. 이때 水가 없거나 많으면 좋지 않다. 다음은 가염상격(假炎上格)의 팔자(八字) 유형으로 일지(日支) 酉金은 병(病)이 된다. 운(運)에서 酉를 제거하면 필시 발전한다.

丙 丁 丙 甲
午 酉 寅 午

[원시*TEXT]

二月丁火, 溼乙傷丁, 先庚後甲, 非庚不能去乙, 非甲不能引丁. 庚甲兩透, 科甲定然. 庚透甲藏, 亦有生貢. 甲透庚藏, 異路功名.

이월정화, 습을상정, 선경후갑, 비경불능거을, 비갑불능인정. 경갑량투, 과갑정연. 경투갑장, 역유생공. 갑투경장, 이로공명.

[일람*Scanning]

1. 卯月 丁火는 습을(濕乙)이 丁火를 상(傷)하게 하므로 먼저 庚金을 쓰고 다음으로 甲木을 쓰는데, 庚이 아니면 乙을 제거(除去)할 수 없고, 甲이 아니면 인정(引丁)하지 못하기 때문이다.

2. 庚甲이 양투(兩透)하면 과갑(科甲)이 정연(定然)하다.

3. 庚金이 투(透)하고, 甲木이 암장(暗藏)되면 생원(生員)이나 공감(貢監)에 이른다.

4. 甲木이 투(透)하고, 庚金이 암장(暗藏)되면 이로(異路)로 공명(功名)이 있다.

[숙달*Mastery]

乙木은 훼목(卉木)과 같아 불이 잘 붙지 않으므로 습을(濕乙)이라 한다. 卯月 丁火에 庚甲이 모두 투(透)하면 과갑(科甲)을 한다. 庚金이 투(透)하고, 甲木이 암장(暗藏)되면 생원(生員)이나 공감(貢監)은 하고, 甲木이 투(透)하고, 庚金이 암장(暗藏)되면 이로(異路)로 공명(功名)이 있다. 庚金이 있으나 甲木이 없으면 청아(淸雅)한 선비가 되고 甲木이 있으나 庚金이 없으면 범명(凡命)에 속한다. 다음은 벼슬이 상서(尙書)에 이른 사람으로 고서(古書)에 예시된 명(命)이다. **습을상정(濕乙傷丁)이란 한 마디로 乙木은 인정(引丁)하지 못하는 속성을 뜻하는 얘기다. 그렇다면 甲木이 있어야 한다. 또한 庚金이 甲木을 벽갑(劈甲)해야 인정(引丁)한다. 원문(原文)은 庚金의 효용(效用)을 乙木의 제거(除去)**

에 '포커스'를 두고 설명하지만, 실제로는 벽갑인화(劈甲引火)의 작용이 우선이다.

甲 丁 己 庚
辰 丑 卯 辰

[원시*TEXT]

或庚乙俱透, 庚必輸情於乙, 未免貪合, 運行金水, 一貧徹骨. 或庚透乙藏, 則不能貪合, 乙反引丁, 即用乙亦無害, 運入木火之鄕, 自然富貴. 用乙者, 水妻木子. 若盡是乙木, 不見一甲, 此人富貴不久, 因貪致禍, 弄巧反拙. 且不能承受先人之業.

혹경을구투, 경필수정어을, 미면탐합, 운행금수, 일빈철골. 혹경투을장, 즉불능탐합, 을반인정, 즉용을역무해, 운입목화지향, 자연부귀. 용을자, 수처목자. 약진시을목, 불견일갑, 차인부귀불구, 인탐치화, 롱교반졸. 차불능승수선인지업.

[일람*Scanning]

1. 혹 庚乙이 함께 투(透)하면 庚金은 필시 乙木에게 정(情)을 주므로 탐합(貪合)을 면(免)치 못하니 金水 운(運)으로 가면 가난으로 몰골이 앙상해진다.

2. 혹 庚金이 투(透)하고 乙木이 암장(暗藏)되면 탐합(貪合)하지 않으므로 乙이 오히려 인정(引丁)하는 셈이니 乙木을 용(用)해도 무해(無害)하고, 운(運)이 木火로 들어가면 자연 부귀(富貴)한다.

3. 乙木을 용(用)하면, 水가 아내요 木이 자식이 된다.

4. 만약 甲木을 보지 못하고 乙木으로만 그친다면 부귀(富貴)가 장구(長久)하지 못하고, 탐욕(貪慾)으로 인해 화(禍)에 달하고 교묘하게 희롱하지만 반대로 졸렬(拙劣)해진다.

5. 또한 선인(先人)의 업(業)을 계승하지 못한다.

[숙달*Mastery]

卯月 丁火에 乙庚이 동시에 투(透)하면 탐합망극(貪合忘剋)하여 庚金 용신(用神)이 무용지물(無用之物)이 되니 빈한(貧寒)을 면키 어렵다. 그러나 乙木이 암장(暗藏)되면 오히려 乙木이 丁火의 불꽃을 이끌므로 이롭다. 동남운(東南運)에는 인다용재(印多用財)로 성격(成格)되어 부귀(富貴)를 보는 것이다. 목처수자(木妻水子)는 인수용살격(印綬用殺格)을 의미한다. 그러나 丁火는 甲木을 보지 못하면 수명(壽命)이 길지 않으므로 부귀(富貴)가 길지 않다. 즉 丁火는 甲木이 있어야만 목화통명(木火通明)이 되어 庚金을 극제(剋制)할 수 있다는 얘기다.

[원시*TEXT]

或支成木局, 有庚透, 主清貴. 不見庚者, 常人. 二月乙木司權, 必須有庚, 有乙無庚, 主貧苦無依. 用庚者, 土妻金子.

혹지성목국, 유경투, 주청귀. 불견경자, 상인. 이월을목사권, 필수유경, 유을무경, 주빈고무의. 용경자, 토처금자.

[일람*Scanning]

1. 혹 지지(地支)에 목국(木局)을 이루고 庚金이 투(透)하면 청귀(清

貴)하다.

2, 그러나 庚金을 보지 못하면 상인(常人)에 머문다.

3. 卯月에는 乙木이 사권(司權)하여 필수적으로 庚金이 있어야 하는데 乙木이 있고 庚金이 없다면 빈고(貧苦)하여 의지(依支)할 곳이 없다.

4. 庚金을 용(用)하면, 土가 아내요 金이 자식이 된다.

[숙달*Mastery]

한 마디로 卯月 丁火는 乙木이 권리를 잡은 때이니 庚金이 없으면 흉하다. 다만 **지지(地支)에 목국(木局)을 이루면 가염상격(假炎上格)으로 金을 용납하지 않을 때가 있으므로 가려 취해야 한다**. 乙木 편인(偏印)이 당왕(當旺)했으므로 재(財)로 인(印)을 손상시켜야 한다. 토처금자(土妻金子)란 인수용재격(印綬用財格)으로 부억(扶抑)상 식재(食財)가 희신(喜神)인 경우를 말한다. 다음은 가염상격(假炎上格)으로 동남운(東南運)에 승진(昇進)한 팔자(八字)다.

丁 丁 丁 甲
未 卯 卯 午

[원시*TEXT]

得印旺殺高, 大富大貴. 或一派水, 無一戊制, 主貧苦無依. 或乙少癸多, 有戊出制, 反吉. 用土者, 火妻土子.

득인왕살고, 대부대귀. 혹일파수, 무일무제, 주빈고무의. 혹을소계다, 유무출제, 반길. 용토자, 화처토자.

[일람*Scanning]

1. 인왕살고(印旺殺高)하면 대부대귀(大富大貴)한다.

2. 혹 한 무리의 水가 있는데 戊土의 제(制)가 없으면 빈고(貧苦)하여 의지(依支)할 데가 없다.

3. 혹 乙木이 적고 癸水가 많아 戊土로 이를 제(制)하면 도리어 길(吉)하다.

4. 土를 용(用)하면, 火는 아내요 土가 자식이 된다.

[숙달*Mastery]

卯月 丁火의 인왕살고(印旺殺高)는 甲癸가 투(透)한 경우다. 일파(一派) 水가 있으면 戊土로 제(制)해야만 귀(貴)를 이룬다. 화처토자(火妻土子)는 戊土가 많은 癸水를 제살(制殺)하는 유형을 말한다.

[원시*TEXT]

三月丁火, 戊土司令, 洩弱丁氣, 先用甲木引丁制土, 次看庚金. 庚甲兩透, 定主科甲. 或一藏一透, 終非白丁.

삼월정화, 무토사령, 설약정기, 선용갑목인정제토, 차간경금. 경갑량투, 정주과갑. 혹일장일투, 종비백정.

[일람*Scanning]

1. 辰月 丁火는 戊土가 사령(司令)하여 정기(丁氣)는 설기(洩氣)되어 약(弱)하니 먼저 甲木을 용(用)하여 인정(引丁)하고 제토(制土)한 다음 庚金을 같이 본다.

2. 庚甲이 양투(兩透)하면 정히 과갑(科甲)에 이른다.

3. 혹 하나가 장(藏)되고, 하나가 투(透)하면 종내 백정(白丁)은 되지 않는다.

[숙달*Mastery]

대개 丁火의 부귀(富貴)는 甲庚의 용(用)으로 완성된다. 辰月에는 甲木의 효용(效用)이 크다. 인정(引丁)과 제토(制土)의 두 가지 역할을 모두 수행하기 때문이다. 甲庚 둘 중 하나는 투(透)하고, 나머지 하나가 암장(暗藏)되면 수사(秀士)다.

甲 丁 庚 □
辰 □ 辰 □

[원시*TEXT]

或支成木局, 取庚為先. 得庚透, 丁癸不透, 亦有異路功名.

혹지성목국, 취경위선. 득경투, 정계불투, 역유이로공명.

[일람*Scanning]

1. 혹 지지(地支)에 목국(木局)을 이루면 庚金을 먼저 취(取)한다.

2. 庚金이 투(透)하고 丁癸가 투(透)하지 않으면 역시 이로(異路)로 공명(功名)이 있다.

[숙달*Mastery]

辰月 丁火가 지지(地支)에 목국(木局)을 이루면 인왕(印旺)하여 재(財)가 용신(用神)이 되니 취재파인격(取財破印格)이다. 이때 癸水 관살(官殺)이 나타나면 재(財)를 설(洩)하여 귀격(貴格)을 이루지 못한다. 재(財)가 있으면 부(富)한 가운데 귀(貴)가 있다. 이것이 납속주명(納粟奏命)이고, 이도(異途)인 것이다.

[원시*TEXT]

或支成水局, 加以壬透, 名殺重身輕, 必夭折天年. 或遭凶死. 或戊己兩透, 廊廟之客. 若一甲破, 定是常人.

혹지성수국, 가이임투, 명살중신경, 필요절천년. 혹조흉사. 혹무기량투, 랑묘지객. 약일갑파, 정시상인.

[일람*Scanning]

1. 지지(地支) 수국(水局)을 이루고 壬水가 투(透)하면 살중신경(殺重身輕)하니 필시 요절(夭折)한다.
2. 혹은 흉사(凶死)를 당한다.
3. 혹 戊己가 양투(兩透)하면 랑묘지객(廊廟之客)이 된다.
4. 만약 하나의 甲木이 土를 파(破)하면 상인(常人)에 불과하다.

[숙달*Mastery]

辰月에는 火가 진기(進氣)하고, 木의 여기(餘氣)가 있어 종살(從殺)이 어렵다. 따라서 지지(地支) 수국(水局)을 보고 진종(眞從)이 성립되지 않으면 살중신경(殺重身輕)으로 요절(夭折)에 이른다. 이때 식상(食傷)으로 살제(殺制)하면 귀격(貴格)으로 벼슬길에 오른다. 辰은 丁火의 관대지(冠帶地)로 식상(食傷)을 용(用)할 수 있다. 甲木이 있으면 제살(制殺)을 성립시키지 못하므로 파격(破格)이 된다. 무릇 용신(用神)이 손상되면 발전하기가 어려운 것이다.

[원시*TEXT]

用甲者, 水妻木子. 用金者, 土妻金子.

용갑자, 수처목자. 용금자, 토처금자.

[일람*Scanning]

1. 甲木을 용(用)하면, 水가 아내요 木이 자식이 된다.
2. 庚金을 용(用)하면, 土가 아내요 金이 자식이 된다.

[숙달*Mastery]

수처목자(水妻木子)는 상관패인(傷官佩印)을, 토처금자(土妻金子)는 상관용재(傷官用財)로 성격(成格)된 팔자(八字)를 말한다. 甲庚이 같이 있으면 庚金이 벽갑(劈甲)하나 甲木이 없으면 金이 토기(土氣)를 설(洩)하여 토중(土重)으로 어두워진 火를 밝히는 것이다. 辰月에는 火土가 진기(進氣)하므로 다음과 같은 팔자(八字)도 귀격(貴格)을 이룬다.

辛 丁 庚 庚
丑 未 辰 申

다음은 일본 소화(昭和) 시대 히로히토(裕仁) 왕의 팔자(八字)다. 辰月의 丁火가 약함을 두려워하지 않는 반증이다. 그러나 지지(地支) 수국(水局)을 이루었다면 살중신경(殺重身輕)의 파격(破格)이 되었을 것이다. '적천수'에 丁火가 壬水와 합(合)하면 충(忠)이 된다고 했다. 이것은 암암리(暗暗裡)에 목기(木氣)를 띠어 일원(日元)을 생(生)하는 작용을 하기 때문이기도 하다.

辛 丁 壬 辛

亥 丑 辰 丑

■ 三夏丁火(삼하정화)

[원시*TEXT]

四月丁火乘旺, 雖取甲引丁, 必用庚劈甲. 伐甲, 方云木火通明. 甲多, 又取庚為先. 但四柱忌見癸水. 癸水一見, 洩金, 溼甲, 傷丁, 故以癸為病. 或癸水藏支, 壬水出干制丙, 不奪丁光, 自是雁塔題名, 玉堂清貴.

사월정화승왕, 수취갑인정, 필용경벽갑. 벌갑, 방운목화통명. 갑다, 우취경위선. 단사주기견계수. 계수일견, 설금, 습갑, 상정, 고이계위병. 혹계수장지, 임수출간제병, 불탈정광, 자시안탑제명, 옥당청귀.

[일람*Scanning]

1. 巳月 丁火는 승왕(乘旺)하니, 甲木을 취(取)해 인정(引丁)해도 반드시 庚金을 용(用)하여 벽갑(劈甲)해야 한다.

2. 甲을 벌(伐)하면 목화통명(木火通明)이 된다.

3. 甲木이 많으면, 먼저 庚金을 취(取)한다.

4. 단 사주(四柱)에 癸水를 보면 좋지 않다.

5. 癸水로 金을 설(洩)하면 습갑(濕甲)이 되어 丁火를 상(傷)하므로 癸水가 병(病)이 된다.

6. 혹 癸水가 암장(暗藏)되었는데 壬水가 출간(出干)하여 丙火를 제(制)하면 丁火의 빛을 빼앗지 않고 스스로 안탑(雁塔)의 맨 앞머리에 이름을 올리니 옥당(玉堂)에 청귀(淸貴)함이 있다.

[숙달*Mastery]

巳月에는 丙火가 임관(臨官)하니 丁火가 丙火의 위력에 의지하므로 더 할 수없이 염열(炎熱)하여 스스로 왕(旺)해진다. 그래도 甲木은 필요하다. 丁火는 음유(陰柔)하므로 왕지(旺地)에 임해도 기(氣)가 바르지 못하기 때문이다. 丙火가 출간(出干)하지 않으면 甲庚을 쓰는 용재파인(用財破印)으로 성격(成格)시키고, 이때 癸水가 나타나면 庚金이 엉켜 甲木을 습(濕)하게 만들므로 흉하다. 그러나 丙火가 투(透)하면 화왕(火旺)하여 인수(印綬)가 생(生)하지 않아도 무방하고 甲木은 오히려 병(病)이 되며 癸水가 나타나도 두렵지 않다. 화왕(火旺)하면 水火가 기제(旣濟)를 이루어야 아름다운 팔자(八字)가 된다. 壬丙이 같이 투(透)하면 병탈정광(丙奪丁光)의 불리함을 논할 필요가 없고, 스스로 청귀(淸貴)함이 있어 극품(極品)에 이른다. **乙木은 등라계갑(藤蘿繫甲)을 기뻐하지만, 丁火는 병탈정광(丙奪丁光)을 꺼린다. 그러나 乙木이 甲木을 만나면 甲木으로 논하고, 丁火가 丙火를 만나면 丙火로 논하는 이치는 같다.** 이것은 기(氣)가 생왕(生旺)함을 따르는 원리에서 비롯된 현상이다. 안탑제명(雁塔題名)이란 고위(高位) 벼슬아치를 일컫는 말인데 보통 재관(財官)이나 재살(財殺)을 기뻐하는 명(命)을 가리키는 말이다. 다음은 '조화원약평주'에 도독(都督)의 팔자(八字)로 壬水 관(官)을 용(用)한다.

丙 丁 乙 壬
午 卯 巳 辰

丙火가 투(透)하지 않으면 甲庚을 용(用)하고 癸水가 투(透)하지 않아야 한다. 만일 癸水가 투(透)했다면 甲庚이 출간(出干)되지 않는 편이 좋을 때가 많다. 다음은 토니 블레어(Tony Blair) 영국 총리의 명(命)이다. 격국(格局)의 겉모습은 록겁용살(祿劫用殺)이고, 卯中 甲木과 巳中 庚金의 인화(引火)로 부귀(富貴)를 발(發)하고 있다.

癸 丁 丁 癸
卯 巳 巳 巳

[원시*TEXT]

或有庚無甲, 戊透天干, 此為傷官生才, 又取戊為用, 必主富貴. 戊土出干, 不見甲乙, 又不見水, 是傷官傷盡. 八字清高, 但不大貴, 亦不大富. 見水多木多, 定是常人.

혹유경무갑, 무투천간, 차위상관생재, 우취무위용, 필주부귀. 무토출간, 불견갑을, 우불견수, 시상관상진. 팔자청고, 단불대귀, 역불대부. 견수다목다, 정시상인.

[일람*Scanning]

1. 혹 庚金이 있고 甲木이 없이 戊土가 투간(透干)하면 상관생재(傷官生財)가 되어 戊土를 용(用)하면 필시 부귀(富貴)해진다.

2. 戊土가 출간(出干)하고 甲乙木을 보지 않으면서 또 水를 보지 않으면 상관상진(傷官傷盡)이다.

3. 이때는 팔자(八字)가 청고(淸高)하나 대귀대부(大貴大富)는 아니다.

4. 水가 많고 木이 많으면 상인(常人)에 속한다.

[숙달*Mastery]

巳月 丁火가 상관생재격(傷官生財格)을 이루면 부(富)가 천금(千金)에 이른다. 팔자(八字)에 戊土가 많은데 인수(印綬)와 관살(官殺)이 없으면 상관상진(傷官傷盡)으로 출중(出衆)한 수재(秀才)가 되나 부귀(富貴)는 재능에 미치지 못한다. 이것은 상관(傷官)이 태중(太重)하여 설기(洩氣)가 지나치므로 丁火의 빛을 어둡게 하기 때문이다. 이때 水와 木이 많으면 평범한 명(命)이 된다.

[원시*TEXT]

或四柱多丙, 不見壬癸, 奪了丁光, 此人貧苦. 或丁年, 巳月, 丁巳日,丙午時, 一丙不奪二丁, 即不顯達, 亦名播四鄰. 故書曰： 丁火陰柔一燭燈, 太陽相見奪光明； 柱中若見甲木透, 定許身安福自臨.

혹사주다병, 불견임계, 탈료정광, 차인빈고. 혹정년, 사월, 정사일, 병오시, 일병불탈이정, 즉불현달, 역명파사린. 고서왈： 정화음유일촉등, 태양상견탈광명； 주중약견갑목투, 정허신안복자림.

[일람*Scanning]

1. 혹 사주(四柱)에 丙火가 많고 壬癸水를 보지 않으면 탈료정광(奪了丁光)이 되어 빈고(貧苦)한 사람이 된다.

2. 혹 丁年 巳月 丁巳日 丙午時 생(生)이면 하나의 丙火가 두 개의 丁火를 탈(奪)하지 못한즉 현달(顯達)하지는 못하나 사방(四方)에 이름은 전파(傳播)한다.

3. 고서(古書)에 이르길, 丁火는 음유(陰柔)한 등불이니 丙火 태양(太陽)을 만나면 광명(光明)을 빼앗기나, 만일 사주(四柱)에 甲木이 투(透)하면 안복(安福)이 절로 임(臨)한다고 했다.

[숙달*Mastery]

巳月 丁火가 丙火를 보고 壬癸水가 丙火를 파(破)하지 않으면 병탈정광(丙奪丁光)에 신왕무의(身旺無依)로 빈고(貧苦)해져서 의지(依支)할 데가 없다. 그러나 壬癸水가 丙火를 파(破)하면 이로(異路)로 발전한다. 丁年 巳月 丁巳日 丙午時 생(生)은 일병불탈이정(一丙不奪二丁)이 되어 염상격(炎上格)의 변형으로 득시(得時)하고 득지(得地)하여 도읍(都邑)에 명성을 떨친다.

丙 丁 乙 丁
午 巳 巳 □

[원시*TEXT]

五月丁火, 時歸建祿, 不宜亂用甲木.

오월정화, 시귀건록, 불의란용갑목.

[일람*Scanning]

午月 丁火는 때가 건록(建祿)으로 돌아오니 甲木을 혼란(混亂)스럽게 용(用)해선 마땅치 않다.

[숙달*Mastery]

午月 丁火는 염상격(炎上格)이 아닌 한 甲木을 용(用)하는 법이 거의 없다. 한 마디로 화왕(火旺)하여 金水의 조후(調候)가 급한 것으로 이해하면 무난하다.

[원시*TEXT]

遇年透隔位之壬, 不貪丁合者, 忠而且厚. 或支成火局, 干見火出, 得庚壬兩透者, 科甲定然. 土透制壬, 常人. 即壬藏支中, 亦非白丁, 但要運行西北, 方可發達. 得一癸透, 名獨殺當權, 出人頭地.

우년투격위지임, 불탐정합자, 충이차후. 혹지성화국, 간견화출, 득경임량투자, 과갑정연. 토투제임, 상인. 즉임장지중, 역비백정, 단요운행서북, 방가발달. 득일계투, 명독살당권, 출인두지.

[일람*Scanning]

1. 年에 壬水가 떨어져 투(透)해 丁火와 합(合)을 탐(貪)하지 않으면 충직(忠直)하고 후덕(厚德)하다.

2. 혹 지지(地支)에 화국(火局)을 이루고 천간(天干)에 火가 출간(出干)했는데 庚壬이 양투(兩透)하면 과갑(科甲)이 자연스럽다.

3. 土가 투(透)하여 壬水를 제(制)하면 상인(常人)이다.

4. 壬水가 지지(地支)에 암장(暗藏)되어도 종내 백정(白丁)은 되지 않고, 서북운(西北運)을 요(要)하며 이로써 발달(發達)한다.

5. 하나의 癸水가 투(透)하면 독살당권(獨殺當權)으로 출중(出衆)한 우두머리가 된다.

[숙달*Mastery]

午月 丁火에 壬水가 떨어져 합(合)되지 않으면 충효(忠孝)가 나타나고, 丁火가 합(合)되어 정(情)을 주면 관(官)을 향해 기운다. 지지(地支)에 화국(火局)을 이루었는데 천간(天干)에 火가 투출(透出)하고 庚金과 壬水가 모두 투(透)하면 과갑(科甲)에 이른다.

庚 丁 丙 壬

戌 未 午 寅

이때 土가 水를 제(制)하면 평범한 명(命)이 된다. 壬水가 지지(地支)에 암장(暗藏)되면 서북운(西北運)으로 흘러야 부귀(富貴)가 있다. 午月 丁火에 癸水 하나가 투(透)하면 독당일면(獨當一面)하니 대중(大衆) 위에 군림한다. 대귀격(大貴格)은 관(官)을 취하지 않고 살(殺)을 취하는 유형이라 할 수 있다. 癸水는 庚金의 생(生)을 논하지 않는다.

[원시*TEXT]

若見寅辰亥卯字, 化木生火, 平常人物, 豐衣足食, 中年富, 但刑剋子息, 勞而無功. 或丙午月, 丁未日, 辛亥時, 亥中有壬制丙, 不致貧苦. 若丙午時, 則滴水難救炎火, 必主僧道. 若年支見子, 雖不科甲, 亦有衣衿.

약견인진해묘자, 화목생화, 평상인물, 풍의족식, 중년부, 단형극자식, 로이무공. 혹병오월, 정미일, 신해시, 해중유임제병, 불치빈고. 약병오시, 즉적수난구염화, 필주승도. 약년지견자, 수불과갑, 역유의금.

[일람*Scanning]

1. 만약 寅辰亥卯木의 글자가 있어 木이 火를 생(生)하면 평범한 인물(人物)이지만 의식(衣食)은 풍족(豊足)하고 중년에 부(富)가 있으나 다만 자식(子息)을 형극(刑剋)하고 노력(勞力)이 무공(無功)해진다.

2. 혹 丙午月 丁未日 辛亥時 생(生)으로 亥中 壬水가 丙火를 제(制)하면 빈고(貧苦)함에 이르지는 않는다.

3. 만약 丙午時 생(生)이라면 적수(滴水)가 염화(炎火)를 구하기 어려우니 승도(僧道)의 팔자(八字)가 된다.

4. 만약 년지(年支)에서 子水를 보면 비록 과갑(科甲)은 아니나 의금(衣衿)이 있다.

[숙달*Mastery]

午月 丁火에 지지(地支)의 木이 강해 인수(印綬)가 수기(水氣)를 설

(洩)하여 火를 생(生)하면 해염(解炎)하지 못하여 끝내 평범한 명(命)이 된다. 그러나 팔자(八字) 전체가 木火로 왕(旺)하면 화기(火氣)를 설(洩)하는 게 낫다. 즉 木은 많고 金은 없는데 화목(化木)도 불가(不可)하면 土로 火를 설(洩)하는 부득이한 용법(用法)을 쓸 때가 있다. 다음과 같이 팔자(八字)에 금기(金氣)가 없고 子午의 충(沖)으로 壬水의 근기(根氣)가 상(傷)한 경우에는 壬水를 용(用)하지 않고, 土의 설기(洩氣)를 기뻐한다.

壬 丁 甲 丙
寅 卯 午 子

한난조습(寒暖燥濕)의 처리는 간지(干支)에 구애됨이 조절(調節)이 가(可)하다고 했다. 따라서 팔자(八字)에 亥水가 있어 丙火를 제(制)하면 고빈(孤貧)함에 이르지는 않는다.

辛 丁 丙 □　　丙 丁 丙 □
亥 未 午 □　　午 亥 午 □

년지(年支)에 子水가 있어도 청귀(淸貴)하여 과갑(科甲)은 아니어도 의금(衣衾)이 적지 않고 도읍(都邑)에 명성을 전한다.

[원시*TEXT]

若干支無火局, 有水透干, 須用甲木, 又要庚劈甲方明. 木火通明, 主大富貴. 或木少火多, 焚其木性, 不能光透九霄, 榮華不久.

약간지무화국, 유수투간, 수용갑목, 우요경벽갑방명. 목화통명, 주대부귀. 혹목소화다, 분기목성, 불능광투구소, 영화불구.

[일람*Scanning]

1. 만약 지지(地支)에 화국(火局)이 없고 水가 투간(透干)하면 마땅히 甲木을 용(用)하는데, 이때는 庚金의 벽갑(劈甲)이 있어야만 밝아진다.

2. 즉 목화통명(木火通明)으로 대부귀(大富貴)하다.

3. 혹 木이 적고 火가 많으면 목성(木性)이 불살라져 빛이 구천(九天)에 미치지 못하니 영화(榮華)가 장구(長久)하지 못하다.

[숙달*Mastery]

午月 丁火는 가염상격(假炎上格)이 아닌 한 甲木을 용(用)하는 경우가 드물다. 다만 庚壬이 양투(兩透)하면 甲木을 용(用)하여 상격(上格)을 이룰 수 있다. 이것은 관(官)을 재인(財印)으로 보좌(輔佐)한 것으로 水火가 양정(兩停)하여 대부대귀(大富大貴)한 것이다.

甲 丁 壬 庚

辰 □ 午 □

그러나 壬癸水가 없다면 木이 불살라져 丁火는 의지할 곳이 없게 되므로 빛이 하늘 끝까지 미치지 못하고 영화(英華)가 길지 못하다.

[원시*TEXT]

或生月是祿, 支皆生旺合局, 加以火出, 無滴水解炎, 乃身旺無依, 孤貧之格. 女必為尼. 即運北地, 反主凶危.

혹생월시록, 지개생왕합국, 가이화출, 무적수해염, 내신왕무의, 고빈지격. 여필위니. 즉운북지, 반주흉위.

[일람*Scanning]

1. 혹 생월(生月)에 녹(祿)이 있는데 지지(地支)가 모두 생왕(生旺)한 국(局)에 합(合)하고 더해서 火가 출(出)하면 적수(滴水)가 해염(解炎)하지 못하며 신왕무의(身旺無依)하므로 고빈(孤貧)한 팔자(八字)가 된다.
2. 여자는 필시 비구니(比丘尼)가 된다.
3. 만약 운(運)이 북지(北地)로 흘러도 반대로 흉위(凶危)하다.

[숙달*Mastery]

午月 丁火는 염상격(炎上格)을 이루어도 丁火는 가염(假炎)으로 지지(地支) 수기(水氣)의 해염(解炎)이 없으면 결국 신왕무의(身旺無衣)에 지나지 않아 기복(起伏)이 있게 된다. 따라서 팔자(八字)에 丙火와 水가 없으면 서북운(西北運)으로 흘러야 길하다. 만일 甲丙이 있어 염상격(炎上格)을 이루면 동남운(東南運)이 길하고, 서북운(西北運)은 흉하다.

[원시*TEXT]

用壬者, 金妻水子. 用甲者, 水妻木子.

용임자, 금처수자. 용갑자, 수처목자.

[일람*Scanning]

1. 壬水를 용(用)하면, 金이 아내요 水가 자식이 된다.
2. 甲木을 용(用)하면, 水가 아내요 木이 자식이 된다.

[숙달*Mastery]

금처수자(金妻水子)는 재관격(財官格)을, 수처목자(水妻木子)은 관인격(官印格)을 말한다.

[원시*TEXT]

六月之丁, 陰柔退氣, 但値三伏生寒, 丁弱極矣, 專取甲木, 壬水次之.
유월지정, 음유퇴기, 단치삼복생한, 정약극의, 전취갑목, 임수차지.

[일람*Scanning]

未月 丁火는 음유(陰柔)하고 퇴기(退氣)하니 무릇 삼복생한(三伏生寒)이라 丁火는 약(弱)함이 극(極)에 달하여 오직 甲木을 취(取)하고, 다음으로 壬水를 쓴다.

[숙달*Mastery]

丁火는 소융(昭融)하니 하지(夏至) 후에는 화기(火氣)가 다하는 때로 극성(極盛)하면 쇠(衰)하는 본성이 있다. 未月 丁火는 기세(氣勢)가 발설(發洩)되어 쇠락(衰落)을 향하고, 대서(大暑)가 지나면 金水가 진기(進氣)하므로 甲木으로 생조(生助)하지 않으면 영화(英華)를 기대하기 어렵다. 또 염조(炎燥)한 火土를 水로 윤택(潤澤)하게 하지 않으면 목기(木氣)가 메말라 분목(焚木)되므로 壬水로 보좌(輔佐)해야 한다.

[원시*TEXT]

若得甲出天干, 支成木局, 見亥中之壬, 為木神有根, 接引丁火, 必然科甲. 即不見木局, 支見壬水, 雖不大貴, 亦有淩雲之氣, 無庚不妙.

약득갑출천간, 지성목국, 견해중지임, 위목신유근, 접인정화, 필연과갑. 즉불견목국, 지견임수, 수불대귀, 역유릉운지기, 무경불묘.

[일람*Scanning]

1. 만약 甲木이 천간(天干)에 출간(出干)하고 지지(地支)에 목국(木局)을 이루면서 亥中 壬水를 보면 목신(木神)의 뿌리가 되어 丁火를 이끌어 사귀니 과갑(科甲)은 필연(必然)이다.

2. 만약 목국(木局)을 보지 않고 지지(地支)에 壬水를 보아도 비록 대귀(大貴)에는 이르지 않으나 또한 능운지기(淩雲之氣)는 있고 庚金이 없으면 묘(妙)하지 않다.

[숙달*Mastery]

未月 丁火에 목국(木局)을 이루고 甲木이 투(透)하면 해궁(亥宮) 壬水가 작용하여 과갑(科甲)에 이르지만, 이때는 庚金이 있어야 마땅하다. 庚金이 없으면 木이 亥中 壬水를 설(洩)하여 귀격(貴格)을 이루기 어렵다. 즉 丁火가 왕(旺)해지려면 亥未가 회국(會局)하고 壬水의 관(官)이 쓰임이 있으면서 庚金이 생수(生水)해야 한다. 목국(木局)이 없어도 지지(地支)의 壬水가 甲木을 생(生)하면 능가(淩駕)하는 운기(雲氣)가 있으니 벼슬길에 오른다. 未月은 己土가 당왕(當旺)한 때로 壬水를 탁(濁)하게 만든다. 이때 甲木이 없으면 약한 丁火가 관(官)을 감당하기 어렵고, 庚金이 없으면 壬水가 혼탁해지므로 귀(貴)을 얻기 어렵다. 따라서 未月 丁火는 반드시 庚金이 필요하다.

[원시*TEXT]

或支成木局, 見水透干, 則溼木性, 不能引丁, 必為平人, 有甲透, 亦有才幹. 有庚透, 方無刑傷. 若無甲木, 假名假利, 雖能生財, 固執懦夫.

혹지성목국, 견수투간, 즉습목성, 불능인정, 필위평인, 유갑투, 역유재간. 유경투, 방무형상. 약무갑목, 가명가리, 수능생재, 고집나부.

[일람*Scanning]

1. 혹 지지(地支)에 목국(木局)을 이루고 水가 투간(透干)하면 습목(溼木)이 인정(引丁)하지 못하여 필시 평인(平人)에 불과하고, 甲木이 투(透)하면 재간(才幹)이 있다.

2. 庚金이 투(透)해야 형상(刑傷)을 겪지 않는다.

3. 만약 甲木이 없으면 가명가리(假名假利)로 비록 생재(生財)는 능(能)하나 고집(固執)이 있고 나약(懦弱)한 이에 지나지 않는다.

[숙달*Mastery]

未月 丁火에 甲木이 투(透)하지 않고 水의 글자가 출간(出干)하면 습목(溼木)이 불꽃을 만들기 어려우므로 범인(凡人)에 불과하다. 다음은 '조화원약평주'에 매우 평범한 팔자(八字)로 묘사된 명(命)이다.

癸 丁 癸 庚
卯 未 亥 寅

이때는 甲木이 인정(引丁)하고, 庚金이 壬水를 생(生)해야만 재능과 명리(名利)가 모두 따른다. 다음은 미국의 배우(俳優), 해리슨 포드

(Harrison Ford)의 팔자(八字)로 壬丁 합(合)으로 화(化)한 목기(木氣)는 丁火를 돕는다. 壬水 관(官)의 기반(羈絆)으로 초년에는 두각을 드러내지 못했지만, 庚金과 목국(木局)의 조합으로 성격(成格)된 명(命)이다. 수운(水運)에 대발(大發)했다.

庚 丁 丁 壬
戌 卯 未 午

[원시*TEXT]

或年月日時, 皆一派丁未之類, 此為純陰, 終無大用.

혹년월일시, 개일파정미지류, 차위순음, 종무대용.

[일람*Scanning]

혹 年月日時가 모두 丁未로 이루어지면 순음(純陰)이 되어 종내 크게 쓰이지 못한다.

[숙달*Mastery]

순음(純陰)이란 천간(天干)과 장간(藏干) 모두가 음(陰)의 글자로 이루어진 격국(格局)으로 이를테면 丁酉와 같은 경우에는 해당되지 않는다. 이른바 음팔통(陰八通)이나, 양팔통(陽八通)의 일반적 유형과는 약간 의미가 다른 것으로 운(運)에서 중화(中和)되기 불가(不可)한 것이다.

丁 丁 丁 丁
未 未 未 未

[원시*TEXT]

用甲者, 水妻木子.

용갑자, 수처목자.

[일람*Scanning]

甲木을 용(用)하면, 水가 아내요 木이 자식이 된다.

[숙달*Mastery]

수처목자(水妻木子)의 격국(格局) 외형은 식다용인격(食多用印格)으로 대개 지지(地支)의 수기(水氣)로 성격(成格)된 팔자(八字)를 말한다.

■ 三秋丁火 (삼추정화)

[원시*TEXT]

三秋丁火, 退氣柔弱, 耑用甲木, 金雖乘旺司權, 無傷丁之理, 仍取庚劈甲, 為引火之物, 或借丙暖金晒木, 不慮丙奪丁火. 凡兩丙夾丁者, 夏月忌之, 餘月不忌. 但此格少年困苦刑剋, 中年富貴, 必要地支見水制丙, 方妙.

삼추정화, 퇴기유약, 전용갑목, 금수승왕사권, 무상정지리, 잉취경벽갑, 위인화지물, 혹차병난금쇄목, 불려병탈정화. 범량병협정자, 하월기지, 여월불기. 단차격소년곤고형극, 중년부귀, 필요지지견수제병,

방묘.

[일람*Scanning]

1. 삼추(三秋) 丁火는 퇴기(退氣)로 유약(柔弱)하니 오로지 甲木을 용(用)하고, 비록 金이 승왕(乘旺)하여 사권(司權)해도 丁火를 상(傷)하게 하지 않으니 거듭 庚金을 취(取)하여 벽갑(劈甲), 인화(引火)하며 丙火로 金을 따뜻하게 하고 木을 말려야 하므로 병탈정화(丙奪丁火)를 우려(憂慮)하지 않는다.

2. 무릇 양(兩) 丙火가 丁火를 협(夾)하면 하월(夏月)에는 기피하나 그 이외의 月은 기피하지 않는다.

3. 단 차격(此格)은 소년(少年) 시절에 곤고(困苦)하고 형극(刑剋)을 겪으나 중년(中年)에는 부귀(富貴)가 있고 지지(地支)에서 水를 보아 丙火를 제(制)할 필요(必要)가 있으며 이로써 묘(妙)해진다.

[숙달*Mastery]

삼추(三秋) 丁火는 병사묘지(病死墓地)가 되어 기(氣)가 물러난다. 이때 甲木이 없으면 재관(財官)을 감당하기 어렵다. 庚金은 丁火를 상(傷)하게 하지 않으나 기후(氣候)가 점차 차가워지므로 丙火의 조후(調候)가 필요하다. 丙火는 丁火의 빛을 뺏기 이전에 재(財)를 제(制)하여 인수(印綬)를 보호하므로 甲庚丙이 모두 출간(出干)하면 상격(上格)을 이룬다.

甲 丁 甲 庚

午 □ 申 □

하월(夏月)에 丙火 두 개가 丁火를 끼고 있는 격국(格局)은 지나치게 화성(火盛)하여 꺼리지만 그 외는 丙火가 丁火의 생왕(生旺)을 도와 기뻐할 때가 많다. 소년기의 형극(刑剋)은 비겁(比劫)이 쟁재(爭財)하기 때문이다.

丙 丁 丙 □

午 □ 申 □

申月 丁火는 신궁(申宮) 壬水가 火를 제(制)하지만, 酉月과 戌月에는 지지(地支)에 水가 있어야 중년(中年) 이후의 부귀(富貴)를 기대할 수 있다.

[원시*TEXT]

三秋甲庚丙並用, 仍分優劣, 何也? 七月甲丙, 申中有庚, 八月甲丙庚皆用, 七八月或無甲木, 乙亦可用, 為枯草引燈, 卻不離丙晒也. 九月耑用甲庚. 大抵甲不離庚, 乙不離丙, 其理極明. 或見甲庚丙皆透, 必主科甲. 無甲用乙者, 富貴皆小, 且富而不貴者多.

삼추갑경병병용, 잉분우렬, 하야? 칠월갑병, 신중유경, 팔월갑병경개용, 칠팔월혹무갑목, 을역가용, 위고초인등, 각불리병쇄야. 구월전용갑경. 대저갑불리경, 을불리병, 기리극명. 혹견갑경병개투, 필주과갑. 무갑용을자, 부귀개소, 차부이불귀자다.

[일람*Scanning]

1. 삼추(三秋)에는 甲庚丙을 병용(竝用)하는데 우열(優劣)을 가려야 한다.

2. 申月에는 申中 庚金이 있어 甲丙을 쓰고, 酉月에는 甲丙庚을 다 용(用)하며 만일 申酉月에 甲木이 없으면 乙木도 가용(可用)한데 이를 고초인등(枯草引燈)이라 해서 丙火로 말리지 않으면 안 된다.

3. 戌月에는 오직 甲木과 庚金을 용(用)한다.

4. 대체로 甲木은 庚金을 떠날 수 없고, 乙木은 丙火를 떠날 수 없으니 그 이치(理致)가 극명(極明)하다.

5. 혹 甲庚丙이 모두 투(透)하면 필히 과갑(科甲)한다.

6. 甲木이 없고 乙木을 용(用)하는 자는 부귀(富貴)가 모두 작고 또 부(富)는 있으나 귀(貴)는 없는 경우가 많다.

[숙달*Mastery]

삼추(三秋) 丁火는 甲木이 용신(用神)인데 庚金이 없으면 무용(無用)이고, 乙木이 용신(用神)인데 丙火가 없으면 쓸모가 없다. 乙木은 습목(濕木)으로 丙火로 말리지 않으면 인정(引丁)하지 못한다. 申月과 酉月에 甲木이 없으면 乙木을 용(用)하는데 이를 고초인등격(枯草引燈格)이라 하고 이때는 팔자(八字)에 丙火가 있어야만 한다. 戌月은 戊土가 당왕(當旺)하여 火를 어둡게 한다. 이때 乙木은 무력하므로 반드시 甲木으로 제(制)해야 한다. 戌月에 乙木은 용(用)하지 못하므로 丙火도 의미가 없다.

[원시*TEXT]

或一重壬水, 又多見癸水, 必以戊土為制, 自然富貴光輝.

혹일중임수, 우다견계수, 필이무토위제, 자연부귀광휘.

[일람*Scanning]

혹 하나의 壬水가 중(重)한데 또 癸水를 많이 보면 필히 戊土로 제(制)해야만 자연 부귀광휘(富貴光輝)한다.

[숙달*Mastery]

삼추(三秋)에는 왕금(旺金)이 영(令)을 잡으니 壬癸水의 관살(官殺)이 투(透)하면 재왕(財旺)하여 당살(當殺)한다. 이때는 戊己土로 제(制)해야 식상대살(食傷帶殺)이 되어 귀격(貴格)을 이룬다. 다음은 명(明) 태조, 주원장(朱元璋)의 팔자(八字)다. 차명(此命)의 격국(格局) 외형은 상관견관(傷官見官)으로 생(生)의 전반기에 빈농(貧農)의 아들로 승려(僧侶)와 도적(盜賊) 생활을 거친 파란(波瀾)이 적지 않았으나 후에 동아시아를 호령하는 황제(黃帝)의 지위에 올랐으니 팔자(八字)의 병약(病藥)이 시사하는 극명한 사례라 할 수 있다. 지지(地支) 토국(土局)으로 화토상관(火土傷官)이 가색격(稼穡格)으로 변했다.

丁 丁 壬 戊
未 丑 戌 辰

다음은 재투칠살(財透七殺)로 파격(破格)되었다가, 봉살이식신제살이생재(逢殺而食神制殺以生財)로 성격(成格)된 중화민국 초대 총통, 위안 스카이(袁世凱)의 팔자(八字)다.

丁 丁 癸 己
未 巳 酉 未

[원시*TEXT]

或一派庚金, 名財多身弱, 主富屋貧人, 妻多主事. 或壬多洩庚, 丁壬化殺, 反成富貴. 若庚多無壬, 奔流下賤.

혹일파경금, 명재다신약, 주부옥빈인, 처다주사. 혹임다설경, 정임화살, 반성부귀. 약경다무임, 분류하천.

[일람*Scanning]

1. 혹 한 무리의 庚金이 있으면 재다신약(財多身弱)으로 부옥빈인(富屋貧人)으로 주로 처(妻)가 일을 주관한다.

2. 혹 壬水가 많아 庚金을 설(洩)하는데 丁壬이 화살(化殺)하면 오히려 부귀(富貴)해진다.

3. 만약 庚金이 많고 壬水가 없으면 분류(奔流)하고 하천(下賤)하다.

[숙달*Mastery]

申月 丁火에 일파(一派) 庚金이 있으면 재다신약(財多身弱)이 되는데 신궁(申宮)에 庚金이 임관(臨官)하고 壬水가 장생(長生)되어 처자(妻子)가 가권(家權)을 쥐게 된다. 만일 壬水가 투(透)해 庚金을 설(洩)하면서 丁火와 합(合)하면 화목(化木)하여 방신(幇身)하니 흉변길(凶變吉)이 되어 부격(富格)을 이룬다.

[원시*TEXT]

或八月一派辛金, 不見庚金, 又無比劫, 此棄命從財, 富而且貴, 雖不科甲, 亦有異途. 從財者水為妻. 不剋. 有偏正. 木為子. 不刑. 或九月一派戊土，洩丁火之氣，不見甲木，為傷官傷盡，非尋常可比．或甲木透出，為文書清貴，秋闈可奪．用甲者，庚不可少．水妻木子．

혹팔월일파신금，불견경금，우무비겁，차기명종재，부이차귀，수불과갑，역유이도．종재자수위처．불극．유편정．목위자．불형．혹구월일파무토，설정화지기，불견갑목，위상관상진，비심상가비．혹갑목투출，위문서청귀，추위가탈．용갑자，경불가소．수처목자．

[일람*Scanning]

1．혹 酉月에 한 무리의 辛金이 있는데 庚金이 없고 또 비겁(比劫)이 없으면 기명종재(棄命從財)가 되어 부(富)한 가운데 귀(貴)가 있고 비록 과갑(科甲)은 아닐지라도 이도(異途)로 공명(功名)을 이룬다．

2．종재격(從財格)은 水를 처(妻)로 삼는데 극(剋)하지 않고，편정(偏正)이 있어 木을 자식으로 삼으니 형(刑)하지 않는다．

3．혹 戌月에 한 무리의 戊土가 있으면 丁火의 기(氣)를 설(洩)하는데 甲木을 보지 않으면 상관상진(傷官傷盡)이 되어 심상(尋常)으로는 가히 비교(比較)할 바가 아니다．

4．이때 甲木이 투출(透出)하면 문서청귀(文書淸貴)하여 추위가탈(秋闈可奪)한다．

5．甲木을 용(用)하는데 庚金이 적게 있으면 불가(不可)하다．

6．이때는 水가 아내요，木이 자식이 된다．

[숙달*Mastery]

酉月 丁火가 일파(一派) 辛金을 보면 종격(從格)이 순수(純粹)하여 귀격(貴格)을 이룬다．丁火는 辛金을 보아 진종(眞從)한다．종격(從格)

은 대개 친척(親戚)이나 가족(家族), 귀인(貴人)의 도움으로 출세(出世)하므로 이도(異途)를 논한 것이다. 종재격(從財格)이 水를 아내로 삼고, 木을 자식으로 삼는다는 말은 무슨 뜻인지 잘 모르겠다. 기명종재(棄命從財)라 해도 일원(日元)의 정체성을 잃는 법은 없다. 따라서 金이 아내요, 水가 자식이 돼야 마땅하다. 팔자(八字)가 파격(破格)되지 않고 진종(眞從)이 성립되는 한 金水의 처자(妻子) 육친(六親)이 형극(刑剋)되는 법은 좀체 없는 것이다. 이 대목은 '조화원약'의 "從財者, 金爲妻, 不剋, 有正偏, 水爲子, 不刑"으로 서술된 내용이 타당하다.

戌月 丁火에 일파(一派) 戊土를 보고 壬水 관(官)과 甲木 인수(印綬)가 없으면 상관상진(傷官傷盡)이 되어 예사롭지 않은 부귀(富貴)를 논할 수 있다. 戌月에는 戊丁辛이 암장(暗藏)되어 체용(體用)이 동궁(同宮)에 있어 특수한 격국(格局)으로 부귀(富貴)가 비범한 것이다. 이때 甲木이 투(透)하면 문장(文章)으로 청귀(淸貴)함에 이르고 등용문(登龍門)에 오른다. 甲木이 용신(用神)인데 庚金이 적게 있으면 좋지 않다. 수처목자(水妻木子)는 상관패인격(傷官佩印格)을 말한다.

■ 三冬丁火 (삼동정화)

[원시*TEXT]

三冬丁火微寒, 耑用庚甲. 甲乃庚之良友. 凡用甲木, 庚不可少, 無庚無甲, 何能引丁? 難云木火通明, 冬丁有甲, 不怕水多金多. 可稱上格. 甲庚兩透, 科甲分明. 見己則否. 己多合甲, 則為常人.

삼동정화미한, 전용경갑. 갑내경지량우. 범용갑목, 경불가소, 무경무갑, 하능인정? 난운목화통명, 동정유갑, 불파수다금다. 가칭상격. 갑경량투, 과갑분명. 견기즉부. 기다합갑, 즉위상인.

[일람*Scanning]

1. 삼동(三冬) 丁火는 미약(微弱)하고 차가우니 오직 庚甲을 용(用)한다.

2. 甲木에 庚金은 좋은 벗이다.

3. 무릇 甲木을 용(用)하면 庚金이 적어서는 불가(不可)하니 庚金과 甲木이 없으면 인정(引丁)하지 못하여 목화통명(木火通明)이 되지 않고, 동월(冬月) 丁火는 甲木만 있으면 金水가 많아도 두렵지 않다.

4. 가히 상격(上格)으로 일컫는다.

5. 甲庚이 양투(兩透)하면 과갑(科甲)이 분명(分明)하다.
6. 己土를 보면 그렇지 않다.
7. 己土가 많아 甲木을 합(合)하면 상인(常人)이 된다.

[숙달*Mastery]

동월(冬月) 丁火는 甲木이 있으면 金水가 많아도 귀격(貴格)을 이룰 수 있다. 천간(天干)에 庚金이 투(透)하면 상격(上格)을 이루고, 과갑(科甲)한다. 그러나 己土가 甲木을 합(合)하면 용신(用神)이 기반(羈絆)되어 평범한 명(命)에 그친다. 한 마디로 甲木은 丁火의 어머니로 '적천수'에 이르길 丁火가 친모(親母)를 보면 가추가동(可秋可冬)이라 했다. 따라서 삼동(三冬) 丁火는 반드시 甲木이 있어야 하고 庚金으로 甲木을 보좌(輔佐)해야 한다. 다음은 청(淸)나라 세종(世宗)의 명(命)이다.

壬 丁 甲 戊
寅 酉 子 午

[원시*TEXT]

或一丙奪丁, 必賴支內水救. 若有支金發水之源, 官拜烏台有准. 全無癸水制丙, 無用之徒. 或有金無水, 貧寒之士. 有水無金, 又主淸高.

혹일병탈정, 필뢰지내수구. 약유지금발수지원, 관배오태유준. 전무계수제병, 무용지도. 혹유금무수, 빈한지사. 유수무금, 우주청고.

[일람*Scanning]

1. 혹 하나의 丙火가 있어 丁火의 빛을 빼앗으면 지지(地支)의 水에

힘입어 구제(救濟)된다.

2. 만약 지지(地支)에 金이 있어 발수지원(發水之源)으로 작용하면 관배오태(官拜烏台)에 준(准)한다.

3. 癸水로 丙火를 제(制)함이 전혀 없으면 무용지물(無用之物)이다.

4. 혹 金은 있는데 水가 없으면 빈한(貧寒)한 선비다.

5. 水는 있는데 金이 없으면 청고(淸高)하다.

[숙달*Mastery]

한난조습(寒暖燥濕)의 처리는 장간(藏干)이 투간(透干)에 영향력을 행사한다. 삼동(三冬)에는 월령(月令)에 水가 암장(暗藏)되어 丙火를 파(破)하므로 일병탈정(一丙奪丁)의 불리함을 면하는 것이다. 丁火는 소융(昭融)하여 丙火가 불꽃을 도우면 재관(財官)을 기뻐한다. 지지(地支)에 金이 있어 水를 도우면 감찰(監察)이나 사법관(司法官)으로 고위직(高位職)에 오르는 경우가 많다. 동월(冬月)에 유금무수(有金無水)을 논한 것은 土가 水를 극(剋)하는 경우다. 따라서 金은 있는데 水가 제거(除去)되면 비겁(比劫)이 탈재(奪財)하여 빈한(貧寒)한 선비가 된다.

[원시*TEXT]

或時月二壬爭合, 取戊破之. 有戊稍有富貴. 無戊常人. 設戊藏得所, 不失衣衿.

혹시월이임쟁합, 취무파지. 유무초유부귀. 무무상인. 설무장득소, 불실의금.

[일람*Scanning]

1. 혹 時月에 두 개의 壬水가 쟁합(爭合)하면 戊土를 취(取)하여 파(破)해야 한다.

2. 戊土가 있으면 적게나마 부귀(富貴)가 있다.

3. 戊土가 없으면 상인(常人)이다.

4. 戊土가 암장(暗藏)되어 득소(得所)하면 의금(衣衿)을 잃지는 않는다.

[숙달*Mastery]

동월(冬月) 丁火가 月時에서 壬水 두 개가 쟁합(爭合)하면 戊土로 파(破)해야 한다. 丁火는 비록 퇴기(退氣)지만 丙火의 도움이 있으면 생왕(生旺)해져 상관(傷官)으로 제살(制殺)이 가능하다. 다만 상격(上格)을 이루기는 어렵고 적게나마 부귀(富貴)는 갖추게 된다. 다음은 미국가수(歌手), 프랭크 시나트라(Frank Sinatra)의 팔자(八字)다. '적천수'에 이르길 戊土는 정(靜)해도 합(合)한다는 정흡(靜翕)의 속성을 논했는데 이것은 실로 심오한 이치다. 戊子는 상하(上下)로 상합(相合)하려는 성질이 강렬하다. 寅中 甲木과 丙火가 차명(此命)의 부귀(富貴)를 조율하는 근거가 된다.

壬 丁 戊 乙

寅 丑 子 卯

[원시*TEXT]

或二丙奪丁, 得年干有癸, 支下帶合, 金水得所, 亦必顯達, 納粟奏名,必驗.

혹이병탈정, 득년간유계, 지하대합, 금수득소, 역필현달, 납속주명, 필험.

[일람*Scanning]

혹 두 개의 丙火가 丁火의 빛을 빼앗는데 癸水가 년간(年干)에 있고 지지(地支)에서 합(合)이 되어 金水가 득소(得所)하면 필시 현달(顯達)하여 납속주명(納粟奏名)이 되니 징험(徵驗)되는 바다.

[숙달*Mastery]

동월(冬月) 丁火가 丙火를 보고 癸水가 있으면 신살양정(身殺兩停)의 귀격(貴格)을 이룰 수 있다. 원시(原詩)의 '지하대합(支下帶合), 금수득소(金水得所)'는 丑月 丁火가 금국(金局)을 이룬 것으로 재자약살(財滋弱殺)을 의미한다. 가령 다음과 같은 유형으로 팔자(八字)로 부중취귀(富中取貴)를 논하는 것이다.

丙 丁 乙 癸

午 □ 丑 酉

[원시*TEXT]

或仲冬水多癸旺, 全無比印, 此作棄命從殺, 亦有異途功名. 見丁比出干, 難合格局, 常人, 且主骨肉浮雲, 六親流水. 戊出破癸, 頗有兄弟妻兒. 此格用戊, 火妻土子. 用甲, 水妻木子.

혹중동수다계왕, 전무비인, 차작기명종살, 역유이도공명. 견정비출간, 난합격국, 상인, 차주골육부운, 육친류수. 무출파계, 파유형제처아. 차격용무, 화처토자. 용갑, 수처목자.

[일람*Scanning]

1. 혹 중동(仲冬)에 水가 많고 癸水가 왕(旺)한데 인비(印比)가 전무(全無)하면 기명종살(棄命從殺)이 되어 이 또한 이도(異途)로 공명(功名)을 이룬다.

2. 丁火 비견(比肩)이 출간(出干)하면 격국(格局)이 난합(難合)하여 상인(常人)에 불과하고 또 골육(骨肉)이 뜬구름과 같아 육친(六親)이 떠내려간다.

3. 戊土가 출간(出干)하여 癸水를 파(破)하면 형제(兄弟)와 처자(妻子)가 제법 있다.

4. 戊土를 용(用)하는 팔자(八字)는 火가 아내요, 土가 자식이 된다.

5. 甲木을 용(用)하면, 水가 아내요 木이 자식이 된다.

[숙달*Mastery]

亥月이나 子月 丁火가 금왕(金旺)하고 수다(水多)한데 인비(印比)가 없으면 종살격(從殺格)을 이루어 귀격(貴格)이 된다. 亥月에는 甲木이 있으나 습목(濕木)이 불꽃을 피우지 못하므로 종격(從格)이 된다. 그러나 子月의 순수(純粹)함에는 미치지 못한다. 인비(印比)로 인해 파격(破格)되면 골육(骨肉)에 손상(損傷)이 있다. 戊土를 용(用)하려면 인비(印比)의 상생(相生)이 있어야 한다. 戊土를 용신(用神)으로 삼는 화처토자(火妻土子)는 상관가살(傷官駕殺)로 육친(六親)에 힘이 있으며,

甲木을 용신(用神)으로 하는 수처목자(水妻木子)는 살인상생(殺印相生)의 격국(格局)을 의미한다. 丑月에 甲戊가 양투(兩透)하면 상관패인(傷官佩印)의 귀격(貴格)을 이룬다. 다음은 '조화원약평주'에 어사(御使)의 명(命)으로 예시된 팔자(八字)다.

甲 丁 乙 戊
辰 未 丑 子

[원시*TEXT]

三冬丁火, 甲木為尊, 庚金佐之, 癸戊權宜酌用可也.

삼동정화, 갑목위존, 경금좌지, 계무권의작용가야.

[일람*Scanning]

삼동(三冬) 丁火는 甲木을 존신(尊神)으로 삼고 庚金으로 보좌(輔佐)하며 癸水와 戊土는 참작(參酌)해서 용(用)하면 가(可)하다.

[숙달*Mastery]

삼동(三冬) 丁火는 庚金으로 벽갑(劈甲)하여 인정(引丁)하는 것이 정법(正法)이다. 수왕(水旺)하면 戊土를 쓰고, 화왕(火旺)하면 癸水를 쓰는데 戊癸는 병(病)을 제거하는 약(藥)이다. 약(藥)을 쓸 때는 정법(正法)이 따로 없으니 팔자(八字)에 맞게 골라서 알맞게 취하면 된다.

삼춘무토총론
■ 三春戊土總論

[원시*TEXT]

三春戊土, 無丙照暖, 戊土不生, 無甲疏劈, 戊土不靈, 無癸滋潤, 萬物不長. 正二月先丙後甲, 癸又次之. 三月先甲後丙, 癸又次之, 因戊土司權故也. 有甲, 丙, 癸, 三者齊透, 必主一品當朝, 或二透一藏, 亦登金榜, 二藏一透, 也可異途.

삼춘무토, 무병조난, 무토불생, 무갑소벽, 무토불령, 무계자윤, 만물불장. 정이월선병후갑, 계우차지. 삼월선갑후병, 계우차지, 인무토사권고야. 유갑, 병, 계, 삼자제투, 필주일품당조, 혹이투일장, 역등금방, 이장일투, 야가이도.

[일람*Scanning]

1. 삼춘(三春) 戊土는 丙火로 조난(照暖)하지 않으면 불생(不生)하고, 甲木으로 소벽(疏劈)하지 않으면 불령(不靈)하며 癸水의 자윤(滋潤)이 없으면 만물(萬物)이 성장(成長)하지 못한다.

2. 寅卯月은 丙火를 먼저 쓴 후 甲木을 취하고, 다음으로 癸水를 쓴다.

3. 辰月에는 甲木을 먼저 쓴 후 丙火를 취하고, 다음으로 癸水를 쓰는데 이는 戊土가 사권(司權)했기 때문이다.

4. 甲木과 丙火, 癸水가 있어 삼자(三者)가 다 같이 투(透)하면 필히 일품당조(一品當朝)하고, 혹 두 글자는 투(透)했는데 하나가 암장(暗藏)되면 역시 금방(金榜)에 이름을 올리며, 두 글자는 암장(暗藏)되었는데 하나가 투(透)하면 또한 이도(異途)로 공명(功名)을 이룬다.

[숙달*Mastery]

戊土는 무병불생(無丙不生), 무갑불령(無甲不靈), 무계부장(無癸不長)하므로 丙火와 甲木, 癸水의 구비(具備)로 부귀(富貴)가 완성된다. 삼춘(三春) 戊土에 이상의 세 글자가 모두 투(透)하면 부귀(富貴)가 극품(極品)에 이른다.

甲 戊 丙 癸

寅 □ 辰 □

만일 두 개는 투출(透出)했으나 한 개가 암장(暗藏)되어 있으면 등과급제(登科及第)한다. 하나의 글자가 투출(透出)하고 두 개가 암장(暗藏)되면 이로(異路)로 공명(功名)을 이룬다. 辰月에는 甲木을 선용(先

用)하고 丙火와 癸水를 차용(次用)한다. 다음은 청(淸)나라 성조(聖祖)의 팔자(八字)다.

丁 戊 戊 甲
巳 申 辰 午

[원시*TEXT]

正二月即有甲癸, 若無丙除寒, 如萬物生而不長, 故無丙者, 富貴艱辛. 或有丙無甲癸者, 名曰春旱, 如萬物生而多厄. 無甲癸者, 一生勤苦, 勞而無功. 或一派丙火, 有甲欠癸, 先泰後否. 或支成火局, 不見壬癸, 僧道孤貧. 癸透者貴. 壬透者富. 用水者, 要審水之多少.

정이월즉유갑계, 약무병제한, 여만물생이불장, 고무병자, 부귀간신. 혹유병무갑계자, 명왈춘한, 여만물생이다액. 무갑계자. 일생근고, 로이무공. 혹일파병화, 유갑흠계, 선태후부. 혹지성화국, 불견임계, 승도고빈. 계투자귀. 임투자부. 용수자. 요심수지다소.

[일람*Scanning]

1. 寅卯月 戊土에 甲木과 癸水가 있는데, 만약 丙火로 한기(寒氣)를 제거하지 못하면 만물(萬物)이 생(生)하나 성장(成長)하지 못하므로 丙火가 없다면 부귀(富貴)가 간신(艱辛)하다.

2. 혹 丙火는 있는데 甲木과 癸水가 없으면 춘한(春旱)이 되어 만물(萬物)이 생(生)해도 액(厄)이 많다.

3. 甲癸가 없으면 일생(一生) 근고(勤苦)하고 노력(勞力)해도 공(功)이 없다.

4. 혹 한 무리의 丙火가 있는데 甲木은 있으나 癸水가 흠결(欠缺)되면 선태후부(先泰後否)가 된다.

5. 혹 지지(地支)에 화국(火局)을 이루었는데 壬癸水가 없으면 승도(僧道)의 팔자(八字)로 고빈(孤貧)하다.

6. 癸水가 투(透)하면 귀격(貴格)을 이룬다.

7. 壬水가 투(透)하면 부격(富格)을 이룬다.

8. 水를 용(用)하면 水의 다소(多少)를 자세히 살펴야 한다.

[숙달*Mastery]

寅卯月에는 목왕(木旺)하여 土가 붕괴(崩壞)될 우려가 있다. 그러므로 먼저 丙火를 써서 土를 실(實)하게 해야 한다. 丙火가 없다면 土는 허(虛)해진다. 丙火로 인해 양화(陽和)의 기(氣)가 성(盛)하면 癸水로 보좌(輔佐)해야 戊土의 생의(生意)가 충만해진다. 土가 많아 실(實)하면 甲木을 용(用)하나 이때도 역시 癸水로 보좌(輔佐)한다. 삼춘(三春) 戊土의 용법(用法)은 여기에서 벗어나지 않는다. 춘월(春月)의 丙癸는 불청불우(不晴不雨)한 상(象)이 나쁘지 않고 서로가 각각의 쓰임새를 얻으니 아름다운 명(命)을 가꾼다. 丙癸가 모두 투(透)하면 재관(財官)이 모두 있는 것이니 상격(上格)을 이루는데, 쓰임에는 선후(先後)가 있으니 격국(格局)의 배합을 잘 살펴야 할 것이다. 寅月과 卯月의 戊土는 먼저 丙火가 투출(透出)해야 하고, 丙火로 한기(寒氣)를 제거하지 못하면 만물(萬物)이 생(生)하나 성장(成長)하지 못하므로 丙火가 없다면 부귀(富貴)를 얻기 힘들다. 만일 丙火는 있으나 癸甲이 없으면 춘한(春旱)이라 한다. 이때는 만물(萬物)이 생(生)하나 재앙(災殃)이 많아 노력(勞力)에 부합하는 성과를 내기 어렵다. 만약 일파(一派) 丙火가 있는데 甲木은 있으나, 癸水가 없으면 살인격(殺印格)을 이루어 처음에는 창성(昌盛)하나 종내는 기울게 된다. 癸水의 자윤(滋潤)이 없으면 만물(萬物)은 성장(成長)을 멈추는 것이다. 丙辰時 생(生)이면 자연 癸水를 갖추게 된다.

丙 戊 □ □
辰 □ 木 □

寅月 戊土가 지지(地支)에 화국(火局)을 이루었는데 壬癸水가 없으면 승도(僧道)의 팔자(八字)로 고빈(孤貧)하다. 인궁(寅宮)에는 丙火와 戊土가 장생(長生)되고 甲木이 임관(臨官)하여 정작 중요한 것은 수기(水氣)라 할 수 있다. 癸水가 투(透)하면 귀격(貴格)을 이루고, 壬水가 투(透)하면 부격(富格)을 이룬다. 水를 용(用)할 때는 水의 많고, 적음을 가려야 한다. 지지(地支)에 화국(火局)을 이루면 재(財)도 강해야 길(吉)하다. 다음은 여우(女優), 엘리자베스 테일러(Elizabeth Taylor)의 팔자(八字)로 신강재강(身强財强)하다.

癸 戊 壬 壬
丑 午 寅 申

[원시*TEXT]

或一派甲木, 無丙者, 常人. 得一庚透方妙. 或支成水局, 甲又出干, 又有庚透, 富貴雙全.

혹일파갑목, 무병자, 상인. 득일경투방묘. 혹지성수국, 갑우출간, 우유경투, 부귀쌍전.

[일람*Scanning]

1. 혹 한 무리의 甲木이 있고 丙火가 없으면 상인(常人)이다.

2. 이때 庚金이 투(透)하면 묘(妙)하다.

3. 혹 지지(地支)에 수국(水局)을 짓고 甲木이 출간(出干)했는데 또 庚金이 투(透)하면 부귀(富貴) 쌍전(雙全)한다.

[숙달*Mastery]

삼춘(三春) 戊土에 일파(一派) 甲木이 있고 丙火가 없다면 평범한 명(命)에 불과하다. 이때 庚金이 투(透)하면 부귀(富貴)가 있다. 甲木은 살(殺)인데 인수(印綬)로 화살(化殺)하지 않으면 식신(食神)으로 제(制)해야 한다. 일파(一派) 甲木은 寅月 戊土의 경우를 의미하고, 卯月에는 지지(地支) 목국(木局)을 이룰 때를 가정할 수 있다. 지지(地支) 수국(水局)에 甲木이 투(透)한 상황은 辰月로 이때 역시 庚金이 투(透)하면 살용식제(殺用食制)로 성격(成格)되어 부귀(富貴)가 비상(非常)한 것이다.

[원시*TEXT]

或無庚金, 又無比印, 難作從殺, 定主遭凶, 不然, 必為盜賊. 若日下坐午, 不得善終.

혹무경금, 우무비인, 난작종살, 정주조흉, 불연, 필위도적. 약일하좌오, 불득선종.

[일람*Scanning]

1. 혹 庚金이 없고 또 인비(印比)가 없는데, 종살(從殺)은 짓기 어려

우므로 흉액(凶厄)하고 조우(遭遇)하며 그렇지 않으면 필시 도적(盜賊)이 된다.

2. 만약 일지(日支)에 午가 있으면 선종(善終)하지 못한다.

[숙달*Mastery]

寅月 戊土는 인궁(寅宮)에 스스로 丙火가 있으므로 목국(木局)을 이루면 癸水가 암장(暗藏)되어 부귀격(富貴格)을 이룬다. 寅月 戊土는 양간(陽干)이 월령(月令)을 득(得)했으므로 종살(從殺)할 수 없다. 따라서 칠살(七殺)이 강하면 식신(食神)이나 인수(印綬) 혹은 비겁(比劫)으로 신살양정(身殺兩停)을 이루지 않는 한 살왕신쇠(殺旺身衰)가 되어 대흉(大凶)하다. 일지(日支)에 午火 양인(陽刃)이 있으면 살격봉인(殺格逢刃)으로 성격(成格)되는데 寅月에는 寅午 화국(火局)으로 양인국(陽刃局)을 이루어 선종(善終)하기 어려운 것이다.

[원시*TEXT]

或一派乙木, 為官殺會党, 即有庚透, 卻難制乙, 此人內奸外直, 口是心非. 加一甲在內, 無庚, 必懶惰自甘, 好食無厭. 或丙多甲多, 宜以癸庚參用.

혹일파을목, 위관살회당, 즉유경투, 각난제을, 차인내간외직, 구시심비. 가일갑재내, 무경, 필라타자감, 호식무염. 혹병다갑다, 의이계경참용.

[일람*Scanning]

1. 혹 한 무리의 乙木이 있으면 관살회당(官殺會黨)으로 庚金이 투

(透)해도 乙木을 제(制)하기 어려우니 이 사람은 내간외직(內奸外直)하여 말과 마음이 다르다.

2. 더해서 甲木이 하나 있는데 庚金이 없으면 의욕이 없고 게으르며 스스로 달게 여기니, 먹기를 좋아하고 무염(無厭)하다.

3. 혹 丙火가 많고 甲木도 많으면 癸水와 庚金을 참작(參酌)해서 용(用)하는 게 마땅하다.

[숙달*Mastery]

卯月 戊土는 乙木이 권리(權利)를 잡으므로 일파(一派) 乙木을 보게 되면 권관회당(權官會黨)이 된다. 이런 사람은 구시심비(口是心非)하니 교유가 쉽지 않다. 이때 甲木이 투(透)하면 관살혼잡(官殺混雜)이 되어 하천(下賤)해지기 쉽다. 칠살(七殺) 甲木을 庚金으로 제(制)하지 못하면 지성(知性)이 부족하고, 절제(節制)가 없다. 먹는 것을 좋아하고, 물리지도 않는다. **지지(地支)에 목국(木局)을 이루고 乙木이 투(透)한 관살회당(官殺會黨)은 己土 겁재(劫財)로 방신(幇身)하여 신살양정(身殺兩停)을 이루어도 귀격(貴格)이 된다.** 신살양정(身殺兩停)하면 관살혼잡(官殺混雜)이 되지 않아야 성격(成格)되는 것이다. 다음은 독일 제국의 초대 총리, 비스마르크(Otto Van Bismark)의 팔자(八字)다.

己 戊 己 乙
未 寅 卯 亥

만일 丙火가 많은데 甲木도 많으면 양장(陽壯)하여 木이 마른다. 이것은 일파(一派) 丙火와 甲木이 있는 경우와 같으므로 癸水와 庚金으로 제(制)해야 귀격(貴格)을 이룬다.

[원시*TEXT]

三月戊土司令, 不見丙甲癸者, 愚而且賤. 甲癸透者, 科甲. 丙癸透者, 生員. 甲癸俱藏者, 只可云富, 有癸異途.

삼월무토사령, 불견병갑계자, 우이차천. 갑계투자, 과갑. 병계투자, 생원. 갑계구장자, 지가운부, 유계이도.

[일람*Scanning]

1. 辰月에는 戊土가 사령(司令)하니 丙甲癸를 보지 못하면 어리석고 천(賤)하게 된다.

2. 甲木과 癸水가 투(透)하면 과갑(科甲)에 이른다.

3. 丙火와 癸水가 투(透)하면 생원(生員)은 한다.

4. 甲木과 癸水가 함께 암장(暗藏)되면 다만 부(富)를 논할 뿐이고, 癸水만 있으면 이도(異途)로 발달(發達)한다.

[숙달*Mastery]

辰月 戊土는 甲木과 癸水의 재살(財殺)이 투(透)하면 상격(上格)을 이루어 과갑(科甲)한다.

癸 戊 甲 □
亥 □ 辰 □

丙火와 癸水가 투(透)하면 재격투인(財格透印)을 성격(成格)되어 공감(貢監)이나 생원(生員)은 능히 한다.

□ 戊 丙 癸
□ □ 辰 □

辰에는 癸水가 암장(暗藏)되어 甲木과 丙火로 살격용인(殺格用印)으로 성격(成格)되면 자연 귀(貴)를 이룬다. 丙火가 투출(透出)했는데 甲木이 암장(暗藏)되고 癸水가 없으면 부(富)는 있고, 癸水가 있으면 부중취귀(富中取貴)한다. **辰月에는 자연 癸水가 있는데 왜 癸水의 있고, 없음을 논하는 것일까. 이것은 戊土의 정흡(靜翕)하는 속성에 기인한다. 戊土는 동(動)하지 않아도 장간(藏干)의 癸水를 합거(合去)하는 작용력이 강하다.** 까닭에 辰中 癸水는 무력(無力)하기 쉽다. 辰月 戊土가 丙甲癸 삼자(三者)가 모두 암장(暗藏)되면 이로(異路)로 공명(功名)을 이룬다. 丙甲癸를 모두 보지 못하면 하천(下賤)하다. 다음은 칭기즈칸(成吉思汗)의 팔자(八字)로 지지(地支)에 丙甲癸를 구장(俱藏)한 경우다.

戊 戊 庚 乙
午 辰 辰 亥

[원시*TEXT]

若丙多無癸, 旱田無水, 不能種苗, 舊穀已沒, 新穀未登, 此先富後貧之造. 或火多有壬透者, 先貧後富. 癸透先賤後榮. 壬藏不過食足, 癸藏不過名傳, 即此亦須運美. 或支成火局, 得癸透者, 富貴天然. 壬透富貴辛苦, 何也? 癸乃天上甘霖, 壬乃江河波浪, 所以有勞逸之殊.

약병다무계, 한전무수, 불능종묘, 구곡이몰, 신곡미등, 차선부후빈지조. 혹화다유임투자, 선빈후부. 계투선천후영. 임장불과식족, 계장

불과명전, 즉차역수운미. 혹지성화국, 득계투자, 부귀천연. 임투부귀신고, 하야? 계내천상감림, 임내강하파랑, 소이유로일지수.

[일람*Scanning]

1. 만약 丙火가 많고 癸水가 없으면 한전(旱田)에 水가 없으니, 종묘(種苗)할 수 없어 구곡(舊穀)이 다하는데 신곡(新穀)을 보태지 않으니 선부후빈(先富後貧)의 명조(命造)가 된다.

2. 혹 火가 많은데 壬水가 투(透)하면 선빈후부(先貧後富)한다.

3. 癸水가 투(透)하면 선천후영(先賤後榮)한다.

4. 壬水가 암장(暗藏)되면 의식(衣食)이 족(足)한 것에 불과(不過)하고, 癸水가 암장(暗藏)되면 이름을 전(傳)해질 뿐이니 필히 운(運)이 아름답게 흘러야 한다.

5. 혹 지지(地支)에 화국(火局)을 이루고, 癸水가 투(透)하면 부귀천연(富貴天然)하다.

6. 壬水가 투(透)하면 부귀(富貴)에 신고(辛苦)가 따르는데, 癸水는 하늘의 감림(甘霖)이요, 壬水는 곧 강호(江湖)의 파랑(波浪)이니 까닭에 노고(勞苦)와 안일(安逸)함이 다른 것이다.

[숙달*Mastery]

辰月 戊土에 丙火가 많고 癸水가 없으면 전답(田畓)이 가물어 파종(播種)과 묘목(苗木)을 심을 수 없는 상(像)이 된다. 록겁격(祿劫格)은 재관(財官)으로 격국(格局)을 이루는데 인수(印綬) 丙火만 있다면 무용지물(無用之物)이 된다. 丙火로 戊土는 생(生)하지만 癸水가 없으면 성

장(成長)이 지속되지 않는다. 그러므로 처음에는 선대(先代)의 음덕(陰德)으로 풍요(豊饒)하다가 후에는 가난해지기 쉽다. 원문(原文)은 이를 두고 묵은 곡식이 다 떨어져 가는데 햇곡식이 채워지지 않는 것으로 비유했다. 丙火와 壬水가 투(透)하면 재격투인(財格透印)으로 선빈후부(先貧後富)하고, 癸水가 투(透)하면 선천후영(先賤後榮)하니 귀(貴)함이 있다. 선후(先後)의 발복(發福)은 희신(喜神)의 위치를 살펴 판단해야 하므로 이러한 설명에는 너무 집착하지 않는 게 좋다. 壬癸水가 암장(暗藏)되면 행운(行運)에서 인출(引出)해야 부귀격(富貴格)을 이룬다. 癸水는 우로(雨露)로 단비와 같아 자연(自然)의 수혜이므로 쉽게 부귀(富貴)를 얻고 壬水는 관개(灌漑)로 인위적인 윤택함이니 어렵게 부귀(富貴)를 이루는 것이다.

[원시*TEXT]

支成木局, 又甲乙出干, 此名官殺會党, 官殺無去留之義. 得一庚透, 掃除官殺, 亦主富貴. 無庚乃淺薄之人, 宜用火洩木氣. 有一命, 丁未, 癸卯, 戊寅, 乙卯. 癸丁透干, 加以戊癸化火, 將甲木暗焚., 反得武科探花.

지성목국, 우갑을출간, 차명관살회당, 관살무거류지의, 득일경투, 소제관살, 역주부귀. 무경내천박지인, 의용화설목기. 유일명, 정미, 계묘, 무인, 을묘. 계정투간, 가이무계화화, 장갑목암분, 반득무과탐화.

[일람*Scanning]

1. 지지(地支)에 목국(木局)을 이루고 재차 甲乙木이 출간(出干)하면 관살회당(官殺會黨)으로 이는 관살(官殺)을 거류(去留)하지 않는다는 뜻이니, 이때 庚金이 투(透)하여 관살(官殺)을 소제(掃除)하면 또한 부

귀(富貴)해진다.

2. 庚金이 없으면 천박(淺薄)한 사람이 되므로 이때는 의당 火를 용(用)하여 목기(木氣)를 설(洩)해야 한다.

3. 하나의 명례(命例)로 丁未年 癸卯月 戊寅日 乙卯時를 들 수 있다.

4. 癸丁이 투간(透干)하고 더해서 戊癸 합화(合火)하니 차차 甲木이 암분(暗焚)하여 오히려 무과(武科)로 탐화(探花)를 얻는다.

[숙달*Mastery]

辰月 戊土에 지지(地支) 목국(木局)을 이루고 재차 甲乙木이 출간(出干)하면 관살회당(官殺會黨)이 되어 좋지 않다. 戊土에 甲木이 있으면 귀(貴)가 나타남은 辰戌丑未月이 모두 같다. 그러나 乙木은 비록 관(官)이지만, 소토(疏土)할 힘이 없어 다만 혼잡(混雜)해질 뿐이다. 이때 庚金으로 관살(官殺)을 거류(去留)하면 귀격(貴格)을 이루고, 庚金이 없으면 천박(淺薄)해진다. 庚金이 없으면 火를 용(用)하여 살인상생(殺印相生)을 이루어야 성격(成格)된다. 丁未年 癸卯月 戊寅日 乙卯時의 팔자(八字)는 丁火로 목기(木氣)를 설(洩)하고, 癸水가 戊土를 합(合)하여 丁火가 상(傷)하지 않는다. 火土가 조열(燥熱)하여 귀(貴)가 무(武)로 나타난 것이다. 수운(水運)에 관봉재인(官逢財印)으로 성격(成格)되어 탐화랑(探花郎)이 되었을 것이다.

乙 戊 癸 丁
卯 寅 卯 未

[원시*TEXT]

或有比印, 耑看癸透, 取癸而成貴格. 無癸, 無火, 無金, 名為土木自戰, 主腹中疾病, 憂愁艱苦.

혹유비인, 전간계투, 취계이성귀격. 무계, 무화, 무금, 명위토목자전, 주복중질병, 우수간고.

[일람*Scanning]

1. 혹 인비(印比)가 있고 癸水가 투(透)하면 癸水를 취(取)하여 귀격(貴格)을 이룬다.

2. 癸水와 火金이 없으면 토목자전(土木自戰)하여 복부(腹部)에 질병(疾病)이 있고 근심이 많으며 간고(艱苦)하다.

[숙달*Mastery]

辰月 戊土가 방국(方局)을 이루면 종살격(從殺格)이 되어 대귀(大貴)한다. 인비(印比)가 나타나면 火土가 염조(炎燥)하니 癸水를 용(用)하여 귀격(貴格)을 이룬다. 삼춘(三春) 戊土가 甲癸丙을 용신(用神)으로 삼지 않으면 토목자전(土木自戰)이 되어 질병(疾病)과 생활고(生活苦)를 겪게 된다.

[원시*TEXT]

用甲者, 水妻, 木子. 用丙者, 木妻, 火子.

용갑자, 수처, 목자. 용병자, 목처, 화자.

[일람*Scanning]

1. 甲木을 용(用)하면, 水가 아내요 木이 자식이 된다.
2. 丙火를 용(用)하면, 木이 아내요 火가 자식이 된다.

[숙달*Mastery]

수처목자(水妻木子)는 록겁용살(祿劫用殺), 목처화자(木妻火子)는 살격용인(殺格用印)으로 성격(成格)된 팔자(八字) 유형을 뜻한다.

■ 三夏戊土(삼하무토)

[원시*TEXT]

四月戊土, 陽氣發升, 寒氣內藏, 外實內虛, 不畏火炎. 無陽氣相催, 萬物不長, 故先用甲疏劈, 次取丙癸為佐.

사월무토, 양기발승, 한기내장, 외실내허, 불외화염. 무양기상최, 만물불장, 고선용갑소벽, 차취병계위좌.

[일람*Scanning]

1. 巳月 戊土는 양기(陽氣)를 발승(發升)하나 한기(寒氣)가 내장(內藏)되어 외실내허(外實內虛)하니 화염(火炎)을 두려워하지 않는다.

2. 양기(陽氣)는 서로 베풀지 않으면 만물(萬物)이 성장(成長)하지 못하므로 먼저 甲木을 용(用)하여 소벽(疏劈)하고 다음으로 丙火와 癸水로 보좌(輔佐)한다.

[숙달*Mastery]

巳月은 丙戊가 녹(祿)을 얻는 때로 火土가 염조(炎燥)하고, 土가 실(實)하여 먼저 甲木으로 소토(疏土)하고 癸水로 조후(調喉)해야 한다. 다만 巳月 戊土는 안으로는 한기(寒氣)가 남아 있어 외실내허(外實內虛)하므로 화염(火炎)을 두려워하지는 않는다. 한난조습(寒暖燥濕)은 장간(藏干)으로도 능히 조절하므로 甲木은 투(透)해야 하고 수기(水氣)는 지지(地支)에서 보아도 무방하다. 다음은 미 영화감독, 조지 루카스(George Lucas)의 팔자(八字)로 지지(地支)에 오기(五氣)를 모두 갖춘 관인쌍전(官印雙全)의 귀명(貴命)이다.

乙 戊 己 甲
卯 寅 巳 申

[원시*TEXT]

丙透甲出, 廊廟之才, 丙癸俱透, 科甲之士, 即透一位, 支藏得所, 終非白丁.

병투갑출, 낭묘지재, 병계구투, 과갑지사, 즉투일위, 지장득소, 종비백정.

[일람*Scanning]

丙火가 투(透)하고 甲木이 출(出)하면 낭묘지재(廊廟之才)가 되고, 丙火와 癸水가 함께 투(透)하면 과갑(科甲)하는 선비가 되니 하나만 투(透)하고 나머지가 암장(暗藏)되면 종내 백정(白丁)은 되지 않는다.

[숙달*Mastery]

巳月 戊土에 丙火가 투(透)하면 진신(眞神)이 득시(得時)한 것으로 丙火와 甲木이 출간(出干)하여 인봉관살(印逢官殺)로 성격(成格)되면 조정(朝廷)의 재목이 되는 것이다. 丙火와 癸水가 함께 투(透)하면 인수용재격(印綬用財格)으로 과갑(科甲)에 이른다. 이중 하나는 투(透)하고, 나머지가 암장(暗藏)되어 득소(得所)하면 사주(四柱)에 재관인(財官印)이 배합된 것이니 평범하지는 않다.

[원시*TEXT]

若一派丙火, 為火炎土燥, 僧道之流, 得一癸透壬藏, 功名有准. 或支藏癸水衣食充足, 但骨肉多刑.

약일파병화, 위화염토조, 승도지류, 득일계투임장, 공명유준. 혹지장계수의식충족, 단골육다형.

[일람*Scanning]

1. 혹 한 무리의 丙火가 있으면 화염토조(火炎土燥)가 되어 승도(僧道)의 계층으로 이때 하나의 癸水가 투(透)하고 壬水가 암장(暗藏)되면 공명(功名)이 있다.

2. 혹 지지(地支)에 癸水가 암장(暗藏)되면 의식(衣食)은 충족(充足)되나 다만 골육(骨肉)에 형극(刑剋)이 많다.

[숙달*Mastery]

한 마디로 巳月 戊土는 水로 배합되지 않으면 불리하다. 일파(一派) 丙火로 인해 火土가 조열(燥熱)하면 승도(僧徒)의 팔자(八字)로 고빈(孤貧)하다. 癸水가 투(透)했는데 申이나 亥에 뿌리를 내리면 필시 귀격(貴格)을 이룬다.

丙 戊 癸 丙

辰 申 巳 □

지지(地支)에 癸水가 암장(暗藏)되면 의식(衣食)은 충족(充足)되나, 골육(骨肉)에 형극(刑剋)이 많다고 했다. 그러나 지지(地支)의 癸水가 丙火를 조절(調節)하면 골육(骨肉)의 형극(刑剋)은 면한다고 보는 게 옳다. '조화원약'에는 "或支藏一癸制丙, 衣食充足, 骨肉無刑"로 설명되어 있는데 이것이 타당하다고 생각된다.

[원시*TEXT]

化合成局無破, 富貴非輕.

화합성국무파, 부귀비경.

[일람*Scanning]

화합(化合)이 국(局)을 이루었는데 파(破)되지 않으면 부귀(富貴)가 가볍지 않다.

[숙달*Mastery]

巳月 戊土가 화화격(化火格)을 이루면 대귀격(大貴格)이 된다. 가령 丙戌年 癸巳月 戊午日 丁巳時 생(生)이면 진화(眞火)로 대귀(大貴)한다.

丁 戊 癸 丙
巳 申 巳 戌

다음은 '조화원약평주'에 화합(化合)에 때를 만나 명성(名聲)이 옥당(玉堂)에 이른 것으로 묘사된 팔자(八字)다. 辛金은 巳亥 충(沖)으로 근기(根氣)를 상실하여 화기(火氣)가 당왕(當旺)하니 진화(眞化)의 귀명(貴命)이다.

丙 戊 癸 辛
辰 午 巳 亥

[원시*TEXT]

或支成金局, 干出癸水, 此爲奇格, 正是土潤金生, 卽不爲桃浪之客, 定有異路恩榮.

혹지성금국, 간출계수, 차위기격, 정시토윤금생, 즉불위도랑지객, 정유이로은영.

[일람*Scanning]

혹 지지(地支)에 금국(金局)을 이루었는데 癸水가 출간(出干)하면 기격(奇格)으로 토윤생금(土潤生金)하니 도랑지객(桃浪之客)에 그치지 않고 이로(異路)로 은영(恩榮)이 있다.

[숙달*Mastery]

사궁(巳宮)에는 庚金이 장생(長生)하나 火土가 염조(炎燥)하여 금기(金氣)가 미약(微弱)하다. 이때 금국(金局)을 이루면 庚金이 유용해진다. 이에 癸水가 투(透)하면 토윤생금(土潤生金)으로 토금상관(土金傷官)이 되는데 체용(體用)이 모두 동궁(同宮)에 있고 癸水가 윤토(潤土)하면 묘(妙)해진다. 기특(奇特)한 격국(格局)으로 봉지도랑(鳳池桃浪)의 객(客)이 되어 임금의 은덕(恩德)을 입는다. 이런 사람은 개인의 부귀(富貴)에 그치지 않고 경륜(經綸)과 지용(智勇)으로 국가의 발전에 기여한다.

[원시*TEXT]

此用癸水, 金妻水子.

차용계수, 금처수자.

[일람*Scanning]

차격(此格)은 癸水를 용(用)하는데, 金이 아내요 水가 자식이 된다.

[숙달*Mastery]

금처수자(金妻水子)는 토윤생금(土潤生金)으로 상관생재격(傷官生財格)을 말한다.

[원시*TEXT]

五月戊土, 仲夏火炎, 先看壬水, 次取甲木, 丙火酌用, 用癸力微.

오월무토, 중하화염, 선간임수, 차취갑목, 병화작용, 용계력미.

[일람*Scanning]

午月 戊土는 중하(仲夏)로 화염토조(火炎土燥)한 때에 있으니 먼저 壬水를 용(用)하고 다음으로 甲木을 취(取)하며 丙火는 참작(參酌)해서 쓰는데 癸水를 용(用)하기엔 힘이 미력(微力)하다.

[숙달*Mastery]

삼하(三夏) 戊土는 반드시 壬癸水가 있어야 한다. 水로써 화염토조(火炎土燥)를 중화(中和)시켜야 하기 때문이다. 특히 午月에는 癸水가 아닌 壬水가 적수(適水)임에 유의해야 한다. 삼하(三夏)에 戊土는 실(實)하므로 甲木이 있으면 길하고, 壬水가 있으면 甲木이 유용(有用)해지나, 水가 없으면 분목(焚木)되어 무용(無用)하게 된다.

[원시*TEXT]

壬甲兩透, 名君臣慶會, 自然桃浪先聲, 權高位顯, 又得辛透年干, 官居一品. 一命, 辛未, 甲午, 戊寅, 壬子, 壬甲兩透. 印旺殺高, 出將入相, 名播四夷.

임갑량투, 명군신경회, 자연도랑선성, 권고위현, 우득신투년간, 관거일품. 일명, 신미, 갑오, 무인, 임자, 임갑량투. 인왕살고, 출장입상, 명파사이.

[일람*Scanning]

1. 壬甲이 양투(兩透)하면 군신경회(君臣慶會)라, 자연 도랑(桃浪)의 선성(先聲)이 있으니 권고위현(勸高位顯)하고 또 년간(年干)에 辛金이 투(透)하면 일품(一品)의 관(官)을 차지한다.

2. 이를테면 辛未年 甲午月 戊寅日 壬子時 생(生)으로 壬甲이 양투(兩透)했다.

3. 인왕살고(印旺殺高)하니 출장입상(出將入相)에 명파사이(名播四夷)한다.

[숙달*Mastery]

午月 戊土에 壬水와 甲木이 투(透)하면 재살(財殺)로 격(格)을 이루니 군신경회(君臣慶會)라 해서 위권(威權)이 높다. 午月에 壬水는 절지(絶地)에 해당하는데 이때 辛金이 壬水를 생(生)하면 봉지도랑(鳳池桃浪)의 객(客)이 되니 군왕(群王)과 직접 통하는 사이가 되고 익히 알려진 명성(名聲)이 높아 격국(格局)은 더욱 아름다운 것이다.

壬 戊 甲 辛

子 寅 午 未

차격(此格)은 인왕살강(印旺殺强)하니 사방(四方)에 이름을 떨친다.

[원시*TEXT]

若支成火局, 即透癸水, 不能大濟, 是一杯水難濟薪火也. 人命合此, 即好學不倦, 亦不能成名, 且主目疾. 若得壬水出干, 則非此比. 又或土木重重, 全無滴水, 僧道孤貧之輩.

약지성화국, 즉투계수, 불능대제, 시일배수난제신화야. 인명합차, 즉호학불권, 역불능성명, 차주목질. 약득임수출간, 즉비차비. 우혹토목중중, 전무적수, 승도고빈지배.

[일람*Scanning]

1. 만약 지지(地支)에 화국(火局)을 이루고 癸水가 투(透)하면 크게 구제(救濟)되지 않으니 이는 마치 한 잔의 물로 땔나무에 붙은 불을 끄는 것과 같이 어렵다.

2. 차명(此命)은 게으르지 않고 호학(好學)하나 명성(名聲)을 얻지 못한고 안질(眼疾)이 있다.

3. 만약 壬水가 출간(出干)하면 차격(此格)과 견줄 수 없다.

4. 혹 土木이 중중(重重)하고 적수(滴水)가 전무(全無)하면 승도(僧道)로 고빈(孤貧)한 무리에 지나지 않는다.

[숙달*Mastery]

午月 戊土가 지지(地支)에 화국(火局)이 있으면 癸水로는 힘이 미약하여 적수(滴水)가 뜨겁고 건조하여 명성(名聲)을 얻지 못한다. 火土가 왕(旺)한데 한두 개의 癸水가 있는 것은 午月 丙火와 마찬가지의 현상이 나타난다. 그러나 壬水의 장류수(長流水)로 火를 제(制)하면 부귀(富貴)가 충분하다. 木火土가 중(重)한데 적수(滴水)가 하나도 없다면 승도(僧道)의 팔자(八字)로 고빈(孤貧)하다. 결론적으로 午月 戊의 참다운 부귀(富貴)를 논하려면 壬水가 있어야 한다.

[원시*TEXT]

用壬者，金妻水子.

용임자, 금처수자.

[일람*Scanning]

壬水를 용(用)하면, 金이 아내요 水가 자식이 된다.

[숙달*Mastery]

午月 戊土가 壬水를 용(用)하면 인수용재(印綬用財)로 성격(成格)된다. 이때 신궁(申宮)에 득록(得祿)된 金이 도우면 상격(上格)을 이룬다. 금처수자(金妻水子)는 이 같은 경우를 논한 것이다.

[원시*TEXT]

六月戊土，遇夏乾枯，先看癸水，次用丙火甲木. 癸丙兩透，科甲中人. 或有癸無丙，見甲可許秀才. 無甲略富. 或有丙無癸，假道斯文，衣食頗足.

유월무토, 우하건고, 선간계수, 차용병화갑목. 계병량투, 과갑중인. 혹유계무병, 견갑가허수재. 무갑략부. 혹유병무계, 가도사문, 의식파족.

[일람*Scanning]

1. 未月 戊土는 건고(乾枯)한 하월(夏月)에 있으니 먼저 癸水를 용신(用神)으로 삼고 다음으로 丙火와 甲木을 용(用)한다.

2. 癸丙이 양투(兩透)하면 과갑(科甲)한다.

3. 혹 癸水는 있는데 丙火가 없으면, 甲木을 보아 가히 수재(秀才)는 허락한다.

4. 甲木이 없으면 대략(大略) 부(富)는 있다.

5. 혹 丙火가 있고 癸水가 없으면 사문(斯文)의 도(道)가 거짓이나 의식(衣食)은 자못 족(足)하다.

[숙달*Mastery]

未月 戊土는 건고(乾枯)한 하월(夏月)에 있으니 먼저 癸水를 용신(用神)으로 삼아 격국(格局)의 겉모습은 일단 록겁용재격(祿劫用財格)을 이루어야 귀(貴)를 논할 근거가 된다. 癸水와 丙火가 같이 투간(透干)하면 인다용재(印多用財)로 성격(成格)되어 과갑(科甲)에 이른다. 인왕(印旺)하여 재(財)로 인수(印綬)를 파(破)하는 격국(格局)은 甲木이 필요치 않다. 다음은 가색격(稼穡格)이라도 水가 土를 윤택(潤澤)하게 하여 부귀(富貴)를 더한 사주(四柱)다.

癸 戊 己 戊
丑 辰 未 戌

未月 戊土에 丙火가 없고 癸水와 甲木이 투(透)하면 수재(秀才)는 허락하고, 甲木이 없어도 재(財)를 용(用)하여 부격(富格)은 성립된다. 丙火는 있으나 癸水가 없으면 유림(儒林)의 도(道)는 거짓이나 의록(衣祿)은 풍족한 편이다.

[원시*TEXT]

或癸透辛出, 以刀筆之才, 可謀異路.

혹계투신출, 이도필지재, 가모이로.

[일람*Scanning]

혹 癸水가 투(透)하고 辛金이 출(出)하면 도필지재(刀筆之才)로 지모(智謀)가 있어 이로(異路)를 도모한다.

[숙달*Mastery]

未月 戊土에 癸辛이 투출(透出)하면 상관생재(傷官生財)되어 재사(才士)로 부(富)한 가운데 귀(貴)가 따른다.

癸 戊 辛 己

丑 □ 未 □

[원시*TEXT]

無癸丙者, 常人. 若又無甲, 下賤之輩.

무계병자, 상인. 약우무갑, 하천지배.

[일람*Scanning]

1. 癸水와 丙火가 없으면 상인(常人)이다.
2. 만약 甲木도 없으면 하천(下賤)한 무리가 된다.

[숙달*Mastery]

未月 戊土의 부귀(富貴)는 癸丙甲의 구비(具備) 여부로 결정된다. 癸丙이 없으면 평범한 명(命)에 지나지 않고, 甲木도 없다면 일체의 귀(貴)를 찾아보기 힘들 정도다.

[원시*TEXT]

或土多得一甲出, 不見庚辛, 為人作事軒昂, 性情謹慎, 即不顯揚, 亦文章驚世.

혹토다득일갑출, 불견경신, 위인작사헌앙, 성정근신, 즉불현양, 역문장경세.

[일람*Scanning]

혹 土가 많은데 하나의 甲木이 출간(出干)하고 庚辛金을 보지 않으면 작사헌앙(作事軒昂)하고 성정(性情)이 근신(謹愼)하나 현양(顯揚)치는 않으며 문장(文章)은 세인(世人)들을 놀라게 한다.

[숙달*Mastery]

未月은 토왕(土旺)하니 하나의 甲木을 보면 칠살(七殺)이 독투(獨透)하는 것으로 이를 庚辛金으로 제(制)하지 않으면 반드시 일을 도모하는 사람으로 의기당당(義氣堂堂)하여 신중(愼重)한 인물(人物)이다. 이때 壬癸水로 재생살(財生殺)하면 부귀(富貴)하고 명성(名聲)을 떨치나, 水가 없으면 이름이나 지위를 널리 떨치지 못한다.

[원시*TEXT]

用癸者, 金妻, 水子. 用丙者, 木妻, 火子. 用甲者, 水妻, 木子.

용계자, 금처, 수자. 용병자, 목처, 화자. 용갑자, 수처, 목자.

[일람*Scanning]

1. 癸水를 용(用)하면, 金이 아내요 水가 자식이 된다.
2. 丙火를 용(用)하면, 木이 아내요 火가 자식이 된다.
3. 甲木을 용(用)하면, 水가 아내요 木이 자식이 된다.

[숙달*Mastery]

금처수자(金妻水子)는 식상생재(食傷生財), 목처화자(木妻火子)는 인수용살(印綬用殺), 수처목자(水妻木子)는 재살(財殺)로 성격(成格)된 유형을 말한다.

■ 三秋戊土(삼추무토)

[원시*TEXT]

七月戊土, 陽氣漸入, 寒氣漸出, 先丙後癸, 甲木次之. 丙癸甲透者, 富貴極品. 癸藏丙透, 不僅秀才. 丙甲兩透, 癸水會局藏辰, 亦不失富貴. 無丙得癸甲透, 此人清雅, 家富千金. 無癸甲者, 常人. 有丙火, 妻賢子肖. 若丙甲癸三者俱無, 下流之命.

칠월무토, 양기점입, 한기점출, 선병후계, 갑목차지. 병계갑투자, 부귀극품. 계장병투, 불근수재. 병갑량투, 계수회국장진, 역불실부귀. 무병득계갑투, 차인청아, 가부천금. 무계갑자, 상인. 유병화, 처현자초. 약병갑계삼자구무, 하류지명.

[일람*Scanning]

1. 申月 戊土는 양기(陽氣)가 점차 들어나고 한기(寒氣)가 점점 나오는 때로 먼저 丙火를 용(用)하고 다음으로 癸水를 취(取)하며 甲木을 차용(次用)한다.

2. 丙甲癸가 투(透)하면 부귀(富貴)가 극품(極品)에 이른다.

3. 癸水가 암장(暗藏)되고 丙火가 투(透)하면 보통의 수재(秀才)는 넘는다.

4. 丙甲이 양투(兩透)하고 癸水가 회국(會局)된 辰에 암장(暗藏)되면 역시 부귀(富貴)을 잃지 않는다.

5. 丙火가 없고 癸水와 甲木이 투(透)하면 청아(淸雅)한 사람으로 부(富)가 천금(千金)에 이른다.

6. 癸水가 없고 甲木이 있으면 상인(常人)이다.

7. 丙火가 있으면 처현자초(妻賢子肖)하다.

8. 만약 丙甲癸 삼자(三者)가 모두 없으면 하류(下流)의 명(命)이다.

[숙달*Mastery]

土는 중앙(中央)과 사시(四時)에 있어 왕(旺)하지 않은 때가 없고, 사우(四隅)에 기생(寄生)한다. **土는 화왕(火旺)하면 두터워져 유용(有用)하지만, 수왕(水旺)하면 土는 무용(無用)해진다. 土는 오행(五行)의 중심으로 수장(收藏)한 기(氣)를 만나면 쓰임이 줄어든다.** 水는 申에서 생(生)하고 해(亥)에 녹(祿)이 있으니 申月과 亥月의 戊土는 생지(生地)에 있어도 왕(旺)으로 논하지 않는다. 즉 申月 戊土는 화기(火氣)가 쇠퇴(衰退)하여 양기(陽氣)는 들어가고, 한기(寒氣)가 나오는 때로 丙火로 따뜻하게 하는 것이 급선무다. 양기(陽氣)가 채워지면 다음으로 癸水로 윤택(潤澤)하게 해 주어야 한다.

申月 戊土는 丙癸甲이 함께 투(透)하면 부귀(富貴)가 일품(一品)에 오른다. 그러나 팔자(八字) 원국(原局)에 丙癸甲이 모두 출간(出干)하는 경우는 성립되지 않고 丙壬甲이 같이 투(透)할 수는 있다. 이때 지지(地支)의 子水를 보거나 癸水가 암장(暗藏)되면 丙癸甲 삼자(三者)를 온전히 갖춘 셈과 다를 바 없다.

丙 戊 壬 甲
辰 □ 申 □

丙火는 투(透)했으나 癸水가 암장(暗藏)되면 일방(一榜)은 능히 기대할 만한 수재(秀才)가 된다. 壬水가 투(透)했는데 丙火가 암장(暗藏)되어도 선발(選拔)됨이 있다. 丙甲이 양투(兩透)하고 癸水가 회국(會局)하여 辰에 암장(暗藏)되면 부귀쌍전(富貴雙全)한다. 戊土가 申子辰 수국(水局)으로 격(格)을 이루면 구진득위격(勾陳得位格)으로 대귀(大貴)한 팔자(八字)가 많다. 다음은 덩샤오핑(鄧小平)의 팔자(八字)다.

壬 戊 壬 甲

戊 子 申 辰

다음은 '조화원약평주'에 천사(天師)의 명(命)으로 예시된 팔자(八字)다.

丙 戊 丙 辛

辰 子 申 酉

만일 丙火는 없으나 癸甲이 투(透)하면 재왕생관격(財旺生官格)을 이루어 위인이 청고(淸高)하고 거부(巨富)를 이루며 이로(異路)로 공명(功名)이 있다. 申月 戊土에 癸水와 甲木이 없으면 평범한 명(命)에 지나지 않고, 丙火가 있으면 아내는 어질고 자식은 효도(孝道)한다.

[원시*TEXT]

或支成水局, 休作棄命從才, 宜取甲洩之. 甲透者, 稍有富貴. 用神妻子仝前.

혹지성수국, 휴작기명종재, 의취갑설지. 갑투자, 초유부귀. 용신처자동전.

[일람*Scanning]

1. 혹 지지(地支)에 수국(水局)을 이루면 기명종재(棄命從財)가 되어 이때는 甲木을 취(取)해 설(洩)하는 게 마땅하다.

2. 甲木이 투(透)하면 약간의 부귀(富貴)가 있다.

3. 용신(用神)과 처자(妻子)를 보는 법은 앞의 설명과 같다.

[숙달*Mastery]

土는 申에서 기생(寄生)하고 생지(生地)가 되므로 쉽게 종격(從格)이 성립되지는 않는다. 지지(地支)에 수국(水局)을 지으면 용신(用神)이 많으나 甲木으로 수기(水氣)를 설(洩)해야 한다. 용신(用神)이 많으면 의당 설(洩)하는 게 마땅하다는 것은 바로 이를 두고 한 말이다. 申月 戊土에 癸水를 용(用)하면 금처수자(金妻水子)가 되고, 丙火를 용(用)하면 목처화자(木妻火子), 甲木을 용(用)하면 수처목자(水妻木子)가 될 것이다.

[원시*TEXT]

八月戊土, 金洩身寒, 賴丙照暖, 喜水滋潤, 先丙後癸, 不必木疏. 丙癸兩透, 科甲中人. 丙透癸藏, 可許入泮. 癸透丙藏, 納資得官. 若丙藏又無癸, 即多不透, 此皆常人. 丙癸全無, 奔流之客.

팔월무토, 금설신한, 뢰병조난, 희수자윤, 선병후계, 불필목소. 병계량투, 과갑중인. 병투계장, 가허입반. 계투병장, 납자득관. 약병장우무계, 즉다불투, 차개상인. 병계전무, 분류지객.

[일람*Scanning]

1. 酉月 戊土는 金이 신(身)을 설(洩)하고 차가우니, 丙火에 기대 조난(照暖)하고 水를 기뻐하여 자윤(滋潤)하니 먼저 丙火를 쓰고 다음으로 癸水를 취하며 木의 소토(疏土)는 필요하지 않다.

2. 丙癸가 양투(兩透)하면 과갑(科甲)한다.

3. 丙火가 투(透)하고 癸水가 암장(暗藏)되면 가히 입반(入泮)을 허

락한다.

4. 癸水가 투(透)하고 丙火가 암장(暗藏)되면 납자득관(納資得官)한다.

5. 만약 丙火가 암장(暗藏)되었는데 癸水가 없거나, 癸水가 많지만 투(透)하지 않으면 모두 다 상인(常人)이다.

6. 丙火와 癸水가 전무(全無)하면 분류지객(奔流之客)이 된다.

[숙달*Mastery]

酉月 戊土는 甲木을 용(用)하지 않는 특징이 있다. 월령(月令)에 당왕(當旺)한 金이 수기(秀氣)를 설(洩)하기 때문이다. 이때는 자왕모쇠(子旺母衰)하고 차가우니 丙火로 말려야 하고, 조토(燥土)는 생금(生金)이 어려우니 癸水로 윤택(潤澤)하게 만들어야 한다. 酉月 戊土에 丙癸가 모두 투(透)하면 과갑(科甲)에 이른다. 癸酉月에는 丙火가 첩(貼)하는 경우가 나타나지 않으므로 불청불우(不晴不雨)를 염려할 필요가 없다.

丙 戊 癸 己
辰 □ 酉 □

丙火가 투(透)하고 癸水가 암장(暗藏)되면 성균관(成均館)의 유생(儒生)이 된다. 癸水가 투(透)하고 丙火가 암장(暗藏)되면 상관생재격(傷官生財格)으로 재물을 들여 관직(官職)을 얻는다. 丙火가 암장(暗藏)되었는데 癸水가 없거나, 癸水가 많지만 투(透)하지 않으면 모두 평범한 명(命)이고 丙癸가 전무(全無)하면 떠돌이 팔자(八字)에 불과하다.

[원시*TEXT]

或四柱皆辛, 無丙丁, 此名傷官格, 為人清秀, 即不能拾芥, 亦可武庠. 一見癸水, 富而且貴.

혹사주개신, 무병정, 차명상관격, 위인청수, 즉불능습개, 역가무상. 일견계수, 부이차귀.

[일람*Scanning]

1. 혹 사주(四柱)에 다 辛金인데 丙丁火가 없으면 상관격(傷官格)으로 사람됨이 청수(淸秀)하여 습개(拾芥)는 불능(不能)하므로 역시 무과(武科)가 가(可)하다.

2. 이때 癸水가 있으면 또한 부귀(富貴)하다.

[숙달*Mastery]

酉月 戊土에 丙丁火가 없고 辛金으로 사주(四柱)가 이루어지면 토금상관(土金傷官)이 되어 총명(聰明)하다. 이때는 양간부잡격(兩干不雜格)을 이루기 쉬우므로 위인(爲人)이 청수(淸秀)하여 사사로운 일에 연연치 않고 무직(無職)으로 관위(官位)가 높다.

辛 戊 辛 戊
酉 □ 酉 □

이때 癸水가 있으면 상관생재(傷官生財)하여 부귀(富貴)를 이룬다. 가령 다음과 같은 경우다.

辛 戊 辛 戊

酉 □ 酉 子

혹은

辛 戊 辛 癸

酉 □ 酉 □

로 대운(大運)에서 금국(金局)을 이루어 종아(從兒)로 진종(眞從)을 짓거나, 남방운(南方運)에 발전한다.

[원시*TEXT]

或支成水局, 壬癸出干, 此名才多身弱, 愚懦無能. 若天干有比劫, 分散才神, 頗言衣食.

혹지성수국, 임계출간, 차명재다신약, 우나무능. 약천간유비겁, 분산재신, 파언의식.

[일람*Scanning]

1. 혹 지지(地支)에 수국(水局)을 이루고 壬癸가 출간(出干)하면 재다신약(財多身弱)으로 어리석고 나약하며 무능(無能)하다.

2. 만약 천간(天干)에 비겁(比劫)이 있으데 재신(財神)을 분산(分散)시키면 꽤 의식(衣食)이 있다.

[숙달*Mastery]

酉月 戊土가 지지(地支)에 수국(水局)을 이루고 壬癸가 출간(出干)하

면 재다신약(財多身弱)하여 부옥빈인(富屋貧人)의 명(命)이 되니 무능하고 인색하다. 이때 비겁(比劫)으로 재(財)를 분할하면 반대로 부격(富格)을 이루는데 대운(大運)이 도와야 한다.

[원시*TEXT]

用神妻子仝前, 秋土生金極弱, 須丙火丁火出干方妙.

용신처자동전, 추토생금극약, 수병화정화출간방묘.

[일람*Scanning]

1. 용신(用神)과 처자(妻子)를 보는 방법은 전항(前項)과 동일(同一)하다.

2. 추토(秋土)는 金을 생(生)하여 극약(極弱)하므로 반드시 丙丁火가 출간(出干)하면 묘(妙)해진다.

[숙달*Mastery]

용신(用神)과 처자(妻子)를 보는 방법은 未月 戊土와 같다. 중추(仲秋)에는 왕금(旺金)이 토기(土氣)를 설(洩)하므로 戊土가 몹시 약하다. 까닭에 먼저 丙丁火가 출간(出干)하여 따뜻하게 해야만 귀격(貴格)을 이룬다. 辛金이 출간(出干)하여 격(格)을 이루면 丙丁火가 나타나지 않고 암장(暗藏)되는 게 좋다.

[원시*TEXT]

九月戊土當權, 不可專用丙, 先看甲木, 次取癸水, 卻忌化合. 見金先用癸水, 後取丙火, 配合支干, 方成有生之土, 定發雲程.

구월무토당권, 불가전용병, 선간갑목, 차취계수, 각기화합. 견금선용계수, 후취병화, 배합지간, 방성유생지토, 정발운정.

[일람*Scanning]

1. 戌月은 戊土가 당권(當權)하여 丙火를 전용(專用)하는 것은 불가(不可)하고 먼저 甲木을 용신(用神)으로 삼은 다음 癸水를 취(取)하며 합화(合化)를 꺼린다.

2. 金을 보아 癸水를 먼저 용(用)하면 다음으로 丙火를 취(取)해 간지(干支)가 배합(配合)되면 바야흐로 土의 생의(生意)가 살아나므로 정히 운정(雲程)이 발(發)한다.

[숙달*Mastery]

戌月 戊土는 甲癸丙을 용신(用神)으로 삼는다. 토왕(土旺)하여 丙火는 크게 필요치 않다. 먼저 甲木을 용(用)하고 癸水를 취하면 재자약살(財滋弱殺)이 되고, 만일 癸水가 戊土와 합(合)하면 재(財)가 살(殺)을 생(生)하는 힘이 떨어지므로 합화(合化)를 꺼리는 것이다. 丙火가 배합(配合)하고 水로 자윤(滋潤)하면 土의 생기(生氣)가 나타나 귀격(貴格)을 이룬다.

[원시*TEXT]

或無丙有癸, 不見甲透者, 衣衿小富. 無癸丙, 有甲者, 衣食而已. 若癸甲全無, 雖有丙火, 亦屬平常, 或為僧道. 或支成水局, 壬癸透干, 用戊止流，有比透反主富．支成火局，名土燥，不發．

혹무병유계, 불견갑투자, 의금소부. 무계병, 유갑자, 의식이이. 약계갑전무, 수유병화, 역속평상, 혹위승도. 혹지성수국, 임계투간, 용무지류, 유비투반주부. 지성화국, 명토조, 불발.

[일람*Scanning]

1. 혹 丙火는 없고 癸水만 있는데 甲木이 투(透)하지 않으면 부(富)는 작으나 의금(衣衿)은 있다.

2. 丙癸가 없고 甲木만 있는 자는 의식(衣食)이 있는 것으로 그친다.

3. 만약 癸甲이 전무(全無)하고 丙火만 있으면 상인(常人)에 속(屬)하고 혹은 승도(僧道)가 된다.

4. 혹 지지(地支)에 수국(水局)을 짓고 壬癸水가 투간(透干)하면 戊土를 용(用)하여 흐름을 막아야 하므로, 비견(比肩)이 투(透)하면 반대로 부(富)가 있다.

5. 지지(地支)에 화국(火局)을 이루면 조토(燥土)로 발달(發達)하지 못한다.

[숙달*Mastery]

戌月 戊土에 丙甲은 없고 癸水만 있다면 재(財)가 용(用)인데 戊癸 상합(相合)으로 재(財)가 아신(我身)을 따른다. 록겁용재격(祿劫用財格)을 이루면 크게 부자(富者)는 아니나 의록(衣祿)은 있다. 癸丙이 없고 甲木만 있다면 록겁용관(祿劫用官)인데 고살(孤殺)로 재인(財印)의 보좌(輔佐)가 없어 의록(衣祿)은 부족함이 없으나 명리(名利)는 허상(虛像)이다. 癸甲이 없고 丙火만 있다면 土의 생의(生意)가 없고 재관

(財官)이 부족하여 왕기(旺氣)가 아신(我身)에서 그치니 승려(僧侶)나 도인(道人)이 되고 타인(他人)에게 의지하여 살아가는 것이다. 다음은 甲癸丙이 배합(配合)된 철학자, 프리드리히 니체(Friedrich Nietzsche)의 팔자(八字)다.

丁 戊 甲 甲

巳 辰 戌 辰

戌月 戊土는 일원(日元)이 영(令)을 잡아 왕(旺)하나 재(財)가 왕(旺)하여 국(局)을 이루고 壬癸水가 투간(透干)하면 반드시 부격(富格)을 이룬다. 이때는 戊土가 투출(透出)해서 아신(我身)을 도와야 한다. 지지(地支)에 화국(火局)을 이루면 화염토조(火炎土燥)로 토조불발(土燥不發)이다.

[원시*TEXT]

得金水兩透, 此人淸高, 略可富貴. 無水, 一生困苦. 妻子同前.

득금수량투, 차인청고, 략가부귀. 무수, 일생곤고. 처자동전.

[일람*Scanning]

1. 金水가 양투(兩透)하면 그 사람이 청고(淸高)하니 대략(大略) 부귀(富貴)하다.

2. 水가 없으면 일생(一生)이 곤고(困苦)하다.

3. 처자(妻子)를 정하는 법은 전항(前項)과 같다.

[숙달*Mastery]

戌月 戊土가 화염토조(火炎土燥)한데 金水가 있어 水로 火를 제(制)하고, 土를 윤택(潤澤)하게 하면 金으로 土의 완둔(頑鈍)함을 설(洩)하여 토금상관(土金傷官)이 된다. 이런 사람은 청고(淸高)한 명(命)이 되고, 상관생재(傷官生財)하여 부귀격(富貴格)을 이룬다. 그러나 水가 없다면 평생 고생(苦生)이 많다.

■ 三冬戊土(삼동무토)

[원시*TEXT]

十月戊土, 時值小陽, 陽氣略出, 先用甲木, 次取丙火. 非甲, 土不靈. 非丙, 土不暖, 安能生發萬物. 甲丙兩出, 富貴中人. 或甲得長生, 遇支藏得地之水, 一丙高透, 亦主身貴揚名.

시월무토, 시치소양, 양기략출, 선용갑목, 차취병화. 비갑, 토불령. 비병, 토불난, 안능생발만물. 갑병량출, 부귀중인. 혹갑득장생, 우지장득지지수, 일병고투, 역주신귀양명.

[일람*Scanning]

1. 亥月 戊土는 시(時)가 소양(小陽)에 자리잡으니 양기(陽氣)가 약

간 출(出)하여 먼저 甲木을 용(用)하고 丙火를 나중에 취(取)한다.

2. 甲木이 아니면 土가 불령(不靈)하고 丙火가 아니면 土가 따스하지 않으니 어찌 만물(萬物)을 생발(生發)하겠는가.

3. 甲丙이 양투(兩透)하면 부귀(富貴)한 사람이다.

4. 혹 甲木이 장생(長生)을 얻었는데 지지(地支)에 水가 암장(暗藏)되고 丙火가 고투(高透)하면 명주(命主)가 귀(貴)하고 양명(揚名)한다.

[숙달*Mastery]

亥月 戊土는 甲木과 丙火를 취하여 관인상생(官印相生)으로 귀격(貴格)을 이룬다. 이 대목에서 굳이 소양(小陽)을 논하여 甲木을 선용(先用)하는 것으로 맞출 필요는 없다고 생각된다. 甲丙으로 격(格)을 이루는 이법(理法)으로 설명하면 그만이다. 癸水는 취하지 않는다. 이는 해궁(亥宮)에 壬水가 득록(得祿)했기 때문이다. 다시 말해 亥月의 한토(寒土)는 반드시 丙火가 있어야 한다. 土가 많고 따뜻하면 甲木이 용신(用神)이다. 월령(月令)에서 재(財)가 영(令)을 잡아 스스로 관(官)을 생(生)하니 이때 甲木이 출간(出干)하지 않으면 丙火를 용(用)하여 명리(名利)를 발(發)한다.

丙 戊 □ □
辰 □ 亥 □

[원시*TEXT]

支見庚金, 入泮而已. 若不見庚金, 甲木藏支, 丙火高透, 科甲有之. 若有庚, 丁出制, 必異路功名. 或為典吏. 即庚丁不透, 甲丙藏支, 亦云富貴.

지견경금, 입반이이. 약불견경금, 갑목장지, 병화고투, 과갑유지. 약유경, 정출제, 필이로공명. 혹위전리. 즉경정불투, 갑병장지, 역운부귀.

[일람*Scanning]

1. 지지(地支)에 庚金이 있으면 입반(入泮)으로 그친다.

2. 만약 庚金을 보지 않고 甲木이 지지(地支)에 암장(暗藏)되었는데 丙火가 고투(高透)하면 과갑(科甲)에 이른다.

3. 만약 庚金이 있고 丁火가 출(出)하여 제(制)하면 필시 이로(異路)로 공명(功名)을 이룬다.

4. 庚丁이 투(透)하지 않고 甲丙이 지지(地支)에 암장(暗藏)되면 역시 부귀(富貴)에 이른다.

[숙달*Mastery]

亥月 戊土에 지지(地支) 庚金을 보면 관(官)을 파(破)하므로 수재(秀才)로만 그칠 가능성이 높다. 庚金이 없고 丙火가 높이 투(透)하면 과갑(科甲)에 준함이 있다. 그러나 庚金이 있는데 丁火로 이를 제(制)하면 권위가 모두 통달(通達)하여 도필(刀筆), 즉 문필(文筆)로 공명(功名)을 이룬다. 庚丁이 투(透)하지 않고 甲丙이 지지(地支)에 암장(暗藏)되어도 역시 부귀(富貴)하다. 다음은 미 여우(女優), 우피 골드버그(Whoopi Goldberg)의 팔자(八字)로 비록 丁火가 투(透)했지만 관인상생(官印相生)으로 성격(成格)되고 寅午 화국(火局)을 지어 중년 이후에 발달(發達)했다.

戊 戊 丁 乙
午 寅 亥 未

[원시*TEXT]

壬透得戊救丙, 主富中取貴. 丙甲俱無, 必為僧道.
임투득무구병, 주부중취귀. 병갑구무, 필위승도.

[일람*Scanning]

1. 壬水가 투(透)했는데 戊土로 丙火를 구제(救濟)하면 부중취귀(富中取貴)한다.
2. 丙甲이 모두 없으면 필시 승도(僧道)가 된다.

[숙달*Mastery]

亥月 戊土에 壬水가 투(透)하여 丙火를 곤(困)하게 하면 戊土로 구제(救濟)해야 한다. 재격(財格)으로 부(富)한 가운데 귀(貴)를 취하는 것이다. 丙甲이 모두 없으면 고빈(孤貧)한 팔자(八字)가 된다. 다음은 '조화원약평주'에 총장(總長)의 팔자(八字)로 예시된 명(命)이다. 재왕생살격(財旺生殺格)이나 丙火가 없어 참다운 귀격(貴格)으로 확정짓기 어렵다. 이럴 때는 간혹 태원(胎元)에서 용신(用神)을 구할 때가 있는데 수태월(受胎月) 戊寅으로 丙火를 용(用)해 귀명(貴命)으로 정의했다.

癸 戊 乙 甲
亥 子 亥 戌

고법(古法)은 년주(年主)의 천간(天干)과 지지(地支), 납음(納音)으로 삼명(三命)을 삼았다. 천간(天干)은 녹(祿), 지지(地支)는 명(命) 그리고 납음(納音)은 아신(我身)으로 삼아 태월일시(胎月日時)를 사주(四柱)로 정했다. 이상은 이허중명서(李虛中命書)에 자세히 설명되고 있는데 신법(新法) 이후에 태원(胎元)을 중시하지 않았다. 임신 기간은 보통 10개월이지만 출산(出産)이 기간에 항시 일치하지는 않으므로 月日時와 마찬가지로 길흉(吉凶)을 일괄적으로 추산(推算)하기란 쉽지 않다. 그러나 **태원(胎元)은 조후(調候)와 관련해서 역시 소홀하게 다룰 수 없는 부분이라 생각된다.**

[원시*TEXT]

十一二月嚴寒冰凍, 丙火為專, 甲木為佐. 丙甲兩透, 桃浪之人, 丙出甲藏, 採芹食餼. 丙藏甲出, 佐雜前程. 有丙無甲者, 豪富. 有甲無丙者, 清貧. 丙甲全無, 下流之造.

십일이월엄한빙동, 병화위전, 갑목위좌. 병갑량투, 도랑지인, 병출갑장, 채근식희. 병장갑출, 좌잡전정. 유병무갑자, 호부. 유갑무병자, 청빈. 병갑전무, 하류지조.

[일람*Scanning]

1. 子月과 丑月에는 엄한(嚴寒)하여 빙동(氷凍)하니 丙火를 전용(專用)하고, 甲木으로 보좌(輔佐)한다.

2. 丙甲이 양투(兩透)하면 도랑(桃浪)의 객(客)이고, 丙火가 출(出)했는데 甲木이 암장(暗藏)되면 채근(採芹)하고 봉록(俸祿)이 있다.

3. 丙火가 암장(暗藏)되고 甲木이 출(出)하면 앞길에 좌잡(佐雜)은

한다.

4. 丙火는 있으나 甲木이 없으면 호부(豪富)다.
5. 甲木이 있고 丙火가 없으면 청빈(淸貧)하다.
6. 丙甲이 전무(全無)하면 하류(下流)의 명조(命造)다.

[숙달*Mastery]

엄동(嚴冬)에는 조후(調候)가 시급(時急)하여 火가 중(重)해도 흉하지 않다. 화성(火盛)하면 영화(榮華)가 있고 丙火 하나만 투(透)하여 격(格)을 이루면 세력이 있는 부자(富者)가 된다. 子月과 丑月의 戊土는 火가 있어야만 재관(財官)을 감당할 수 있다. 火가 없으면 식재관(食財官) 모두 쓸모가 없다. 丙甲이 양투(兩透)하면 벼슬이 높고, 丙火가 출(出)했는데 甲木이 암장(暗藏)되면 의금(衣衿)으로만 그치지 않는다. 丙火가 암장(暗藏)되고 甲木이 출(出)하면 관리(官吏)는 한다. 甲木이 있고 丙火가 없으면 청빈(淸貧)하고 丙甲 모두 없으면 하격(下格)이다.

[원시*TEXT]

或一派丙火, 加以丙透, 運值火土, 弱中復強, 又一壬透, 主清高榮祿. 乏壬, 僧道孤寒.

혹일파병화, 가이병투, 운치화토, 약중부강, 우일임투, 주청고영록. 핍임, 승도고한.

[일람*Scanning]

1. 혹 한 무리의 丙火가 있는데 丙火가 투(透)하고 운(運)이 火土에

있으면 약변강(弱變强)이 되어 이때 하나의 壬水가 투(透)하면 명주(命主)가 청고(淸高)하고 영록(榮祿)이 있다.

2. 壬水가 결핍(缺乏)되면 승도(僧道)가 아니면 고한(孤寒)하다.

[숙달*Mastery]

戊土는 火가 태왕(太旺)하면 壬水를 용신(用神)으로 삼아 부중취귀(富中取貴)한다. 팔자(八字) 원국(原局)에 壬丙이 투(透)하여 재격투인(財格透印)으로 성격(成格)되어도 재무(財務) 계통에서 고위직(高位職)에 오르는 경우가 많다.

丙 戊 壬 己
辰 □ 子 □

동월(冬月) 戊土에 壬水가 핍절(乏絶)되는 경우란, 壬水가 투(透)하지 않고 인겁태중(印劫太重)하여 편왕지상(偏旺之象)을 이룬 것으로 화운(火運)에 필시 빈고(貧孤)함에 이른다.

[원시*TEXT]

或一派水土寒滯, 不見一丙, 得一癸透月時, 亦不失儒雅風流.

혹일파수토한체, 불견일병, 득일계투월시, 역불실유아풍류.

[일람*Scanning]

혹 한 무리의 水土가 춥게 얽혀 막혔는데 丙火를 보지 못하고 月時에 癸水가 투(透)하면 역시 우아(優雅)한 풍류(風流)를 지닌 선비는 된다.

[숙달*Mastery]

丑月 戊土는 土水가 차가워 엉기고 막히는데 이때 丙火는 전혀 없고 月時에 癸水가 투(透)하면 유림(儒林)의 신분은 잃지 않는다고 했다. 月時에 癸水가 투(透)하면 아래와 같은 두 가지 유형의 팔자(八字)로 나타나 일원(日元)이 상합(相合)하여 암암리(暗暗裡)에 화기(火氣)를 내포하는 경우가 있다.

癸 戊 癸 戊

丑 □ 丑 □

다음은 **축요사(丑遙巳)와 같은 것으로 허신(虛神) 巳火를 요합(邀合)하여 유용한 격국(格局)을 이루는 경우다.**

癸 戊 癸 癸

丑 □ 丑 丑

[원시*TEXT]

或一派壬水, 不見比劫, 可作從才而論. 即有比劫, 得甲出干, 又主富貴, 若寒土無丙, 雖有甲木, 亦是內虛外實之人.

혹일파임수, 불견비겁, 가작종재이론. 즉유비겁, 득갑출간, 우주부귀, 약한토무병, 수유갑목, 역시내허외실지인.

[일람*Scanning]

1. 혹 한 무리의 壬水가 있는데 비겁(比劫)을 보지 못하면 가히 종재(從財)를 짓는다.

2. 만약 비겁(比劫)이 있고 甲木이 출간(出干)하면 또한 부귀(富貴)하고 만약 한토(寒土)에 丙火가 없으면 비록 甲木이 있어도 역시 내허외실(內虛外實)한 사람이다.

[숙달*Mastery]

子月 戊土에 수국(水局)을 이루거나 丑月에 방국(方局)을 짓고 비겁(比劫)을 보지 않으면 종재격(從財格)을 이루어 사람으로 인해 명리(名利)를 얻는다. **진종(眞從)은 대개 그 자체로 귀격(貴格)을 이룬다. 이때 대개는 조후(調候)와 무관하나, 간혹 조후(調候)를 잃어서는 안 될 경우가 있으므로 반드시 가려 취해야 한다.** 다음은 '조화원약평주'에 한림(翰林) 학사(學士)에 오른 명(命)으로 예시된 팔자(八字)다.

壬 戊 壬 壬
子 子 子 子

子月과 丑月 戊土에 비겁(比劫)이 많은데 이때 甲木이 투(透)하면 귀격(貴格)을 이룬다. 그러나 土가 차가우니 반드시 丙火가 있어야 한다. 丙火가 없으면 외화내빈(外華內貧)에 지나지 않는다.

[원시*TEXT]

或二癸透月時, 名為爭合, 終屬勞碌之人. 得一己出干制癸, 反為忠義之士, 捨己從人而論.

혹이계투월시, 명위쟁합, 종속로록지인. 득일기출간제계, 반위충의지사, 사기종인이론.

[일람*Scanning]

1. 혹 두 개의 癸水가 月時에 투(透)하면 쟁합(爭合)이 되어 종내 노록지인(勞碌之人)에 속(屬)한다.

2. 하나의 己土가 출간(出干)하여 癸水를 제(制)하면 반대로 충의지사(忠義之士)가 되니 자신을 버리고 이타(利他)적인 사람이라 할 수 있다.

[숙달*Mastery]

月時에 癸水가 투(透)하여 쟁합(爭合)이 되면 재물이 많아도 고생이 많은데 재다신약(財多身弱)으로 丑月 戊土의 경우에 한정된다.

癸 戊 癸 癸

丑 □ 丑 □

己土가 癸水를 제(制)하는 경우란 팔자(八字)에 丙己가 출간(出干)하는 경우로 子月 戊土에 한정되며 재격투인(財格透印)으로 명예(名譽)를 중히 여긴다.

癸 戊 丙 己

丑 戌 子 □

[원시*TEXT]

年月透辛金者, 又屬土金傷官, 異路功名可許. 以金為妻, 水為子.

년월투신금자, 우속토금상관, 이로공명가허. 이금위처, 수위자.

[일람*Scanning]

1. 年月에 辛金이 투(透)하면 토금상관(土金傷官)이 되니 가히 이로공명(異路功名)을 허락한다.

2. 이때는 金이 아내요, 水가 자식이 된다.

[숙달*Mastery]

丑月 戊土에 辛金이 투(透)하면 토금상관격(土金傷官格)이 되어 이로(異路)로 공명(功名)을 이룬다. 금처수자(金妻水子)는 상관생재격(傷官生財格)으로 다음과 같은 유형의 팔자(八字)를 말하고 있다.

癸 戊 己 辛

丑 □ 丑 □

차격(此格)은 丑月 월령(月令)에 己癸辛이 있어 동궁(同宮)에 기(氣)가 모이니 기격(奇格)을 이루어 묘(妙)한 것이다. 원시(原詩)는 바로 이를 논한 것이다.

삼춘기토
■ 三春己土

[원시*TEXT]

正月己土, 田園猶凍, 蓋因臘氣未除, 餘寒未退, 故丙為尊. 得丙照暖, 萬物自生, 忌見壬水, 反為己病, 何也? 乃江湖之水, 湖水一發, 則田園洗蕩, 變為沙土, 而根苗盡沒矣. 須戊作堤, 以保園圃. 壬多要見戊制. 有戊出干者, 定主玉堂金馬. 若乏戊制, 必屬平常.

정월기토, 전원유동, 개인랍기미제, 여한미퇴, 고병위존. 득병조난, 만물자생, 기견임수, 반위기병, 하야? 내강호지수, 호수일발, 즉전원세탕, 변위사토, 이근묘진몰의. 수무작제, 이보원포. 임다요견무제. 유무출간자, 정주옥당금마. 약핍무제, 필속평상.

[일람*Scanning]

1. 寅月 己土는 전원(田園)이 아직 얼어 있으므로 섣달의 기운이 아직 제거(除去)되지 않고 덮여 있어 남은 한기(寒氣)가 물러가지 않으므로 丙火를 존신(尊神)으로 삼는다.

2. 丙火를 얻어 조난(照暖)하면 만물(萬物)이 자생(自生)하고 壬水는 己土의 병(病)이 되므로 보는 것을 꺼린다.

3. 壬水는 강호(江湖)로 호수(湖水)가 한번 발(發)하면 전원(田園)을 세탕(洗蕩)하여 니토(沙土)로 변하게 하니 근묘(根苗)가 모두 수몰(水沒)되기 때문이다.

4. 이때는 戊土로 제방(堤防)을 쌓는 게 필수(必須)로 이로써 원포(園圃)를 보호(保護)해야 한다.

5. 壬水가 많으면 戊土를 보아 제(制)함을 요(要)한다.

6. 戊土가 출간(出干)하면 정히 금마옥당(金馬玉堂)에 오른다.

7. 만약 戊土의 제(制)함이 결핍(缺乏)되면 필시 평상인(平常人)에 속(屬)한다.

[숙달*Mastery]

'적천수'에 만물(萬物)이 왕성(旺盛)하길 바란다면 의조의방(宜助宜幇)이라, 한 마디로 己土를 '돕고, 막으라'고 했다. 돕는 것은 丙火고, 막는 것은 戊土로 방신(幇身)하는 것을 말한다. 己土의 병(病)은 壬水가 되므로 병(病)을 제거하는 약(藥)이 바로 戊土다. 寅月 己土는 한기(寒氣)가 남아 있어 전원(田園)이 다 녹지 않은 상(象)이다. 따라서 丙火가 용신(用神)이다. 丙火가 투(透)하여 관인상생격(官印相生格)을 이루면 과갑(科甲)에 이르기 쉽다.

甲 己 丙 甲

子 □ 寅 □

壬水가 있으면 戊土를 용(用)한다. 壬水는 己土를 진흙탕을 만들어 파종(播種)할 수 없게 만들기 때문에 戊土를 써서 밭을 보호해야 하는 것이다. 寅月 己土에 壬水가 많은데 戊土가 있으면 일원(日元)이 왕

(旺)하고 재(財)가 관(官)을 생(生)하는 정관용재격(正官用財格)을 이루어 선비가 필시 출사(出仕)한다. 이때 戊土가 없으면 평범한 명(命)이 된다.

戊 己 壬 壬

辰 □ 寅 □

[원시*TEXT]

或一派甲木, 有庚出干, 加以癸丙齊透, 配得中和, 亦名利雙全.

혹일파갑목, 유경출간, 가이계병제투, 배득중화, 역명리쌍전.

[일람*Scanning]

혹 한 무리의 甲木이 있는데 庚金이 출간(出干)하고 더해서 癸丙이 일제(一齊)히 투(透)하면 중화(中和)로 배합(配合)되어 명리쌍전(名利雙全)한다.

[숙달*Mastery]

寅月 己土에 일파(一派) 甲木이 있으면 관(官)이 많아 살(殺)로 화(化)하므로 이때는 반드시 庚金으로 제(制)한 다음에 丙癸로 배합(配合)하는 게 좋다. 즉 인수용재격(印綬用財格)을 이루면 명리(名利)가 모두 있다. 다음은 에이브러햄 링컨(Abraham Lincoln), 미국 제 16대 대통령의 팔자(八字)다.

癸 己 丙 己
酉 未 寅 巳

[원시*TEXT]

即丙生寅月, 庚透天干, 亦有俊秀.

즉병생인월, 경투천간, 역유준수.

[일람*Scanning]

만일 寅月에 丙火가 생(生)하는데 庚金이 천간(天干)에 투(透)하면 역시 준수(俊秀)하다.

[숙달*Mastery]

寅月 己土는 丙火가 인궁(寅宮)에서 장생(長生)되어 土를 따뜻하게 하므로 힘이 있다. 庚金이 투(透)하여 인용식상격(印用食傷格)을 이루면 의금(衣衿)을 잃지 않는다.

[원시*TEXT]

若甲多無庚, 殘疾廢人, 宜用丁洩.

약갑다무경, 잔질폐인, 의용정설.

[일람*Scanning]

만약 甲木이 많고 庚金이 없으면 잔질폐인(殘疾廢人)으로 의당 丁火로 설(洩)해야 한다.

[숙달*Mastery]

寅月 己土는 대개 丙火가 용신(用神)이다. 그러나 甲木이 많은데 이를 庚金으로 제(制)하지 못하면 木이 土를 상(傷)하게 하므로 반드시 잔병(殘病)이 많다. 이때 丁火로 甲木을 설(洩)하면 관인상생(官印相生)이 되어 구제(救濟)되는 것이다.

[원시*TEXT]

或一派火, 即不見水無碍, 何也? 正月己土寒溼, 必丙燥暖, 反主厚祿. 加一癸透, 科甲自然. 戊透, 反作常人. 或一派戊土, 有甲出制, 又主榮顯. 如見乙出, 雖多不能疏土, 且乙多者, 奸詐小人.

혹일파화, 즉불견수무애, 하야? 정월기토한습, 필병조난, 반주후록. 가일계투, 과갑자연. 무투, 반작상인. 혹일파무토, 유갑출제, 우주영현. 여견을출, 수다불능소토, 차을다자, 간사소인.

[일람*Scanning]

1. 혹 한 무리의 火가 있는데 水를 보지 않아도 전혀 꺼리지 않는다.

2. 寅月 己土는 한습(寒濕)하므로 필히 丙火를 써서 조난(燥暖)해지면 반대로 후록(厚祿)하다.

3. 더해서 하나의 癸水가 투(透)하면 자연 과갑(科甲)한다.

4. 戊土가 투(透)하면 상인(常人)이 된다.

5. 혹 한 무리의 戊土가 있는데 甲木이 출(出)하여 이를 제(制)하면 영화(榮華)가 나타난다.

6. 만일 乙木이 출(出)하면 비록 많아도 소토(疏土)가 불능(不能)하니 乙木이 많아도 간사(奸詐)한 소인(小人)에 지나지 않는다.

[숙달*Mastery]

寅月 己土는 반드시 丙火로 따뜻하게 하는 것이 관건(關鍵)이다. 더해서 癸水로 윤택(潤澤)하게 하면 상격(上格)을 이룬다. 己土는 본성이 습(濕)하여 癸水가 없어도 흉하지 않다. 쇠갈(衰竭)한 土를 火가 많이 도울수록 복록(福祿)이 두터워지고, 癸水가 더하면 귀(貴)해지는 것이다.

만일 일파(一派) 戊土가 있으면 甲木이 투(透)하여 제(制)해야 영화(榮華)가 나타난다. 이것은 관(官)을 용(用)하기 때문이 아니라, 월령(月令) 인궁(寅宮)의 戊甲丙에서 甲이 戊를 제(制)하면 오직 丙火만이 유용(有用)해지기 때문이다. 반면 乙木은 아무리 많아도 戊土를 제(制)하기 어렵다. 乙木은 소토(疏土)가 불가(不可)하기 때문이다. 乙木 칠살(七殺)이 투(透)하면 간사(奸詐)한 속성을 지니게 된다. 己土와 乙木은 모두 쇠갈(衰竭)한 본성을 지녀 음유(陰柔)함이 지나치기 때문이다. 이러한 '메커니즘'이 바로 십간론(十干論)의 틀이 된다. **한 마디로 십간론(十干論)은 병약용신(病藥用神)을 정하는 과정에서 유용하게 활용되기도 한다.**

[원시*TEXT]

用丙者, 木妻, 火子.

용병자, 목처, 화자.

[일람*Scanning]

丙火를 용(用)하면, 木이 아내요 火가 자식이 된다.

[숙달*Mastery]

목처화자(木妻火子)는 곧 관인상생격(官印相生格)을 뜻한다.

[원시*TEXT]

二月己土, 陽氣漸升, 雖禾稼未成, 萬物出土, 田園未展, 先取甲木疏之, 忌合. 次取癸水潤之. 甲癸出干, 主科甲, 以一丙出透, 壓百僚. 見壬水, 末官職.

이월기토, 양기점승, 수화가미성, 만물출토, 전원미전, 선취갑목소지, 기합. 차취계수윤지. 갑계출간, 주과갑, 이일병출투, 압백료. 견임수, 말관직.

[일람*Scanning]

1. 卯月 己土는 양기(陽氣)가 점차 오르는 때로 비록 화가(禾稼)를 이루지는 않지만 만물(萬物)이 출토(出土)하므로, 전원(田園)이 전개(展開)되지 않았으니 먼저 甲木으로 소토(疏土)해야 하고 합(合)을 꺼린다.

2. 다음으로 癸水로 윤택(潤澤)하게 한다.

3. 甲癸가 출간(出干)하면 과갑(科甲)이 정연(定然)하고 더해서 하나의 丙火가 출투(出透)하면 권세(權勢)가 백관(百官)을 압도한다.

4. 하나의 壬水를 보면 말단의 관직(官職)에 불과하다.

[숙달*Mastery]

卯月 己土는 양기(陽氣)가 점승(漸升)하여 丙火를 필요로 하지 않고 재관(財官)을 용(用)한다. 먼저 甲木을 용신(用神)으로 삼고 癸水로 보

좌(輔佐)한다. 卯月 己土가 생왕(生旺)하면서 癸甲의 재관(財官)을 갖추면 필시 귀격(貴格)이 된다. 이때 丙火 인수(印綬)의 배합(配合)이 있으면 권위(權威)가 더욱 높아진다.

甲 己 癸 □
子 巳 卯 □

壬水는 비록 甲木을 생(生)하지만, 무정(無情)하고 己土와의 최기(最忌) 관계로 부귀(富貴)가 크게 감소된다.

[원시*TEXT]

或見庚制甲, 壬水出干, 比劫重重, 此必俗子. 丙透猶有小富, 丙藏衣祿無虧.

혹견경제갑, 임수출간, 비겁중중, 차필속자. 병투유유소부, 병장의록무휴.

[일람*Scanning]

1. 혹 庚金을 보아 甲木을 제(制)하거나, 壬水가 출간(出干)하고 비겁(比劫)이 중중(重重)하면 차격(此格)은 필히 속자(俗子)가 된다.
2. 丙火가 투(透)하면 가히 소부(小富)는 있고, 丙火가 암장(暗藏)되면 의록(衣祿)은 줄지 않는다.

[숙달*Mastery]

卯月 己土에 庚金이 관(官)을 극상(剋傷)하거나, 壬水가 丙火를 곤

(困)하게 하면 팔자(八字)에 병(病)이 있고 약(藥)은 무용(無用)하니 평범한 명(命)이 된다. 그러나 이때 丙火만 있으면 의록(衣祿)은 잃지 않는다.

[원시*TEXT]

或支成木局, 庚透富貴, 若柱多乙木, 乙又屈庚, 庚必輸情於乙, 不能掃邪於正, 此必狡詐之徒, 運入東南, 恐有不測. 當用丁洩之. 有丁者, 小人而已, 不致無良. 無比印, 從殺者貴. 若柱中無甲丙癸者, 皆下格. 妻子用神同前.

혹지성목국, 경투부귀, 약주다을목, 을우굴경, 경필수정어을, 불능소사어정, 차필교사지도, 운입동남, 공유불측. 당용정설지. 유정자, 소인이이, 불치무량. 무비인, 종살자귀. 약주중무갑병계자, 개하격. 처자용신동전.

[일람*Scanning]

1. 혹 지지(地支)에 목국(木局)을 이루고 庚金이 투(透)하면 부귀(富貴)하나, 만약 사주(四柱)에 乙木이 많으면 乙木이 또한 庚金을 굴종(屈從)시켜 庚金은 필히 乙木에게 정(情)을 주므로 바르지 않고 비뚤어져 깨끗해질 수 없으니 차명(此命)은 반드시 교활(狡猾)하고 간사(奸詐)한 무리로 운(運)이 동남(東南)으로 들면 헤아릴 수 없는 불길한 일이 있다.

2. 마땅히 丁火를 용(用)하여 설(洩)하면 소인(小人)으로 그치나 양호(良好)함이 전혀 없는 것에 이르지는 않는다.

3. 비겁(比劫)과 인수(印綬)가 없으면 종살(從殺)하여 귀(貴)하게 된다.

4. 만약 사주(四柱) 중에 甲丙癸가 없으면 모두 하격(下格)이다.

5. 처자(妻子)와 용신(用神)을 보는 법은 전항(前項)과 동일하다.

[숙달*Mastery]

卯月 己土에 지지(地支) 목국(木局)을 이루면 관살(官殺)이 당(黨)을 이루므로 반드시 庚金으로 제(制)해야 상관가살(傷官駕殺)의 귀격(貴格)을 이룬다.

庚 己 己 庚

午 未 卯 □

만일 乙木이 출간(出干)하면 乙庚이 상합(相合)하여 유정(有情)하나 관병(官兵)이 도적(盜賊)과 정(情)을 통하는 것과 같은데 동남운(東南運)에는 불길(不吉)하다. 丁火로 목기(木氣)를 설(洩)하여 己土를 생(生)하면 흉명(凶命)에서 구제될 수는 있다. 이때 비겁(比劫)과 인수(印綬)가 없으면 종살격(從殺格)을 이루어 귀명(貴命)이다. 卯月 己土는 甲癸丙이 모두 없으면 하격(下格)의 명(命)이 된다.

[원시*TEXT]

三月己土, 正栽培禾稼之時, 先丙後癸, 土暖而潤, 隨用甲疏, 三者俱透天干, 必官居黃閣. 或三者透一, 科甲定然, 但要得地. 卻以庚金為病.

삼월기토, 정재배화가지시, 선병후계, 토난이윤, 수용갑소, 삼자구투천간, 필관거황각. 혹삼자투일, 과갑정연, 단요득지. 각이경금위병.

[일람*Scanning]

1. 辰月 己土는 정히 화가(禾稼)를 재배(栽培)하는 때에 있어 먼저 丙火를 쓰고 나중에 癸水를 써서 土를 따뜻하고 윤택(潤澤)해지면 甲木을 용(用)하여 소토(疏土)하니 삼자(三者)가 모두 천간(天干)에 투(透)하면 황각(黃閣)에 관직(官職)이 있다.

2. 혹 삼자(三者) 중 하나만 투(透)해도 과갑(科甲)이 정연(定然)하나 다만 득지(得地)를 요(要)한다.

3. 이때 庚金은 병(病)이 된다.

[숙달*Mastery]

辰月 己土는 화가(禾稼)를 재배(栽培)하는 때에 있으니 먼저 丙火를 용신(用神)으로 삼은 다음에 癸水로 보좌(輔佐)한다. 土가 난윤(暖潤)해지면 甲木을 용(用)한다. **辰月과 巳月의 土는 양기(陽氣)가 왕성(旺盛)해져 만물(萬物)이 발생(發生)하므로 戊土와 己土는 마찬가지로 甲丙癸를 취한다.** 이때 戊土는 후중(厚重)하여 甲木의 소토(疏土)를 우선적으로 요(要)하지만, 己土는 축장(蓄藏)하는 흙으로 丙火를 선용(先用)한다. 辰月 己土에 戊土가 투(透)하면 辰月 戊土와 용법(用法)이 같다. 甲木으로 소토(疏土)하지 않으면 土가 불령(不靈)하다.

□ 己 戊 甲

□ □ 辰 □

辰月 己土에 甲丙癸가 모두 투(透)하면 관위(官位)가 극품(極品)에 오른다. 관(官)을 재인(財印)으로 보위(保衛)하기 때문이다.

甲 己 丙 癸

戌 □ 辰 □

만일 甲丙癸 중 하나라도 투(透)하여 격(格)을 이루면 과갑(科甲)을 한다. 득지(得地)란 득소(得所)로 장생(長生)이나 임관(臨官)에 이르는 것을 말한다. 이를테면 丙火는 寅巳에, 甲木은 寅亥, 癸水는 子에 암장(暗藏)되는 것을 가리킨다. 다음은 '궁통보감평주'에서 삼자개득지(三者皆得地)한 살왕신강(殺旺身强)의 일품(一品) 명(命)으로 예시된 팔자(八字)다.

丙 己 甲 壬

寅 卯 辰 子

辰月 己土에 甲木을 용(用)하는데 庚金이 투(透)하면 팔자(八字)의 병(病)이 되어 좋지 않다. 다음은 배우(俳優), 알 파치노(Al Pacino)의 팔자(八字)다. 시상(時上) 甲木 관(官)을 용(用)하여 현재 생존하는 배우 중 가장 위대한 평가를 받고 있으나 성장기는 몹시 불우했다.

甲 己 庚 庚

子 亥 辰 辰

[원시*TEXT]

或有丙甲無癸, 亦可致富, 但不貴顯. 或有癸而無甲丙, 亦有衣衿. 或有丙癸無甲, 亦係人才. 丙癸全無, 流俗之輩.

혹유병갑무계, 역가치부, 단불귀현. 혹유계이무갑병, 역유의금. 혹유병계무갑, 역계인재. 병계전무, 유속지배.

[일람*Scanning]

1. 혹 丙甲이 있고 癸水가 없으면 가히 치부(致富)하나 귀현(貴顯)하지는 않다.

2. 혹 癸水가 있으면 甲丙이 없어도 역시 의금(衣衿)은 있다.

3. 혹 丙癸가 있고 甲木이 없으면 역시 인재(人才)와 관계된다.

4. 丙癸가 전무(全無)하면 속인(俗人)의 무리에 불과하다. 모두 없으면 속인의 무리에 불과하다.

[숙달*Mastery]

辰月 己土에 甲丙이 있고 癸水가 없으면 부(富)는 있으나 귀(貴)는 없고, 癸水는 있는데 甲丙이 없으면 평범하나 의금(衣衿)은 있다. 丙癸는 있는데 甲木이 없으면 재능이 있는 선비가 되고, 丙癸가 모두 없으면 용렬(庸劣)한 무리에 지나지 않는다.

[원시*TEXT]

或一片乙木, 無金制伏, 貧而且夭也. 妻子同前.

혹일편을목, 무금제복, 빈이차요야. 처자동전.

[일람*Scanning]

1. 혹 한 조각의 乙木이 있는데 金의 제복(制伏)이 없으면 빈(貧)하고 요절(夭折)이 따른다.

2. 처자(妻子)를 구분하는 법은 전항(前項)과 같다.

[숙달*Mastery]

辰月 己土에 乙木이 투(透)하고 이를 金으로 제(制)하지 못하면 칠살무제(七殺無制)의 파격(破格)이 되어 빈천(貧賤)하며 요절(夭折)이 따르기 쉽다.

■ 三夏己土 (삼하기토)

[원시*TEXT]

三夏己土, 雜氣才官, 禾稼在田, 最喜甘沛, 取癸為要, 次用丙火. 夏無太陽, 禾稼不長, 故無癸曰旱田, 無丙曰孤陰.

삼하기토, 잡기재관, 화가재전, 최희감패, 취계위요, 차용병화. 하무태양, 화가불장, 고무계왈한전, 무병왈고음.

[일람*Scanning]

1. 삼하(三夏) 己土는 잡기재관(雜氣財官)으로 화가(禾稼)가 밭에 있는 때이니 단비를 가장 기뻐하므로 癸水를 취(取)하는 것이 필요하고, 다음으로 丙火를 용(用)한다.

2. 하월(夏月)이라도 태양(太陽)이 없으면 화가(禾稼)가 성장(成長)하지 못하므로 癸水가 없으면 한전(旱田)이라 하고, 丙火가 없으면 고

음(孤陰)이라 한다.

[숙달*Mastery]

삼하(三夏) 己土는 단비가 쏟아지는 것을 반기니 먼저 癸水로 조후(調候)해야 하고 토윤(土潤)하는 丙火를 써서 만물(萬物)의 성장(成長)을 재촉하는 것이 핵심이다. 하월(夏月)에 丙火를 쓰는 것이 戊土와의 차이다. 까닭에 癸水가 없으면 한전(旱田)이라 하고, 丙火가 없으면 고음(孤陰)이라 한다. 삼하(三夏) 己土에 잡기재관(雜氣財官)을 언급한 까닭은 토왕(土旺)하여 상대적으로 화가(禾稼)가 밭에 놓인 것과 같은 형상에 주목했기 때문이다. 이를테면 다음과 팔자(八字)의 유형은 일지(日支) 卯木 하나로 인해 화가(禾稼)가 밭에 있는 것과 같아 가색격(稼穡格)을 이루지 못하고 잡기재관격(雜氣財官格)이 되는 것과 같다. 이 경우 대운(大運)에서 재관운(財官運)을 기뻐하는 것이다.

戊 己 戊 己
辰 卯 土 土

[원시*TEXT]

或丙癸兩透, 又加辛金生癸, 此富貴之格, 名水火旣濟, 鼎甲之人. 卻忌戊癸化合. 或有丙無癸, 有壬亦可, 但不大發.

혹병계량투, 우가신금생계, 차부귀지격, 명수화기제, 정갑지인. 각기무계화합. 혹유병무계, 유임역가, 단불대발.

[일람*Scanning]

1. 혹 丙癸가 양투(兩透)하고 더해서 辛金이 癸水를 생(生)하면 차격(此格)은 부귀(富貴)하고 수화기제(水火旣濟)라 해서 정갑지인(鼎甲之人)이 된다.

2. 이때는 戊癸 화합(化合)을 꺼린다.

3. 혹 丙火가 있고 癸水가 없으면 壬水도 가용(可用)하나 대발(大發)하지는 않는다.

[숙달*Mastery]

삼하(三夏) 己土에 丙癸가 투(透)하고 辛金이 癸水의 근원(根源)을 발(發)하면 수화기제(水火旣濟)의 상(象)을 이루어 삼공(三公)의 반열에 오른다.

丙 己 癸 辛

寅 □ 巳 □

巳月과 午月의 己土는 스스로 丙丁火가 있어 丙火가 없고 癸水만 있으면 인수용재(印綬用財)로 성격(成格)되어 과갑(科甲)은 아니더라도 선발(選拔)됨이 있다. 그리고 癸水 대신에 壬水가 있고, 辛金 대신에 庚金이 있으면 격국(格局)의 고저(高低)는 분간되나 쓰임은 같다. 이때 戊土가 출간(出干)하면 癸水가 상(傷)하며 丙火를 어둡게 하여 좋지 않다. 癸水가 용신(用神)이면 戊土를 두려워하는 것은 비단 하월(夏月)의 己土에만 국한되는 내용이 아니다. 戊癸가 상합(相合)하면 격국(格局)이 변하여 화(禍)가 되기도 하고 복(福)이 되기도 한다. 다음은 소설가,

펄 벅(Pearl Buck)의 팔자(八字)다.

庚 己 丙 壬
午 丑 午 辰

[원시*TEXT]

或一派丙火烈土, 加以丁火制辛, 癸水無根, 如七八月之間旱, 則苗槁矣, 此命孤苦零丁. 或有甲木, 又見丙火重重, 無滴水解炎, 亦孤貧到老.

혹일파병화렬토, 가이정화제신, 계수무근, 여칠팔월지간한, 즉묘고의, 차명고고령정. 혹유갑목, 우견병화중중, 무적수해염, 역고빈도로.

[일람*Scanning]

1. 혹 한 무리의 丙火가 있어 土를 조열(燥烈)하게 하고, 더해서 丁火로 辛金을 제(制)하는데 癸水가 무근(無根)하면 마치 申酉月에 가뭄이 든 것과 같아 싹이 말라버리니 차명(此命)은 고고(孤苦)하고 영락(零落)하는 사람이다.

2. 혹 甲木이 있고 또 丙火가 중중(重重)한데 적수(滴水)로 해염(解炎)하지 못하면 역시 늙도록 고빈(孤貧)하다.

[숙달*Mastery]

삼하(三夏) 己土에 일파(一派) 丙火가 있어 염열(炎熱)한데 水로 구제(救濟)하지 못하면 흉(凶)하다. 이때 壬癸水의 근원(根源)이 없으면 가뭄의 형상을 이룬다. 이런 사람은 의록(衣祿)이 오래 가지 못하고 영락(零落)을 실감하기 쉽다. 또한 하월(夏月) 己土에 甲木이 있으면서

丙丁火가 중(重)한데 적수(滴水)로 해염(解炎)하지 못하면 늙을 때까지 고빈(孤貧)한 것이다. 午月 戊土가 木火가 중(重)한데 水가 없으면 양인도과살(陽刃倒戈殺)이 되어 불리한데, 己土에 양인(陽刃)의 액(厄)은 없으나 빈한(貧寒)하기는 마찬가지다.

[원시*TEXT]

如有壬水, 又見庚辛, 此又不作孤看, 但恐目疾, 心腎肝臟之災. 若壬水有根, 辛金得地, 又非此而論. 或壬癸並出, 破火潤土, 此人聰潁特達, 富中取貴, 又轉禍為福也.

여유임수, 우견경신, 차우불작고간, 단공목질, 심신간장지재. 약임수유근, 신금득지, 우비차이론. 혹임계병출, 파화윤토, 차인총영특달, 부중취귀, 우전화위복야.

[일람*Scanning]

1. 만일 壬水가 있고 또 庚辛金을 보면 차격(此格)은 고독(孤獨)하게 보지 않으나 안질(眼疾)이 두렵고 심장(心臟)이나 신장(腎臟), 간장(肝臟)에 질환(疾患)이 있다.

2. 만약 壬水가 유근(有根)하고 辛金이 득지(得地)하면 문제가 없다.

3. 혹 壬癸水가 함께 출(出)하여 火를 파(破)하고 土를 윤택(潤澤)하게 하면 이 사람은 총명(聰明)하고 기영(氣潁)해서 특달(特達)하고 부중취귀(富中取貴)하니 이 또한 전화위복(轉禍爲福)이 된다.

[숙달*Mastery]

하월(夏月) 己土에 木火가 중(重)한데 水가 출현하고 水의 힘이 미약하면 부신(副腎) 계통이나 방광(膀胱), 생식(生殖)과 비뇨기(泌尿器)에 염증(炎症)이 발생하기 쉽다. 이것이 아니면 안질(眼疾) 내지 간장(肝腸)과 심장(心臟), 혈액(血液) 계통의 질환(疾患)에 노출될 가능성이 높다. 이는 '난강망'이 신체 부위와 관련하여 질병(疾病)을 언급하는 드문 대목이므로 반드시 염두에 두어야 한다. 다음은 전 아르헨티나 대통령, 후안 페론의 부인인 에비타 에바 페론(Evita Eva Peron)의 팔자(八字)로 '거룩한 악녀이자, 천한 성녀'로 불린다. 28세에 퍼스트레이디가 되어 34세에 척수백혈병과 자궁암으로 요절(夭折)했다.

丙 己 己 己
寅 未 巳 未

그런데 에바 페론(Eva Peron)의 귀(貴)를 설명하기가 쉽지 않다. 이것은 아마도 태원(胎元)의 壬申과 관계가 있는 것 같다. 원래 오성법(五星法)은 명궁(命宮)을 중요하게 다루었고, 자평법(子平法)은 태원(胎元)을 중시했다. 따라서 자평(子平)에서 명궁(命宮)으로 길흉(吉凶)을 가려보려는 시도는 옳지 않다. 아무튼 **부격(富格)이 아닌데 부(富)가 있고, 귀격(貴格)이 아닌데 귀(貴)가 있으면 태원월(胎元月)과 관계가 깊다고 했다. 그러나 이것은 일반적인 법칙(法則)이 될 수는 없다고 생각된다. 왜냐하면 己巳月 생(生)은 태원월(胎元月)이 모두 壬申月로 한결 같이 신궁(申宮)에 장생(長生)된 水와 득록(得祿)된 金을 얻은 게 된다. 따라서 태원(胎元)의 오행(五行)은 잠재(潛在)된 음덕(陰德)과 같은 것이고 팔자(八字)가 격(格)을 이루지 못하면 표출되기 어려운 것**

으로 이해하는 게 무난할 듯 싶다. 다음은 '궁통보감평주'에서 대부(大富)한 명(命)으로 예시한 팔자(八字)인데 '조화원약'에서 도성(都城)을 덮을 정도의 부자(富者)로 서북운(西北運)에 횡재(橫財)가 수 없이 많았다고 설명한 격(格)이다.

戊 己 己 己
辰 巳 巳 巳

壬癸水가 함께 출간(出干)하여 재(財)로 인수(印綬)를 파(破)하면 己土를 윤택(潤澤)하게 만들어 화(禍)가 복(福)으로 변한다. 삼하(三夏)의 水는 사절지(死絶地)에 있어 사수(死水)에 불과하므로 당왕(當旺)한 화기(火氣)를 극(剋)하기 어렵다. 그러나 윤토(潤土)하는 힘은 있으므로 만물(萬物)의 발생(發生)을 도우므로 전화위복(轉禍爲福)이라 한 것이다. 차명(此命)은 뛰어나게 영리(怜悧)하여 부(富)한 가운데 귀(貴)가 있다.

[원시*TEXT]

用癸者, 金妻水子. 用丙者, 木妻火子.

용계자, 금처수자. 용병자, 목처화자.

[일람*Scanning]

1. 癸水를 용(用)하면, 金이 아내요 水가 자식이 된다.
2. 丙火를 용(用)하면, 木이 아내요 火가 자식이 된다.

[숙달*Mastery]

巳月과 午月의 己土는 癸水를 용(用)하여 금처수자(金妻水子)의 인수용재(印綬用財)로 귀격(貴格)의 전형을 삼는다. 未月에는 金水가 진기(進氣)하여 목처화자(木妻火子)의 관인상생(官印相生)으로 귀격(貴格)을 이룬다.

■ 三秋己土 (삼추기토)

[원시*TEXT]

三秋己土, 萬物收藏之際, 外虛內實, 寒氣漸升, 須丙火溫之, 癸水潤之, 不特此也, 且癸能洩金, 丙能制金, 補土精神, 則秋生之物咸茂矣. 癸先丙後.

삼추기토, 만물수장지제, 외허내실, 한기점승, 수병화온지, 계수윤지, 불특차야, 차계능설금, 병능제금, 보토정신, 즉추생지물함무의. 계선병후.

[일람*Scanning]

1. 삼추(三秋) 己土는 만물(萬物)이 수장(收藏)되는 시기로 외허내실(外虛內實)하고 한기(寒氣)가 점차 오르니 丙火의 온(溫)이 필수(必須)

고 癸水로 자윤(滋潤)하는데, 이뿐만 아니라 癸水로 능히 金을 설(洩)하고 丙火로 능히 金을 제(制)하여 土의 정신(精神)을 보충(補充)하면 추월(秋月)의 생물(生物)이라도 무성(茂盛)함이 같다.

2. 먼저 癸水를 용(用)하고 다음에 丙火를 용(用)한다.

[숙달*Mastery]

삼추(三秋)에는 금신(金神)이 영(令)을 잡아 토기(土氣)가 설(洩)되니 자왕모쇠(子旺母衰)하여 약하다. 丙癸를 용(用)하는 것은 단순히 己土를 온윤(溫潤)하게 하는 작용에 국한되지 않는다. 金을 제(制)하고 설(洩)하여 만물(萬物)의 무성(茂盛)함이 춘하(春夏)와 같도록 만드는 것이다. 삼추(三秋) 己土는 먼저 癸水가 투(透)하고 丙火가 투(透)하면 과갑(科甲)이 따르고 권위(權威)가 높은 상격(上格)을 이룬다.

[원시*TEXT]

丙癸兩透, 雁塔題名. 或無癸, 有兩丙透者, 異途顯達. 或武職權高. 或有丙火, 不見壬癸, 為假道斯文, 終無誠實. 或有壬癸無丙者, 衣食充足, 才能而已.

병계량투, 안탑제명. 혹무계, 유량병투자, 이도현달. 혹무직권고. 혹유병화, 불견임계, 위가도사문, 종무성실. 혹유임계무병자, 의식충족, 재능이이.

[일람*Scanning]

1. 丙癸가 양투(兩透)하면 안탑(雁塔)에 이름을 올린다.

2. 혹 癸水가 없고 양(兩) 丙火가 있어 투(透)하면 이도(異途)로 현달(顯達)한다.

3. 혹은 무직(武職)으로 권위(權威)가 높다.

4. 혹 丙火는 있는데 壬癸水를 보지 못하면 가도사문(假道斯文)이라, 종내 성실(誠實)함이 없다.

5. 혹 壬癸水가 있고 丙火가 없으면 의식(衣食)은 충족(充足)되나 재능(才能)이 있는 것으로 그친다.

[숙달*Mastery]

삼추(三秋) 己土에 丙癸가 양투(兩透)하면 등과급제(登科及第)한다. 申月 己土는 신궁(申宮)에 金水가 장생(長生)되어 있으므로 丙火가 중요한 용신(用神)이다. 癸水가 없고 두 개의 丙火가 있어 투(透)하면 식상용인격(食傷用印格)을 이루어 이도(異途)로 지위(地位)를 얻고 무직(武職)으로 권위(權威)가 높다.

丙 己 戊 壬

寅 □ 申 □

丙火는 있으나 壬癸水를 보지 못하면 성실(誠實)하지 못하여 유림(儒林)의 도(道)가 거짓이다. 壬癸水는 있는데 丙火가 없으면 의식(衣食)이 있을 뿐으로 소부(小富)는 있으나 귀(貴)는 없다.

[원시*TEXT]

或支成金局, 癸透有根, 此人家畜萬緡, 富中取貴.

혹지성금국, 계투유근, 차인가축만민, 부중취귀.

[일람*Scanning]

혹 지지(地支)에 금국(金局)을 이루었는데 癸水가 투(透)하고 유근(有根)하면 차인(此人)은 가축(家畜)이 만민(萬緡)에 이르니 부중취귀(富中取貴)한다.

[숙달*Mastery]

酉月 己土가 지지(地支)에 금국(金局)을 이루었는데 癸水가 투출(透出)하여 뿌리가 있으면 식신생재격(食神生財格)이 되어 대부격(大富格)을 이룬다.

[원시*TEXT]

或支四庫, 甲透者富. 乏甲者孤貧. 或甲出無癸乏金, 積德可全科甲. 或會火局, 無水救, 乃大奸大惡之徒.

혹지사고, 갑투자부. 핍갑자고빈. 혹갑출무계핍금, 적덕가전과갑. 혹회화국, 무수구, 내대간대악지도.

[일람*Scanning]

1. 혹 지지(地支)에 사고(四庫)를 두고 甲木이 투(透)하면 부(富)하다.

2. 甲木이 핍절(乏絶)되면 고빈(孤貧)하다.

3. 혹 甲木이 출(出)하고 癸水가 없고 金이 결핍(缺乏)되면 적덕(積德)을 쌓아야 과갑(科甲)을 할 수 있다.

4. 혹 지지(地支)에 화국(火局)을 이루고 水가 구제(救濟)하지 못하

면 크게 간악(奸惡)한 무리가 된다.

[숙달*Mastery]

戊月 己土가 지지(地支)에 사고(四庫)를 두고 甲木이 투(透)하면 부격(富格)이 되나 甲木이 없으면 고빈(孤貧)해진다. 甲木이 투출(透出)했는데 합(合)하지 않고 癸水가 도우면 재관(財官)을 용(用)하여 자연 귀격(貴格)을 이루나, 癸水가 없고 庚金이 甲木을 상(傷)하지 않으면 적덕(積德)을 쌓아야 과갑(科甲)을 할 수 있다. 甲木이 없고 戊己土가 전국(全局)하면 가색격(稼穡格)이 되는데 이때는 火가 있어야 귀격(貴格)을 이룬다. 추토(秋土)는 기(氣)가 설(洩)되어 차가우니 己土의 원신(元神)을 丙丁火가 보호해 주면 반드시 귀격(貴格)을 이루는 것이다. 삼추(三秋) 己土가 지지(地支)에 화국(火局)을 이루었는데 水로 구제(救濟)하지 않으면, 간사(奸詐)하고 흉악한 사람이 된다. 火가 조열(燥熱)하면 土에 생기(生氣)가 없다.

[원시*TEXT]

或丙透癸藏, 遇金頗有選援, 加一壬輔, 富貴慷慨, 有賢聲. 見戊透者, 主遭凶厄且貧.

혹병투계장, 우금파유선원, 가일임보, 부귀강개, 유현성. 견무투자, 주조흉액차빈.

[일람*Scanning]

1. 丙火가 투(透)하고 癸水가 암장(暗藏)되면 金을 만나야 선발(選

拔)됨이 있고 더해서 하나의 壬水가 보(輔)하면 부귀(富貴)하고 강개심(慷慨心)이 있어 어진 명성(名聲)이 있다.

2. 戊土가 투(透)하면 흉액(凶厄)이 있고 또한 가난하다.

[숙달*Mastery]

삼추(三秋) 己土가 지지(地支)에 화국(火局)을 이루어 火가 조열(燥熱)하면 土에 생기(生氣)가 없다. 이때 丙火가 투출(透出)하고 癸水가 암장(暗藏)되면 압박되어 말라붙을 염려가 있으므로 金이 생(生)해야 윤택(潤澤)해져 선발(選拔)됨이 있으니 의금(衣衿)으로만 그치지는 않는다. 더욱이 壬水가 癸水를 도우면 부귀격(富貴格)을 이룬다. 이런 사람은 강개심(慷慨心)과 재략(才略)이 있다. 그러나 戊土가 있으면 흉액(凶厄)이 따라 빈천(貧賤)한 팔자(八字)가 된다.

[원시*TEXT]

八月支成金局, 無丙丁出救, 此人零丁孤苦. 如得丙透丁藏, 生己元神, 此人名魁天下, 五福完人.

팔월지성금국, 무병정출구, 차인령정고고. 여득병투정장, 생기원신, 차인명괴천하, 오복완인.

[일람*Scanning]

1. 酉月 己土에 지지(地支) 금국(金局)을 이루는데 丙丁火가 출(出)하여 구제(救濟)하지 않으면 차인(此人)은 영락(零落)하는 사람으로 고고(孤苦)하다.

2. 만일 丙火가 투(透)하고 丁火가 암장(暗藏)되면 己土를 생(生)하는 원신(元神)이 되니 차인(此人)은 이름을 천하(天下)에 날리고 오복(五福)이 완전(完全)하다.

[숙달*Mastery]

삼추(三秋) 己土에 지지(地支) 금국(金局)을 이루었는데 丙丁火로 구제(救濟)하지 못하면, 빈한(貧寒)하며 고고(孤苦)한 명(命)이 된다. 그러나 丙丁火가 있으면 오복(五福)이 모여 부귀(富貴)가 가볍지 않다.

삼추(三秋) 己土에 지지(地支) 금국(金局)을 이룬 상황에 대해 요약하자면 먼저 용신(用神)이 많으면 설(洩)해야 癸水를 쓰는 경우가 있고, 다음으로 丙火를 써서 己土 원신(元神)을 생(生)하는 방법이 있다. 목화상관(木火傷官)은 문직(文職)과 인연이 깊고, 토금상관(土金傷官)은 무직(武職)과 인연이 깊으므로 丙丁火가 土의 원신(元神)을 도우면 대개 무직(武職)으로 대귀격(大貴格)을 이룬다. 이것은 자연적인 배합으로 한 가지를 얻어 두 가지의 효용(效用)을 구하는 것이다.

[원시*TEXT]

總之, 三秋己土, 先癸後丙, 取辛輔癸. 九月土盛, 宜甲木疏之, 餘皆酌用.

총지, 삼추기토, 선계후병, 취신보계. 구월토성, 의갑목소지, 여개작용.

[일람*Scanning]

1. 총론하면 삼추(三秋) 己土는 癸水를 먼저 용(用)하고 다음으로 丙

火를 쓰며 辛金을 취(取)하여 癸水를 보좌(輔佐)한다.

2. 戌月에 土가 성(盛)하면 의당 甲木으로 소토(疏土)하고 나머지는 다 참작(參酌)해서 용(用)한다.

[숙달*Mastery]

삼추(三秋) 己土는 기(氣)가 차갑고 설(洩)되어 丙癸를 용신(用神)으로 삼는 것이 정법(正法)이다. 먼저 癸水 재(財)를 용신(用神)으로 삼으나 인수(印綬)가 없으면 불가(不可)하다. 戌月은 격국(格局)의 높고 낮음은 있으나, 일단 토성(土盛)한 때이니 甲木을 취한 다음에 癸丙으로 보좌(輔佐)하는 게 통례다. 다음은 개그맨, '김미화'의 팔자(八字). 상관견관(傷官見官)으로 부덕(夫德)을 기대하긴 어려우나, 시지(時支)에 丙火가 득소(得所)하여 격(格)을 이루었다.

庚 己 甲 甲
午 酉 戌 辰

[원시*TEXT]

勾陳全備潤下, 勞碌奔波之客. 土凝水竭, 離鄕背井之流.

구진전비윤하, 로록분파지객. 토응수갈, 리향배정지류.

[일람*Scanning]

1. 구진(勾陣)이 윤하(潤下)를 갖추면 고생이 많고 분파지객(奔波之客)이 된다.

2. 土가 응결(凝結)되어 水가 고갈(枯渴)되면 이향배정(離鄕背井)하

는 무리가 된다.

[숙달*Mastery]

구진(勾陣)은 戊己土로, 土가 윤하(潤下)에 이르면 土가 무너지므로 고향(故鄕)을 떠나고, 빈천(貧賤)하거나 분파(奔波)하기 쉽다고 했다. 반대로 지지(地支)에 사고(四庫)가 모여 있으면서 壬癸水가 한두 개 정도 있으면 구제(救濟)함이 부족하므로 이 역시 이향배정(離鄕背井)하는 명(命)이 된다. 즉 수왕(水旺)하여 土가 허(虛)하거나, 토왕(土旺)하여 水가 메마르거나 나타나는 현상은 비슷하다는 얘기다.

[원시*TEXT]

勾陳得位會才官, 無剋無破必然端. 甲子北方寅卯木, 管教環拱戴金冠. 戊己喜亥卯未為官, 申子辰為才, 忌刑剋殺害.

구진득위회재관, 무극무파필연단, 갑자북방인묘목, 관교환공대금관. 무기희해묘미위관, 신자진위재, 기형극살해.

[일람*Scanning]

1. 구진(勾陣)이 득위(得位)하는데 재관(財官)이 모이고, 극파(剋破)가 없으면 필연(必然)적으로 단정(端正)하고 甲子를 얻어 북방(北方)과 寅卯木을 향하면 금관(金冠)을 머리에 일 정도로 벼슬이 높아진다.

2. 戊己土는 亥卯未를 관(官)으로 삼는 것을 기뻐하고, 申子辰으로 財를 삼으며 형극살해(刑剋殺害)를 꺼린다.

[숙달*Mastery]

구진득위격(勾陳得位格)이 참되려면 팔자(八字)에 丙丁火를 구비(具備)하여 신강(身强)한 요건을 갖추어야 한다. 구진(勾陣)이 득위(得位)하는데 재관(財官)이 모이고, 형충(刑沖)이 없으면 단정(端正)한 사람이 된다. 戊己土는 亥卯未 관(官)과 申子辰 재(財)가 있으면 길(吉)하고 형충파해(刑沖破害)되면 흉(凶)하다.

■ 三冬己土 (삼동기토)

[원시*TEXT]

三冬己土, 溼泥寒凍, 非丙暖不生, 取丙為尊, 甲木參酌. 戊土癸水不用. 惟初冬壬旺, 取戊制之. 餘皆用丙丁, 但丁不能解凍除寒, 不能大濟.

삼동기토, 습니한동, 비병난불생, 취병위존, 갑목참작. 무토계수불용. 유초동임왕, 취무제지. 여개용병정, 단정불능해동제한, 불능대제.

[일람*Scanning]

1. 삼동(三冬) 己土는 습니(濕泥)로 한동(寒凍)한 때에 있으니 丙火로 따뜻하게 하지 않으면 생의(生意)가 없으므로 丙火를 존신(尊神)으로 취(取)하고 甲木은 참작(參酌)해서 쓴다.

2. 戊土와 癸水는 용(用)하지 않는다.

3. 생각건대 초동(初冬)에는 壬水가 왕(旺)하니 戊土를 취(取)하여 제(制)한다.

4. 이 외에는 모두 丙丁火를 용(用)하는데 다만 丁火는 해동(解凍)하거나 한기(寒氣)를 제거(除去)하기는 불능(不能)하므로 대제(大濟)는 어렵다.

[숙달*Mastery]

己土는 전원(田園)의 비습(卑濕)한 흙이니 동월(冬月)에 태어나면 습니(濕泥)로 한동(寒凍)하다. 까닭에 삼동(三冬) 己土는 丙火가 없으면 털끝만큼도 생의(生意)가 나타나지 않으므로 丙火의 조후(調候)가 시급하다. 토왕(土旺)하면 甲木을 쓰고, 수왕(水旺)하면 戊土를 쓰는 것은 병약법(病藥法)이다. 戊土를 용신(用神)으로 삼는 것은 壬水가 당왕(當旺)한 亥月에만 해당된다. 丙丁이 같은 火이기는 하나 丁火는 등촉(燈燭)과 같아 한동(寒凍)을 풀기에는 역량(力量)이 부족하다. 따라서 丁火는 아무리 많이 있어도 의록(衣祿)에 불과하다. 그러나 丙火가 寅巳에 암장(暗藏)되면 유용(有用)해진다.

[원시*TEXT]

或干透一丙, 支藏一丙, 加以甲透, 科甲有准. 即藏丙無制, 亦主衣衿.

혹간투일병, 지장일병, 가이갑투, 과갑유준. 즉장병무제, 역주의금.

[일람*Scanning]

1. 혹 하나의 丙火가 투(透)하고 지지(地支)에 丙火가 암장(暗藏)되었는데 더해서 甲木이 투(透)하면 과갑(科甲)에 준(准)함이 있다.

2. 만일 丙火가 암장(暗藏)되고 제(制)함이 없으면 역시 의금(衣衿)은 있다.

[숙달*Mastery]

삼동(三冬) 己土는 丙火가 천간(天干)에 하나 투출(透出)했는데 지지(地支)에도 하나 암장(暗藏)되어 있고 甲木이 투(透)하면 관인상생(官印相生)이 되어 길하다.

丙 己 甲 戊

寅 □ 子 □

丙火가 암장(暗藏)되었는데 제(制)함이 없다는 것은 寅이 있으면 申이 충(沖)하지 않고, 巳가 있으면 亥가 충(沖)하지 않는다는 의미로 의금(衣衿)이 있고 운정(運程)에서 인출(引出)되면 귀격(貴格)을 이룬다.

己 己 □ □

巳 卯 □ □

[원시*TEXT]

或多壬水, 得戊透制之, 此命安然, 富中取貴, 不見戊土, 富屋貧人.

혹다임수, 득무투제지, 차명안연, 부중취귀. 불견무토, 부옥빈인.

[일람*Scanning]

1. 혹 壬水가 많고, 戊土가 투(透)하여 제(制)하면 차명(此命)은 안연(安然)하다.

2. 戊土를 보지 못하면 부옥빈인(富屋貧人)이다.

[숙달*Mastery]

己土는 비습(卑濕)하여 壬水를 제(制)하기 어려우므로 반드시 戊土로 방신(幇身)해야 한다. 이때 재왕(財旺)하면 겁재(劫財)로 분산(分散)시키고 火로 따뜻하게 해 주면 부(富)한 가운데 귀(貴)를 취한다. 이러한 유형은 재격(財格)이 겁재(劫財)를 보아 파격(破格)되는 것이 아니라 다시 재격(財格)으로 회귀한 패득성의(敗得成矣)로 이해하는 것도 무난하다. 그러나 이보다는 팔자(八字)의 병(病)을 제거하는 용법(用法)으로 인식해야 옳다. 火가 투(透)하면 재격투인(財格透印)으로 성격(成格)되어 귀(貴)해진다.

[원시*TEXT]

凡三冬己土, 見壬水出干, 為水浸湖田, 此人孤苦. 若見火不孤, 見土不貧.

범삼동기토, 견임수출간, 위수침호전, 차인고고. 약견화불고, 견토불빈.

[일람*Scanning]

1. 무릇 삼동(三冬) 己土는 壬水가 출간(出干)하면 수침호전(水浸湖

田)이라, 차인(此人)은 고고(孤苦)하다.

2. 만약 火를 보면 고(孤)하지 않고, 土를 보면 빈(貧)하지 않다.

[숙달*Mastery]

삼동(三冬) 己土에 壬水가 출간(出干)하면 밭에 호수(湖水)가 침범한 것과 같으니 재다신약(財多身弱)으로 고생스러운 명(命)이 된다. 그러므로 삼동(三冬) 己土는 반드시 火土가 있어야만 부귀격(富貴格)을 이룬다.

[원시*TEXT]

或一派癸, 不見比劫, 此為從才, 反主富貴, 雖不科甲, 恩誥有之. 若見比爭, 平常人物, 妻子主事. 從才者, 木妻, 火子.

혹일파계, 불견비겁, 차위종재, 반주부귀, 수불과갑, 은고유지. 약견비쟁, 평상인물, 처자주사. 종재자, 목처, 화자.

[일람*Scanning]

1. 혹 한 무리의 癸水가 있고 비겁(比劫)을 보지 않으면 종재(從財)가 되니 반대로 부귀(富貴)하고 비록 과갑(科甲)은 아니더라도 은고(恩誥)함이 있다.

2. 만약 비겁(比劫)이 쟁재(爭財)하면 평상(平常)의 인물(人物)이고 처자(妻子)가 매사(每事)를 주관(主管)한다.

3. 종재격(從財格)은 木이 아내요, 火가 자식이 된다.

[숙달*Mastery]

삼동(三冬)은 수왕(水旺)한 때로 일파(一派) 壬癸水가 있는데 비겁(比劫)과 인성(印星)이 없으면 종재격(從財格)을 이룬다. 이때는 비록 과갑(科甲)은 아니더라도 교지(敎旨)를 받는 은영(恩榮)이 따른다. 그러나 비겁쟁재(比劫爭財)하면 평범한 명(命)으로 아내나 자식이 가권(家權)을 잡는다. 종재격(從財格)은 金이 아내요, 水가 자식이 된다. 원문(原文)의 목처화자(木妻火子)는 진종(眞從)이 아닌 개용병자(蓋用丙字)의 경우로 丙火를 용신(用神)으로 삼을 때를 말한다.

[원시*TEXT]

或一派戊己, 取甲制之, 甲透者, 富貴.

혹일파무기, 취갑제지, 갑투자, 부귀.

[일람*Scanning]

혹 한 무리의 戊己土가 있으면 甲木을 취(取)하여 제(制)하니 甲木이 투(透)하면 부귀(富貴)하다.

[숙달*Mastery]

삼동(三冬) 己土에 일파(一派) 戊己土가 있으면 약변강(弱變强)이 되고 土가 실(實)하면 甲木으로 소토(疏土)해야 부귀격(富貴格)을 이룬다. 다음은 14대 대통령, 김영삼(金泳三)의 팔자(八字)다.

甲 己 乙 戊
戊 未 丑 辰

[원시*TEXT]

或一片辛庚, 須用丙火, 還須丁火為助. 丙藏, 富貴奇特之命.

혹일편신경, 수용병화, 환수정화위조. 병장, 부귀기특지명.

[일람*Scanning]

1. 혹 한 조각의 庚辛金이 있으면 丙火를 용(用)하는 것이 필수(必須)로 다시 丁火로 조력(助力)해야 한다.

2. 丙火가 암장(暗藏)되면 부귀(富貴)가 기특(奇特)한 명(命)이다.

[숙달*Mastery]

삼동(三冬) 己土에 일편(一片) 庚辛金이 있으면 丙火로 조후용신(調候用神)을 삼는 것이 정법(正法)이다. 추동(秋冬)의 土가 金火를 만나면 대기(大器)를 이루는 경우가 적지 않다. 이때 庚金이 투(透)하면 丁火로 제(制)해야 유용(有用)하다. 丙火가 암장(暗藏)되면 金土가 따뜻하다. 토금상관(土金傷官)에 인수(印綬)가 있으면 부귀격(富貴格)을 이룬다. 특히 丑月에는 체용(體用)이 동궁(同宮)에 있어 기격(奇格)을 이루는 것으로 다만 丙丁火가 없으면 불가(不可)하다. 다음은 '조화원약평주'에 귀(貴)가 극품(極品)에 이른 명(命)으로 설명된 팔자(八字)다. 金火의 조화(調和)를 검봉금(劍鋒金)이 홍노화(洪爐火)를 만난 것에 비유한 살격용인(殺格用印)의 상명(上命)이다.

丙 己 辛 壬
寅 巳 亥 申

★ '난강망' 이론 체계 요약

'난강망'은 일차적으로 월별(月別) 십간(十干)에 따른 각 십간(十干)의 희용(喜用)을 적시(摘示)하여 구분한다. 이때 조후용신(調候用神)은 기후(氣候)의 조절(調節)이 특히 시급(時急)한 경우에 한해 선용(先用)하는 것으로 총론(總論)이 아닌 각론(各論) 일부로 여겨질 정도다. 이 외는 모두 기세(氣勢)의 쇠왕(衰旺)에 따른 생극제화(生剋制化)의 이법(理法)에 충실한 십간(十干)의 희기(喜忌) 관계를 다룬다. 다만 월령(月令)을 기준으로 십간용신(十干用神)을 정하는 식이기 때문에 일괄적으로 조후용신(調候用神)이라 칭해도 별 문제가 되지 않는다. 기본적으로 이법(理法)과 기론(氣論) 간에는 두 가지 상반된 '메커니즘'이 존재하는데 이를 구분하면 다음과 같다.

보통 오행(五行) 생극제화(生剋制化)의 이법(理法)은 동정설(動靜說)을 벗어나지 않는다. 즉 '간(干)대 간(干), 지(支)대 지(支)'의 작용 경계를 넘지 못한다.

透干(투간) →	透干(투간)
藏干(장간) →	藏干(장간)

그러나 한난조습(寒暖燥濕)의 처리법은 간지(干支)의 경계에 구애되지 않고 조절(調節)이 가능하다는 특징이 있다.

干(간)	寒氣(한기)	干暖(간난)과 支操(지조)를 調(조)한다
	暖氣(난기)	干寒(간한)과 支濕(지습)을 調(조)한다
支(지)	操氣(조기)	干寒(간한)과 支濕(지습)를 調(조)한다
	濕氣(습기)	干暖(간난)과 支操(지조)를 調(조)한다

즉 오행(五行) 생극제화(生剋制化)의 이법(理法)과 달리 '간(干)대 간(干), 지(支)대 지(支)'의 작용 경계를 자유자재로 넘나들며 상호 작용한다. 이때 癸水와 壬水, 丙火와 丁火는 역량(力量)의 차이가 나타난다. 癸水는 화왕(火旺)의 염조(炎燥)함을 해갈(解渴)하기에 부족할 때가 있고 丁火는 해동(解凍)하기에 미력(微力)할 때가 있다. 그러나 자연(自然)적인 구제(救濟)나 하련(煆煉)의 공(功)에서는 癸水나 丁火가 우월(優越)하므로 이 또한 잘 살펴 취(取)해야 한다.

透干(투간) →	透干(투간)
透干(투간) →	藏干(장간)
藏干(장간) →	透干(투간)
藏干(장간) →	藏干(장간)

그런데 비단 조후(調候)뿐만 아니라, 팔자(八字)의 부귀(富貴)를 결정짓는 십간용신(十干用神)이 굳이 투간(透干)하지 않고 지지(地支)에만 있어도 배합(配合)의 효용(效用)을 강조하는 경우가 적지 않다. 이것은 모두 십간(十干)이 생록지(生祿地)에 암장(暗藏)된 경우를 위주로 설명하는 것이고, 조습(燥濕)의 경우에는 근기(根氣)만으로 유용(有用)

해질 수 있다. 전자는 득지(得地), 혹은 득소(得所)로 설명하고 후자는 다만 암장(暗藏)의 요건으로 충족된다. 십간(十干)별 온전한 득소(得所)의 요건은 다음과 같다. 이렇게 득소(得所)하여 힘을 갖추면 간지(干支)의 경계를 넘어 작용력을 미치기도 한다.

甲	寅, 卯, 亥
乙	卯
丙	寅, 巳, 午
丁	午
戊	寅, 巳, 四庫
己	午, 四庫
庚	申
辛	酉
壬	申, 亥
癸	子

이 외에 합화(合化)로 암암리(暗暗裡)에 화기(化氣)를 발생시켜 팔자(八字)의 길흉(吉凶)에 관여하는 경우가 있다. 보통 戊癸, 丁壬, 乙庚의 상합(相合)에 주목하는데 이것은 모두 각 십간(十干)의 고유 특성과 관계가 깊으므로 '적천수'의 천간론(天干論)을 참고하면 도움이 될 것이다. 한편 병약용신(病弱用神)을 구하는 과정에 대해서도 자못 풍부한 설명을 기하고 있는데 이것은 일견 쉬어 보이지만, 이치가 깊다. 약(藥)을 구하는 법에는 정법(正法)이 따로 없고 또 팔자(八字)의 전국(全局)에 따라 헤아릴 수 없이 많은 유형이 존재하므로 상황에 맞추어 분별해야 한다. 외격(外格)과 관련해서 '난강망'은 여타의 서책에 비해 엄격한 잣대로 진가(眞假)를 가리는 편인데, 특히 종재(從財)와 재다신약(財多身弱)을 구분하는 방법이 일반적이면서도 정교하므로 반복해서

연습해 둘 필요가 있다. 허신(虛神)을 충(沖)하여 격국(格局)을 이루는 암충격(暗沖格)도 각론(各論)에서 다루므로 염두에 둘 대목이다. 마지막으로 기격(奇格)에 대한 설명을 놓쳐서는 안 된다. '난강망'은 다분히 반복된 실제 경험을 중시하여 정리한 내용이 많으므로 주로 체용(體用)이 동궁(同宮)에 있는 기특(奇特)한 격국(格局)은 그 자체로 수용하고 암기(暗記)하여 팔자술(八字術) 실전(實戰)에서 오판(誤判)하는 일이 없도록 숙달해야 한다. 특히 태원(胎元)과 관련해서 '서락오'가 유추한 사항들은 최근 명리(命理)의 한계를 극복하고 이론을 확장하는 단서(端緖)가 되므로 소홀히 여길 바가 아니다.

■ 三春庚金(삼춘경금)

[원시*TEXT]

正月庚金, 木旺之際, 有土皆死, 不能生金, 且金之寒氣未除, 先用丙暖庚性, 又慮土厚埋金, 須甲疏洩. 丙甲兩透, 科甲顯榮. 二者透一, 亦有生監. 丙藏甲透, 異路功名.

정월경금, 목왕지제, 유토개사, 불능생금, 차금지한기미제, 선용병난경성, 우려토후매금, 수갑소설. 병갑량투, 과갑현영. 이자투일, 역유생감. 병장갑투, 이로공명.

[일람*Scanning]

1. 寅月 庚金은 목왕(木旺)한 때로 土는 다 죽으니 金을 생(生)하지 못하고, 또한 金의 한기(寒氣)가 제거(除去)되지 않으면 먼저 丙火를 써서 金의 기운을 따뜻하게 하며 土가 두터워 매금(埋金)될 우려(憂慮)가 있으므로 마땅히 甲木으로 소설(疏洩)해야 한다.

2. 丙甲이 양투(兩透)하면 과갑(科甲)하고 현영(顯榮)한다.

3. 丙甲 중에 하나만 투(透)하면 역시 생원(生員), 공감(貢監)은 한다.

4. 丙火가 암장(暗藏)되고 甲木이 투(透)하면 이로(理路)로 공명(功名)을 이룬다.

[숙달*Mastery]

庚金이 寅月에 있으면 절지(絶地)가 되고 목왕(木旺)하여 甲木이 영(令)을 잡았으니 金이 木을 극(剋)하기 어렵다. 원문(原文)의 토개사(土皆死)는 다소 비약된 논리다. 火土가 寅月에 동궁(同宮)하므로 조토(燥土)가 金을 생(生)하기 어려운 것이고 오히려 土가 두터워 金이 묻힐 수도 있다. 따라서 춘금(春金)이 약하면 비겁(比劫)은 기뻐하지만, 인수(印綬)의 생(生)은 꺼린다. 다만 己土의 생(生)은 나쁘지 않다. 비인(比印)으로 庚金이 생기(生氣)를 찾으면 丙甲이 있어야 하고 丁火가 庚金을 단련(鍛鍊)하면 길하다. 寅月 庚金에 丙甲이 양투(兩透)하면 과갑(科甲)하고 현영(顯榮)하는데 희용신(喜用神)이 모두 동궁(同宮)에 있어 부귀(富貴)가 가볍지 않은 것이다. 丙甲 중에 하나만 투(透)해도 이도(異途)로 발전하거나 유림(儒林)의 수사(秀士)가 된다. 생원(生員)이나 공감(貢監)은 명(命)나라 때 꽤 지위가 높은 직책이었다. 따라서 현대 사회에서는 시도(市道) 지자체의 단체장 정도는 되는 것으로 보면 되고 재무 계통의 고위직 정도로 추산(推算)하면 무방할 것이다.

[원시*TEXT]

或柱中土多, 甲透者貴, 甲藏者富. 庚出則否.

혹주중토다, 갑투자귀, 갑장자부. 경출즉부.

[일람*Scanning]

1. 혹 사주(四柱) 중에 土가 많은데 甲木이 투(透)하면 귀(貴)하고 甲木이 암장(暗藏)되면 부(富)가 있다.

2. 이때 庚金이 출(出)하면 안 된다.

[숙달*Mastery]

寅月 庚金이 土가 많은데 甲木이 투(透)하면 인수용재(印綬用財)로 성격(成格)되어 귀격(貴格)을 이룬다.

丙 庚 甲 戊

戌 □ 寅 □

춘월(春月) 庚金이 비록 약하기는 하나, 戊土 편인(偏印)을 취할 수는 없다. 사금(死金)은 정수리에 흙이 덮이는 것을 싫어하니 戊土가 많은데 甲木이 출간(出干)하지 않으면 흉하고, 庚金 비견(比肩)을 만나 재(財)를 빼앗으면 명리(名利)가 있어도 허상(虛像)에 불과하다.

[원시*TEXT]

或丁火出干, 加以戊己而無水者, 又主富貴, 名官星有氣. 才旺生扶, 故以富貴推之.

혹정화출간, 가이무기이무수자, 우주부귀, 명관성유기, 재왕생부, 고이부귀추지.

[일람*Scanning]

1. 혹 丁火가 출간(出干)하고 戊己土를 더하면서 水가 없으면 또한 부귀(富貴)하는데 이를 관성유기(官星有氣)라 한다.

2. 재왕(財旺)하여 생부(生扶)하는 까닭으로 부귀(富貴)를 추리(推理)한다.

[숙달*Mastery]

寅月 庚金에 丁火가 출간(出干)했는데 戊己土는 있고 水가 없으면 부귀격(富貴格)을 이룬다. 이것은 관왕(官旺)하면 인수(印綬)가 있어야 하는 것으로 춘월(春月) 庚金은 연금(煉金)이 마땅치 않으니 丁火가 출간(出干)했는데 인수(印綬)로 화(化)하지 않으면 흉하다. 이때 己土는 유용(有用)하나 戊土는 己土에 미치지 못한다.

[원시*TEXT]

如火多則用土. 用土者, 火妻土子.

여화다즉용토. 용토자, 화처토자.

[일람*Scanning]

1. 火가 많은 즉 土를 용(用)한다.
2. 土를 용(用)하면 火가 아내요, 土가 자식이 된다.

[숙달*Mastery]

인수(印綬)가 있으면 부귀(富貴)가 따르는 이치는 寅中 甲木이 화관(火官)을 생(生)하여 관성(官星)이 유기(有氣)한 가운데 戊己土가 인화(引化)하면 庚金이 상(傷)하지 않기 때문이다. 즉 화처토자(火妻土子)는 관인상생격(官印相生格)을 말한다.

[원시*TEXT]

或支成火局, 壬透, 有根者, 大富貴. 無根者, 小富貴. 乏水者, 殘疾之人.
혹지성화국, 임투, 유근자, 대부귀. 무근자, 소부귀. 핍수자, 잔질지인.

[일람*Scanning]

1. 혹 지지(地支)에 화국(火局)을 이루고 壬水가 투(透)했는데 뿌리를 얻으면 크게 부귀(富貴)한다.
2. 壬水의 뿌리가 없으면 소부귀(小富貴)한다.
3. 水가 결핍(缺乏)되면 잔질(殘疾)이 있다.

[숙달*Mastery]

寅月 庚金이 지지(地支)에 화국(火局)을 이루었는데 壬水가 투(透)하면 식신제살(食神制殺)이 되어 상격(上格)을 이룬다. 관살(官殺)이 회

국(會局)하면 반드시 壬癸水로 구해야 한다. 그러나 水가 인궁(寅宮)에 이르면 병지(病地)가 되어 金으로 돕거나 뿌리를 내려 유력(有力)해야 대귀(大貴)하다. 다음은 북조선인민공화국 국방위원장, 김정일(金正日)의 팔자(八字)다.

丁 庚 壬 壬
丑 子 寅 午

[원시*TEXT]

或木被金傷, 無丙丁出制, 支無丁火, 此係平人. 或丙遭癸困, 無戊制者亦然.

혹목피금상, 무병정출제, 지무정화, 차계평인. 혹병조계곤, 무무제자역연.

[일람*Scanning]

1. 혹 金이 木을 상(傷)하게 하는데 丙丁火가 출간(出干)하여 제(制)하지 않으면 평인(平人)이 된다.

2. 혹 丙火가 癸水를 조우(遭遇)하여 곤(困)해지고, 戊土의 제(制)가 없다면 역시 그러하다.

[숙달*Mastery]

寅月 庚金에 金이 甲木을 상(傷)하게 하는데 丙丁火가 없으면 평범한 명(命)이 되고 丙火가 癸水를 만나 곤(困)한데 이를 戊土로 제(制)하지 않아도 역시 평범하다.

[원시*TEXT]

總之, 正月庚金, 丙甲為上, 丁火次之. 春金多火, 不夭則貧. 陽金最喜火煉, 煆煉太過, 反主奔流.

총지, 정월경금, 병갑위상, 정화차지. 춘금다화, 불요즉빈. 양금최희화련, 하련태과, 반주분류.

[일람*Scanning]

1. 총론하면 寅月 庚金은 丙甲으로 상격(上格)을 이루고, 丁火는 차선(次善)이다.

2. 춘금(春金)에 火가 많으니 요절(夭折)치 않으면 빈한(貧寒)하다.

3. 양금(陽金)은 火의 하련(煆煉)을 가장 기뻐하나, 하련(煆煉)이 태과(太過)하면 반대로 분류(奔流)한다.

[숙달*Mastery]

총론해서 寅月 庚金은 丙甲을 용(用)하고, 그 다음에 丁火로 보좌(輔佐)한다. 춘금(春金)에 火가 많으면 요절(夭折)하거나 가난하게 된다. 양금(陽金)은 火의 하련(煆煉)을 가장 기뻐하나, 하련(煆煉)이 지나치면 떠도는 명(命)이 되는 것이다.

[원시*TEXT]

二月庚金, 柱中自然有乙, 當令之乙, 見庚必輸情於乙, 此金有暗強之勢, 如秋金一理, 故二月庚金, 專用丁火, 借甲引丁, 借庚劈甲. 無丁用丙者, 富貴多出於勉強.

이월경금, 주중자연유을, 당령지을, 견경필수정어을, 차금유암강지세, 여추금일리, 고이월경금, 전용정화, 차갑인정, 차경벽갑. 무정용병자, 부귀다출어면강.

[일람*Scanning]

1. 卯月 庚金은 사주(四柱) 중에 자연 乙木이 있으니, 乙木이 당령(當令)하여 庚金을 보면 필히 乙木에 정(情)을 주므로 이러한 金은 암암리(暗暗裡)에 강한 세력을 품어 추금(秋金)과 같은 이치가 되어 卯月 庚金을 丁火를 전용(專用)하고 庚金을 빌어 벽갑(劈甲)한다.

2. 丁火가 없어 丙火를 용(用)하면 면강(勉强)해야 부귀(富貴)가 많이 일어난다.

[숙달*Mastery]

卯月 庚金은 乙庚 상합(相合)의 작용으로 인해 추금(秋金)과 같은 용법(用法)을 적용하는 특징이 있다. 그러나 庚金은 戊土와 같이 상하(上下)로 합(合)하는 속성이 있는 게 아니므로 지지(地支)에 申辰이 있을 경우 약변강(弱變强)이 되어 丁火를 용신(用神)으로 삼는 것이다. 이외는 寅月 庚金과 이치가 같은 것이다. 따라서 비겁(比劫)이나 인수(印綬)의 생부(生扶)가 없이 재관(財官)을 취하기 어렵다. 丁火가 없어 丙火를 용(用)하면 억지로 노력을 해야 부귀(富貴)가 일어난다.

丁 庚 己 庚

丑 □ 卯 □

[원시*TEXT]

或丁在干, 甲透引丁, 支下再見一庚制甲, 配得中和, 必然大貴. 如不見庚合者, 雖丁甲兩透, 亦屬平人.

혹정재간, 갑투인정, 지하재견일경제갑, 배득중화, 필연대귀. 여불견경합자, 수정갑량투, 역속평인.

[일람*Scanning]

1. 혹 丁火가 천간(天干)에 있고 甲木이 투(透)하여 인정(引丁)하는데 지지(地支)에서 하나의 庚金이 甲木을 제(制)하면 중화(中和)의 배합(配合)을 얻으니 부귀(富貴)는 필연적이다.

2. 만일 庚金의 배합(配合)을 보지 못하면 비록 丁甲이 양투(兩透)해도 평인(平人)에 속(屬)한다.

[숙달*Mastery]

卯月 庚金에 丁火가 천간(天干)에 있고 甲木이 투(透)하여 인정(引丁)하는데 지지(地支)에서 하나의 庚金이 甲木을 제(制)하면 중화(中和)의 배합(配合)을 얻으니 부귀(富貴)는 필연적이다. 지지(地支)에 庚金이 있다는 것은 申中 庚金을 말한다. 이것은 벽갑(劈甲)하여 인정(引丁)하고 일원(日元)은 통근(通根)되어 득록(得祿)하니 두 가지의 쓰임이 있는 것이다.

甲 庚 丁 己

申 □ 卯 □

즉 지지(地支)에 암장(暗藏)된 庚金이 없으면 丁甲이 모두 투(透)해도 한 방면에 능할 뿐으로 귀격(貴格)에 속하지는 않는다. 만일 庚金의 배합(配合)을 보지 못하면 비록 丁甲이 양투(兩透)해도 평인(平人)에 속(屬)한다.

[원시*TEXT]

春丁不旺不衰, 故用甲為佐丁之物, 甲若無庚劈, 則不能引丁, 乙木雖多, 又忌溼乙傷丁, 難為丁母, 故有丁甲無庚者, 常人. 有丁庚, 甲不出干者, 常人. 或丁透無庚甲者, 可許貢監. 無丁有丙者, 異路功名.

춘정불왕불쇠, 고용갑위좌정지물, 갑약무경벽, 즉불능인정, 을목수다, 우기습을상정, 난위정모, 고유정갑무경자, 상인. 유정경, 갑불출간자, 상인. 혹정투무경갑자, 가허공감. 무정유병자, 이로공명.

[일람*Scanning]

1. 춘월(春月)의 丁火는 왕(旺)하지도, 쇠(衰)하지도 않으니 甲木을 써서 丁火를 보좌(輔佐)하면 기물(器物)이 되나 庚金의 벽갑(劈甲)이 없다면 인정(引丁)하지 못하고, 비록 乙木이 많다 해도 습을(濕乙)은 상정(傷丁)하여 丁火의 모(母)가 되긴 어려운바 丁甲이 있어도 庚金이 없으면 상인(常人)에 불과하다.

2. 丁庚이 있고 甲木이 출간(出干)하지 않아도 상인(常人)이다.

3. 혹 丁火만 투(透)하고 庚甲이 없는 자는 가히 공감(貢監)은 허락한다.

4. 丁火는 없고 丙火만 있으면 이로(異路)로 공명(功名)에 이른다.

[숙달*Mastery]

춘월(春月)의 丁火는 왕(旺)하지도, 쇠(衰)하지도 않으니 甲木을 써서 丁火를 보좌(輔佐)하면 기물(器物)이 되나 庚金의 벽갑(劈甲)이 없다면 인정(引丁)하지 못한다. 비록 乙木이 많아도 습을(濕乙)은 상정(傷丁)하여 丁火의 모(母)가 되긴 어려운바 丁甲이 있어도 庚金이 없으면 평범한 명(命)이 되는 것이다. 혹 丁火만 투(透)하고 庚甲이 없는 자는 가히 공감(貢監)은 허락한다. 이것은 관성유기(官星有氣)하기 때문이다. 丁火는 없고 丙火만 있으면 부(富)만 있다. 그러나 간혹 이도(異途)로 부중취귀(富中取貴)하는 경우가 있다.

[원시*TEXT]

或一片甲乙, 忌庚出干破才, 乃從才格, 反主富貴. 若見一比, 又主孤貧.

혹일편갑을, 기경출간파재, 내종재격, 반주부귀. 약견일비, 우주고빈.

[일람*Scanning]

1. 혹 甲乙이 한 쪽을 이루면 庚金이 출간(出干)하여 파재(破財)함을 꺼리는바 이에 종재격(從財格)이 되어 부귀(富貴)해진다.

2. 만약 하나의 비견(比肩)을 보면 고빈(孤貧)하다.

[숙달*Mastery]

卯月 庚金에 한 무리의 甲乙木이 있고 비겁(比劫)이 없으면 종재격(從財格)을 이루어 상격(上格)을 이룬다. 그러나 비겁(比劫)이 있으면 부옥빈인(富屋貧人)에 불과하다. 부옥빈인(富屋貧人)이란 한 마

디로 남의 돈을 만지는 사람으로 자기의 것으로 삼으려하면 감당이 되지 않는다.

[원시*TEXT]

從才者, 火妻土子. 用丁者, 取甲為妻, 若有庚制, 難許同偕.

종재자, 화처토자. 용정자, 취갑위처, 약유경제, 난허동해.

[일람*Scanning]

1. 종재명(從財命)은 火가 아내요, 土가 자식이 된다.

2. 丁火를 용(用)하면 甲木을 취(取)하여 아내로 삼고 만약 庚金의 제(制)가 있으면 같이 해로(偕老)하기가 쉽지 않다.

[숙달*Mastery]

종재격(從財格)은 응당 종신(從神)을 용(用)하는 것이니 마땅히 水가 아내요, 木이 자식이 된다. 주해(註解)하는 사람의 입장에서 여간 신경이 쓰이는 대목이 아닐 수 없는데, 원문(原文)에서 종재자(從財者)의 처자(妻子)를 구분하는 방법은 도무지 이해를 할 수가 없다. 丁火를 용(用)하면 甲木을 취(取)하여 아내로 삼으니 재왕생관(財旺生官)을 말한다. 이때 庚金이 甲木을 제(制)하면 부귀격(富貴格)을 이루나 재(財)를 파(破)하니 처성(妻星)이 상(傷)하여 아내가 형극(刑剋)을 면하기는 어렵다.

[원시*TEXT]

死金嫌蓋頂之泥, 重見戊土, 如人壓伏之象, 須甲透為妙.

사금혐개정지니, 중견무토, 여인압복지상, 수갑투위묘.

[일람*Scanning]

사금(死金)은 정수리를 덮는 니토(泥土)를 혐오(嫌惡)하니 戊土를 거듭 보면 사람을 압복(壓伏)하는 상(象)과 같아 마땅히 甲木이 투(透)해야만 묘(妙)하다.

[숙달*Mastery]

춘월(春月)의 사금(死金)은 정수리에 진흙이 덮이는 것을 싫어하니 이것은 戊己土가 많아 눌려서 복종(服從)당하는 형상(形象)이 되기 때문이다. 그러나 己土 하나 정도나 지지(地支)의 辰丑 습토(濕土)는 길하다. 아무튼 土가 병(病)이 되면 甲木이 투출(透出)하여 소토(疏土)해야 金이 유용(有用)해진다.

[원시*TEXT]

三月庚金, 戊土司令, 無生金之理, 有埋金之憂, 故先甲後丁, 不用庚劈甲. 三月之庚, 土旺金頑, 頑金宜丁, 旺土須甲, 乏甲不能立業, 乏丁焉能成名. 二者少一, 富貴不真.

삼월경금, 무토사령, 무생금지리, 유매금지우, 고선갑후정, 불용경벽갑. 삼월지경, 토왕금완, 완금의정, 왕토수갑, 핍갑불능립업, 핍정언능성명. 이자소일, 부귀부진.

[일람*Scanning]

1. 辰月 庚金은 戊土가 사령(司令)하여 金을 생(生)하는 이치가 없고 매금(埋金)의 우환(憂患)이 있어 먼저 甲木을 용(用)하고 다음으로 丁火를 쓰며 庚金의 벽갑(劈甲)은 용(用)치 않는다.

2. 辰月의 庚金은 토왕(土旺)하여 金이 완둔(頑鈍)하니 둔금(鈍金)은 丁火가 마땅하고, 왕토(旺土)는 甲木이 필수로 甲木이 결핍되면 입업(立業)이 불가능하고, 丁火가 결핍되면 어찌 이름을 세우겠는가.

3. 甲丁 두 글자 중 하나만 부족해도 참된 부귀(富貴)가 아니다.

[숙달*Mastery]

이 대목의 원문(原文)은 다소 장황한데 요지는 다음과 같은 것이다. 일단 辰月 庚金은 모왕금상(母旺金相)하여 약한 것을 두려워하지 않는다. 그러나 戊土가 출간(出干)하면 金이 묻힐 염려가 있다. 그러므로 먼저 甲木으로 소벽(疏闢)한 다음 丁火로 단련(鍛鍊)하는 것이다. 월령(月令)이 인왕(印旺)하므로 비겁(比劫)이 돕지 않아도 무방하다.

[원시*TEXT]

庚金無火, 非夭則貧. 身弱才多, 富貴不久.

경금무화, 비요즉빈. 신약재다, 부귀불구.

[일람*Scanning]

1. 庚金에 火가 없으면 요절(夭折)하거나 빈한(貧寒)해진다.

2. 신약(身弱)에 재(財)가 많으면 부귀(富貴)가 오래 가지 못한다.

[숙달*Mastery]

辰月 庚金은 월령(月令)에서 편인(偏印)이 상생(相生)하나 무기(無氣)하여 체용(體用)이 모두 때와 장소를 잃으니 재관(財官)이 없거나 용신(用神)을 취하지 못하면 아름다운 명(命)이 되지 못한다. 다시 말해 辰月 庚金은 모왕자상(母旺子相)해도 진왕(眞旺)은 아니다. 실시실령(失時失令)하여 완금(頑金)이라고 한다.

[원시*TEXT]

得丁甲兩透, 不見比肩, 科甲之命, 但要好運相催. 甲透丁藏, 採芹拾芥. 甲藏丁透, 異路功名. 丁甲俱藏, 不受庚制, 富中取貴, 刀筆起家. 有甲無丁, 平常之輩. 有丁無甲, 迂儒腐儒. 丁甲兩無, 下賤之流.

득정갑량투, 불견비견, 과갑지명, 단요호운상최. 갑투정장, 채근습개. 갑장정투, 이로공명. 정갑구장, 불수경제, 부중취귀, 도필기가. 유갑무정, 평상지배. 유정무갑, 우유부유. 정갑량무, 하천지류.

[일람*Scanning]

1. 丁甲이 양투(兩透)하고 비견(比肩)을 보지 않으면 과갑(科甲)의 명(命)이나 다만 호운(好運)이 도와야 한다.

2. 甲木이 투(透)하고, 丁火가 암장(暗藏)되면 채근(採芹)하고 습개(拾芥)한다.

3. 甲木이 암장(暗藏)되고 丁火가 투(透)하면 이로(異路)로 공명(功名)을 이룬다.

4. 丁甲이 모두 암장(暗藏)되고, 庚金의 제(制)를 받지 않으면 부중

취귀(富中取貴)하고 도필(刀筆)로 기가(起家)한다.

5. 甲木이 있고, 丁火가 없으면 평상(平常)의 무리에 지나지 않는다.
6. 丁火가 있고, 甲木이 없으면 우유(迂儒)하고 부유(腐儒)하다.
7. 丁甲이 모두 없으면 하천(下賤)한 무리가 된다.

[숙달*Mastery]

辰月 庚金에 甲丁이 양투(兩透)하고 비견(比肩)을 보지 않으면 과갑(科甲)에 이르나 반드시 대운(大運)이 도와야 한다. 보통 체용(體用)이 동궁(同宮)하는 상등(上等)의 격국(格局)은 원명(原命)에 복택(福澤)이 두터워 호운(好運)이 없어도 발전하나 차등(次等)의 격국(格局)은 원명(原命)에 약점이 있어 대운(大運)의 도움이 필요하다. 甲木이 투(透)하고, 丁火가 암장(暗藏)되면 채근(採芹)하는 은덕(恩德)을 입으니 녹봉(祿俸)이 있다. 甲木이 암장(暗藏)되고 丁火가 투(透)하면 이도(異途)로 귀(貴)가 있다. 다음은 엘리자베스 2세(Queen Elizabeth II), 영국 여왕의 팔자(八字)다.

丁 庚 壬 丙
丑 辰 辰 寅

丁甲이 모두 암장(暗藏)되고, 庚金의 제(制)가 없으면 도필(刀筆)로 가문(家門)을 일으킨다. 辰月 庚金은 甲丁 두 글자 중 하나만 부족해도 참된 부귀(富貴)를 논할 수 없다. 甲木이 있고, 丁火가 없으면 평상(平常)의 무리에 지나지 않는다. 丁火가 있고, 甲木이 없으면 세상의 물정에 어두운 선비로 하고 생각이 낡아 완고하고 쓸모없는 선비에 불과하다. 丁甲이 모두 없으면 하격(下格)이다.

[원시*TEXT]

或一甲, 無丁, 有丙, 由行伍而得官職, 須不見壬癸為妙.
혹일갑, 무정, 유병, 유행오이득관직, 수불견임계위묘.

[일람*Scanning]

혹 하나의 甲木이 있는데 丁火가 없고 丙火가 있으면 이로 인해 대오(隊伍)로 나아가 관직(官職)을 얻고, 반드시 壬癸水를 보지 않아야 묘(妙)하다.

[숙달*Mastery]

辰月 庚金에 하나의 甲木이 있는데 丁火가 없고 丙火가 있으면 재자생살(財滋生殺)로 무직(武職)으로 나간다. '조화원약평주'에서는 오품(五品)의 관직(官職)을 논했는데 아마도 판관(判官)과 관련이 깊은 듯 싶다. 이때는 壬癸水로 丙火를 곤(困)하게 하지 않아야 무직(武職)으로 발전한다.

[원시*TEXT]

或支成土局, 無木, 貧賤僧道 ; 見乙, 奸詐小人.
혹지성토국, 무목, 빈천승도 ; 견을, 간사소인.

[일람*Scanning]

혹 지지(地支)에 토국(土局)을 이루고 木이 없으면 빈천(貧賤)하거나 승도(僧道)가 되며 乙木을 본다면 간사(奸詐)한 소인(小人)에 지나지 않는다.

[숙달*Mastery]

辰月 庚金이 지지(地支)에 토국(土局)을 이루었는데, 木이 없으면 빈천(貧賤)하거나 승도(僧道)가 된다. 甲木 대신에 乙木을 본다면 소토(疏土)할 뜻은 있으나 역량이 미치지 못하여 관(官)이 무용(無用)하니 간사(奸詐)한 사람이 된다.

[원시*TEXT]

或支成火局, 癸水透, 富貴. 有丙丁出干, 見壬制之, 方吉. 無制, 殘疾之人.

혹지성화국, 계수투, 부귀. 유병정출간, 견임제지, 방길. 무제, 잔질지인.

[일람*Scanning]

1. 혹 지지(地支)에 화국(火局)을 이루고, 癸水가 투(透)하면 부귀(富貴)한다.

2. 丙丁火가 출간(出干)했는데 壬水를 보아 제(制)함이 있으면 바야흐로 길(吉)하다.

3. 水의 제(制)가 없다면 잔질(殘疾)이 있다.

[숙달*Mastery]

辰月 庚金이 지지(地支)에 화국(火局)을 이루고 金을 녹이면 癸水가

투(透)해야 부귀(富貴)한다. 이때 丙丁火가 출간(出干)하면 癸水만으로는 힘이 부족하여 壬水로 제(制)해야 길하다. 水가 火를 제(制)하지 못하면 火가 金을 상(傷)하여 잔병(殘病)이 많거나 요절(夭折)에 이르는 수가 있다. 火金이 상극(相剋)되면 심한 종기(腫氣)를 앓기 쉽다.

[원시*TEXT]

用甲者, 水妻, 木子. 用丁者, 木妻, 火子.

용갑자, 수처, 목자. 용정자, 목처, 화자.

[일람*Scanning]

1. 甲木을 용(用)하면 水는 아내요, 木이 자식이 된다.
2. 丁火를 용(用)하면 木이 아내요, 火가 자식이 된다.

[숙달*Mastery]

수처목자(水妻木子)는 인수용재격(印綬用財格)을, 목처화자(木妻火子)는 재왕생관격(財旺生官格)을 말한다.

■ 三夏庚金 (삼하경금)

[원시*TEXT]

四月庚金, 長生於巳, 巳內有戊. 丙不鎔金, 故不畏火炎, 丙亦可作用, 但先壬水, 方得中和, 故曰群金生夏, 喜用勾陳. 次取戊土, 丙火佐之. 三者皆全, 登科及第, 即透一二, 亦非白丁.

사월경금, 장생어사, 사내유무. 병불용금, 고불외화염, 병역가작용, 단선임수, 방득중화, 고왈군금생하, 희용구진. 차취무토, 병화좌지. 삼자개전, 등과급제, 즉투일이, 역비백정.

[일람*Scanning]

1. 巳月 庚金은 巳에서 장생(長生)하고 巳中 戊土가 있다.

2. 丙火는 용금(鎔金)할 수 없어 화염(火炎)을 두려워하지 않으니 丙火 역시 작용(作用)이 가(可)하나 먼저 壬水로써 중화(中和)를 이루어야 하는 까닭에 하월(夏月) 군금(群金)은 구진(勾陳) 土를 희용(喜用)한다.

3. 다음으로 戊土를 취(取)하고, 丙火로 보좌(輔佐)한다.

4. 壬戊丙이 모두 온전하면 등과급제(登科及第)하고, 한두 개만 투

(透)해도 종내 백정(白丁)은 되지 않는다.

[숙달*Mastery]

庚金은 巳에서 장생(長生)되지만 약하다. 丙火가 당왕(當旺)하고, 비록 戊土가 득록(得祿)하여 丙火가 金을 녹이지는 못하나, 戊土 역시 金을 생(生)하기는 어렵기 때문이다. 그러므로 먼저 壬水를 용신(用神)으로 삼아 중화(中和)한 다음에 戊土를 취(取)하고 다음으로 丙火를 써서 보좌(輔佐)한다. 고서(古書)에 하월(夏月) 군금(群金)은 원무(元武)가 있어야 묘(妙)하다고 했다. 원무(元武)는 북방(北方) 壬癸水를 말하는데 水로 火를 제(制)하여 土를 윤택(潤澤)하게 하면 반생(反生)이 되어 귀격(貴格)을 이룬다. 壬戊丙이 모두 완전하면 부귀쌍전(富貴雙全)하나 한두 개만 투(透)하면 공감(貢監)이나 의록(衣祿)으로 그친다. 다음은 壬水의 뿌리가 없고 火土가 무정(無情)하여 형극(刑剋)이 많고 분류(奔流)하는 명(命)으로 '조화원약평주'에 예시된 팔자(八字)다.

丙 庚 乙 壬
戊 戊 巳 寅

[원시*TEXT]

或一派丙火, 名曰假殺為權, 須不見壬制者, 此人假作清高, 並無仁義, 刑妻剋子. 有壬制者, 又主榮華. 壬藏支者, 有富貴之名, 而無其實.

혹일파병화, 명왈가살위권, 수불견임제자, 차인가작청고, 병무인의, 형처극자. 유임제자, 우주영화. 임장지자, 유부귀지명, 이무기실.

[일람*Scanning]

1. 혹 한 무리의 丙火가 있으면 가살위권(假殺僞權)이 된다고 이르나, 마땅히 壬水로 제(制)하지 않는다면 이 사람은 거짓으로 청고(淸高)하며 인의(仁義)가 없고 처자(妻子)를 형극(刑剋)한다.

2. 壬水로 제(制)하면 영화(英華)가 있다.

3. 壬水가 지지(地支)에 암장(暗藏)되어도 부귀(富貴)와 이름이 있으나 실속(實速)은 없다.

[숙달*Mastery]

巳月 庚金에 일파(一派) 丙火가 있으면 가살위권(假殺僞權)이 된다고 하나 壬水로 제(制)하지 않는다면 청고(淸高)함이 거짓이고, 인의(仁義)가 없다. 만일 壬水로 제(制)하면 상격(上格)을 이루지만, 壬水가 지지(地支)에 암장(暗藏)되면 명성(名聲)은 있으나 실속(實速)이 없다. 巳月 庚金에 가살위권(假殺僞權)을 논하려면 먼저 庚辛金이 투(透)하여 신왕(身旺)해야 丙火를 보면 신왕살고(身旺殺高)로 귀격(貴格)을 이루는 것이다. 그렇지 않으면 화염토조(火炎土燥)하여 庚金이 많아도 왕(旺)하지 않고, 戊土가 인화(引火)하여 火가 金을 상(傷)하게 하지 않아도 필시 형처극자(刑妻剋子)한다. 다음은 지지(地支) 화국(火局)으로 가살위권(假殺僞權)이 되어 군(軍)의 수뇌부에 오른 명(命)이다. 위 壬寅 생(生)과의 차이점에 대해 사유해보라.

辛 庚 乙 壬

巳 戌 巳 午

[원시*TEXT]

或支成金局, 變弱為強, 用丙無力, 用丁方妙, 故丁透者吉. 無丁, 無用之人. 或丁出三四, 煆制太過, 其人奔波.

혹지성금국, 변약위강, 용병무력, 용정방묘, 고정투자길. 무정, 무용지인. 혹정출삼사, 하제태과, 기인분파.

[일람*Scanning]

1. 혹 지지(地支)에 금국(金局)을 지으면 변약위강(變弱為強)이 되니 丙火를 용(用)하면 무력(無力)하고, 丁火를 용(用)하면 바야흐로 묘(妙)해지므로 丁火가 투(透)해야 길(吉)하다.

2. 혹 丁火가 출간(出干)했는데 세 개, 네 개가 나타나서 하제(煆制)가 태과(太過)하면 그 사람이 분주(奔走)하고 파란(波瀾)이 많다.

[숙달*Mastery]

巳月 庚金은 약하지만 酉丑이 회국(會局)을 이루면 매우 강해진다. 이때 丑이 있으면 습토(濕土)가 金을 생(生)하여 더욱 묘(妙)하다. 庚金이 강해지면 丁火에 귀(貴)가 있으니 壬癸水가 丁火를 상(傷)하게 하면 흉하다. 丙火도 유용(有用)하지만, 丁火와는 비교가 되지 않는다. 丁火가 많이 출간(出干)하면 관(官)이 많아 화살(化殺)하므로 이때는 水로 구제(救濟)해야 한다.

[원시*TEXT]

四月庚金, 須用壬丙戊, 但非拘執先後, 宜分病用葯. 妻子仝前.

사월경금, 수용임병무, 단비구집선후, 의분병용약. 처자동전.

[일람*Scanning]

1. 巳月 庚金은 마땅히 壬丙戊를 용(用)하는데, 단 선후(先後)를 집착(執着)하여 구애(拘碍)됨이 없이 마땅히 병(病)과 약(藥)을 나누어 써야 한다.

2. 처자(妻子)를 구분하는 법은 전항(前項)과 동일하다.

[숙달*Mastery]

巳月 庚金은 마땅히 壬丙戊를 용(用)하는데, 병(病)이 많으면 약(藥)을 써야 한다. 애초에 丙戊가 당왕(當旺)하므로 반드시 水가 있어야 한다. 壬水 대신 癸水가 있어도 그 뜻이 같으므로 약(藥)으로 쓴다. 다음은 전 미 국무장관, 헨리 키신저(Henri Kissinger)의 팔자(八字)로 격국(格局)의 겉모습은 살격용인(殺格用印)이나, 주중(柱中)에 壬丙戊 삼자(三者)를 모두 갖춘 귀명(貴命)이다.

己 庚 丁 癸

卯 子 巳 亥

[원시*TEXT]

劍戟成功, 入火鄕而反害. 金逢火已損, 再見火必傷. 庚辛火旺怕南方, 逢辰巳之鄕, 又為榮斷.

검극성공, 입화향이반해. 금봉화이손, 재견화필상. 경신화왕파남방, 봉진사지향, 우위영단.

[일람*Scanning]

1. 검극성공(劍戟成功)은 운(運)이 화향(火鄕)으로 들면 반대로 해(害)롭다.

2. 金이 火를 만나면 이미 손(損)됨이 있으니 재차 火를 보면 필히 상(傷)한다.

3. 庚辛은 화왕(火旺)하면 남방(南方)이 두려우나, 辰巳의 향(鄕)에 봉(逢)하면 영화(榮華)를 단정(斷定)한다.

[숙달*Mastery]

金이 申酉巳丑에 이르러 丁火로 단련(鍛鍊)되면 검극성공(劍戟成功)으로 이미 칼이나 창으로 만드는 공이 이루어진 것이다. 이때 재차 남방(南方) 화운(火運)으로 흐르면 金이 손상(損傷)된다. 즉 金이 하월(夏月)에 태어나면 서북운(西北運)은 길하지만 남방운(南方運)은 불리하다. 반면 辰巳 운(運)에는 영화(英華)가 있다. 辰은 습토(濕土)로 金을 생(生)하고, 巳는 생지(生地)로 금기(金氣)를 암장(暗藏)하기 때문이다. 금국(金局)을 이루면 남방운(南方運)이 두렵지 않다.

[원시*TEXT]

五月庚金, 丁火旺烈, 庚金敗地, 專用壬水, 癸又次之. 壬透癸藏, 支見庚辛, 必然科甲, 切忌戊己透干制水, 則否. 戊藏支內, 不失儒林. 或壬在支, 有金生助, 又得金神出干, 明經之貴. 或癸出帶辛, 異路之榮.

오월경금, 정화왕렬, 경금패지, 전용임수, 계우차지. 임투계장, 지견경신, 필연과갑, 절기무기투간제수, 즉비. 무장지내, 불실유림. 혹임재지, 유금생조, 우득금신출간, 명경지귀. 혹계출대신, 이로지영.

[일람*Scanning]

1. 午月 庚金은 丁火가 왕렬(旺烈)하여 庚金이 패지(敗地)에 있으니 壬水를 전용(專用)하고 癸水를 차용(次用)한다.

2. 壬水가 투(透)했는데 癸水가 암장(暗藏)되고 지지(地支)에서 庚辛金을 보면 과갑(科甲)은 필연(必然)으로 戊己土로 水를 제(制)함을 절대로 기피하는바 이는 水가 막히기 때문이다.

3. 戊土가 지지(地支) 속에 암장(暗藏)되면 유림(儒林)은 잃지 않는다.

4. 혹 壬水가 지지(地支)에 있고 金의 생조(生助)가 있으면서 또한 금신(金神)이 출간(出干)하면 명경지귀(明經之貴)가 있다.

5. 혹 癸水가 출간(出干)하고 辛金을 연대(連帶)하면 이로(異路)로 영화(榮華)가 따른다.

[숙달*Mastery]

午月 庚金은 화왕(火旺)하여 庚金이 패지(敗地)에 있으니 壬水를 전용(專用)하고 癸水를 차용(次用)한다. 즉 午月은 丁火가 사령(司令)하여 심하게 庚金을 단련(鍛錬)하므로 壬癸水를 용(用)하여 살용식제격(殺用食制格)을 짓지 않으면 흉하다. 壬水가 투(透)했는데 癸水가 암장(暗藏)되고 지지(地支)에서 庚辛金을 보면 과갑(科甲)은 필연(必然)으로 이때는 戊己土로 水를 제(制)함을 꺼린다. 만일 戊己土가 출간(出干)하여 水를 제(制)하면 평범한 명(命)이 되고, 지지(地支)에 戊土가 암장(暗藏)되어 있으나 木으로 제(制)하면 유림(儒林)의 수사(秀士)가

된다. 壬水가 지지(地支)에 있고 金의 생조(生助)가 있으면서 또한 금신(金神)이 출간(出干)하면 학문에 밝고 귀(貴)함이 있다. 癸水가 출간(出干)하고 辛金이 도우면 이로(異路)로 발달(發達)한다.

丙 庚 壬 庚
戌 □ 午 □

[원시*TEXT]

或支成火局, 乏水者, 奔波之客. 有壬癸制者, 捐納之人. 又見戊己透者則吉. 無壬癸制火者, 又宜戊己出干補金洩火, 庶不夭折孤貧. 總之, 仲夏無水, 必非上格, 或一派木火, 無傷, 印, 比劫, 又作從殺而論.

혹지성화국, 핍수자, 분파지객. 유임계제자, 연납지인. 우견무기투자즉길. 무임계제화자, 우의무기출간보금설화, 서불요절고빈. 총지, 중하무수, 필비상격, 혹일파목화, 무상, 인, 비겁, 우작종살이론.

[일람*Scanning]

1. 혹 지지(地支)에 화국(火局)을 이루고 水가 핍절(乏絶)되면 분파지객(奔波之客)이 된다.

2. 壬癸의 제(制)함이 있으면 세금을 연납(捐納)하는 사람이다.

3. 또 戊己土가 투(透)하면 길(吉)하다.

4. 壬癸水가 火를 제(制)하지 못하고, 戊己土가 출간(出干)해서 金을 보(補)하고 火를 설(洩)하면 요절고빈(夭折孤貧)이 많지 않다.

5. 총론해서 중하(仲夏)에 水가 없으면 필시 상격(上格)이 아니며 식상(食傷)과 인비(印比)가 없으면 종살(從殺)로 논한다.

[숙달*Mastery]

午月 庚金에 지지(地支)에 화국(火局)을 이루면 반드시 水로 구제(救濟)해야 한다. 壬癸의 제(制)함이 있으면 식상(食傷)으로 제살(制殺)하여 과갑(科甲)은 아니어도 이도(異途)로 은봉(恩封)이 있고 고귀한 신분에 맞는 도덕적 의무와 책임을 다한다. 오궁(午宮)에는 丁己가 득록(得祿)하고 관인(官印)이 왕(旺)하여 원래 귀(貴)가 있다. 壬癸水가 있으면 반생(反生)의 공(功)을 이루고 이때 戊己土가 출간(出干)해도 나쁘지 않다. 인용식상(印用食傷)으로 성격(成格)되기 때문이다.

己 庚 壬 庚

卯 戌 午 □

水가 없으면 戊己土로 살인상생(殺印相生)을 이루어 요절(夭折)과 가난함은 면한다. 총론해서 중하(仲夏)에 水가 없으면 절대 상격(上格)을 이루지 못한다. 만일 水가 없으면 대운(大運)이라도 북방(北方)으로 흘러야 하며 이때 원무(元武)의 효용(效用)을 실감할 수 있게 된다. 다음은 철학자, 김용옥(金容沃) 교수의 팔자(八字)다. 북방(北方) 수운(水運)에 壬癸水를 인출(引出)하여 대중(大衆)에게 널리 이름이 알려졌다.

丁 庚 戊 戊

亥 午 午 子

午月 庚金에 식상(食傷)과 인비(印比)가 없고 화국(火局)을 지으면 종살(從殺)로 논한다.

[원시*TEXT]

六月庚金, 三伏生寒, 頑鈍極矣, 先用丁火, 次取甲木. 丁甲兩透名顯身榮, 忌癸傷丁. 有甲無丁, 庸俗. 有丁無甲, 生員. 丁甲全無, 下賤之人. 木雖有, 丁不透, 支又見水, 執鞭之士. 丁火無傷, 貿易之流.

유월경금, 삼복생한, 완둔극의, 선용정화, 차취갑목. 정갑량투명현신영, 기계상정. 유갑무정, 용속. 유정무갑, 생원. 정갑전무, 하천지인. 목수유, 정불투, 지우견수, 집편지사. 정화무상, 무역지류.

[일람*Scanning]

1. 未月 庚金은 삼복생한(三伏生寒)하니 완둔(頑鈍)함이 극(極)에 달하므로 먼저 丁火를 용(用)하고, 다음으로 甲木을 취(取)한다.

2. 丁甲이 양투(兩透)하면 명현신영(名顯身榮)하나 癸水가 丁火를 상(傷)하게 함을 꺼린다.

3. 甲木이 있고 丁火가 없으면 용렬(庸劣)한 속인(俗人)이다.

4. 丁火가 있고 甲木이 없으면 생원(生員)은 한다.

5. 丁甲이 모두 없으면 하천지인(下賤之人)이다.

6. 비록 木이 있으나 丁火가 투(透)하지 않고 지지(地支)에서 水를 보면 집편지사(執鞭之士)가 된다.

7. 이때 丁火의 상(傷)함이 없으면 무역(貿易)을 하는 계층이다.

[숙달*Mastery]

未月 庚金은 삼복(三伏)에 한기(寒氣)가 생(生)하는 때에 있으니 金이 완고(頑固)하여 극(極)에 이른다. 따라서 먼저 丁火를 용(用)하고,

다음으로 甲木을 취(取)한다. 丁甲이 양투(兩透)하면 과갑(科甲)이 산뜻하게 이루어진다. 다음은 배우(俳優) 출신으로 현 캘리포니아 주지사인 아놀드 슈왈제네거(Arnold Schwarzenegger)의 팔자(八字)다. 丁火가 투(透)하고, 시지(時支) 寅中 甲木이 득소(得所)하여 장년에 뜻을 이루었다.

戊 庚 丁 丁
寅 戌 未 亥

이때 癸水가 丁火를 상(傷)하면 흉하다. 甲木이 있고 丁火가 없으면 평범하다. 未月에는 丁火가 있어도 투(透)하지 않으면 없는 것과 같다. **未月은 己土가 당왕(當旺)하여 丁火가 투(透)하지 않으면 丁火로 논하지 않고, 土로 논하기 때문이다.** 그러나 전혀 쓰임이 없는 것은 아니다. 재관(財官)이 모두 쇠갈(衰竭)하지만 약하게나마 작용하기 때문에 의록(衣祿)은 있다. 재(財)가 있는데 관(官)이 없으면 용속(庸俗)해지고, 관(官)이 있는데 재(財)가 없으면 유림(儒林)의 수재(秀才)가 된다. 丁甲이 모두 없으면 하격(下格)이다. 木이 있으나 丁火가 투(透)하지 않고 지지(地支)에서 水를 보면 훈육(訓育)이나 교직(敎職)의 선비가 되고, 이때 丁火의 상(傷)함이 없으면 무역(貿易)으로 의록(衣祿)이 풍족해진다.

[원시*TEXT]

支會土局, 甲先丁後. 甲透者, 文章顯達. 丁透者, 刀筆揚名. 或柱多金, 有二丁出制, 異路功名.

지회토국, 갑선정후. 갑투자, 문장현달. 정투자, 도필양명. 혹주다금, 유이정출제, 이로공명.

[일람*Scanning]

1. 지지(地支)에 토국(土局)을 이루면 甲木을 먼저 쓰고 丁火를 뒤에 쓴다.

2. 甲木이 투(透)하면 문장현달(文章顯達)한다.

3. 丁火가 투(透)하면 도필양명(刀筆揚名)한다.

4. 혹 사주(四柱)에 金이 많고, 두 개의 丁火로 이를 제(制)하면 이로(理路)로 공명(功名)을 이룬다.

[숙달*Mastery]

未月 庚金이 지지(地支)에 토국(土局)을 이루면 甲木을 먼저 쓰고 丁火를 뒤에 쓴다. 甲木이 투출(透出)하면 인수용재격(印綬用財格)으로 문장(文章)이 뛰어나고 부귀(富貴)가 있다. **甲木은 반드시 투(透)해야만 소벽(疏闢)이 가능해진다.** 丁火가 투(透)하면 도필(刀筆)로 이름을 떨친다. 사주(四柱)에 金이 많고, 두 개의 丁火로 이를 제(制)하면 이로(理路)로 공명(功名)을 이룬다.

丁 庚 丁 辛

未 申 未 □

삼추경금
■ 三秋庚金

[원시*TEXT]

七月庚金, 剛銳極矣. 專用丁火煆煉, 次取甲木引丁, 故曰 : 秋金銳銳最為奇, 壬癸相逢總不宜, 如逢木火來成局, 試看福壽與天齊.

칠월경금, 강예극의. 전용정화하련, 차취갑목인정, 고왈 : 추금예예최위기, 임계상봉총불의, 여봉목화래성국, 시간복수여천제.

[일람*Scanning]

1. 申月 庚金은 강예(剛銳)함이 극(極)에 달했다.

2. 丁火를 전용(專用)하여 하련(煆煉)하고, 다음으로 甲木으로 인정(引丁)하니 이에 이르길, "추금(秋金)은 예예(銳銳)함이 가장 기특(奇特)하니, 壬癸水를 상봉(相逢)함이 전체적으로 마땅치 않고 만일 木火를 만나 성국(成局)하면 복수(福壽)가 모두 하늘과 같이 쌓임을 살펴보라"고 했다.

[숙달*Mastery]

申月 庚金은 庚金이 사령(司令)하니 매우 강하며 예리하다. 申月 庚

金은 반드시 단련(鍛鍊)해야 큰 기물(器物)을 이룬다. 寅月 甲木은 설(洩)이 좋고, 극(剋)이 마땅치 않으나 申月 庚金은 극(剋)이 길하고, 설(洩)은 마땅치 않다. 이렇게 십간(十干)의 성질이 다른 것은 조후(調候)와의 관계가 작용하기 때문이다. 월령(月令)에 건록(建祿)이 있으면 재관(財官)이 정당한 용법(用法)이나 초춘(初春) 甲木은 丙火를 기뻐하니 예외고, 중춘(仲春)에는 재관(財官)을 용(用)한다. 庚金을 단련(鍛鍊)하려면 丁火가 우선이고, 반드시 甲木으로 인정(引丁)해야 노화(爐火)가 항상 불타오른다. 丁火는 甲木을 떠날 수 없고, 특히 추동(秋冬)에는 더욱 그렇다. 고서(古書)에 이르길, "추금(秋金)은 예리하면 가장 묘(妙)하고 壬癸水를 만나면 좋지 않다"고 했다. 명리부(命理賦)에 이르길, 강금(鋼金)이 水를 만나면 예리한 봉우리가 꺾여 길할 것 같지만, 이것은 庚金의 성질을 몰라서 하는 얘기라고 했다.

[원시*TEXT]

如得丁甲兩透, 定步青雲. 若有丁無甲為俊秀. 有甲無丁是平人. 丁甲兩無無用物, 只堪門下作閒人.

여득정갑량투, 정보청운. 약유정무갑위준수. 유갑무정시평인. 정갑량무무용물, 지감문하작한인.

[일람*Scanning]

1. 만일 丁甲이 양투(兩透)하면 정히 청운(青雲)에 오른다.
2. 만약 丁火가 있는데 甲木이 없으면 준수(俊秀)하다.
3. 甲木이 있고 丁火가 없으면 평인(平人)이다.
4. 丁甲이 모두 없으면 무용지물(無用之物)이고, 다만 남의 밑에서

일하는 직분을 감당(勘當)할 뿐이다.

[숙달*Mastery]

申月 庚金에 丁甲이 양투(兩透)하면 이상(理想)과 벼슬이 높아 권세(權勢)가 백료(百僚)보다 더 중(重)하다. 丁火가 있는데 甲木이 없으면 수사(秀士)의 명(命)이다. 甲木이 있고 丁火가 없으면 평범하다. 丁甲이 모두 없으면 하격(下格)이 되고, 평생을 남의 밑에서 일한다. 이때 丁火가 없으면 丙火를 용(用)하는데 부귀(富貴)가 있으나 丁火만은 못하다. 다음은 민노당 국회의원, 노회찬(魯會燦)의 팔자(八字)로 상관가살격(傷官駕殺格)이다. 午中 丁火를 용신(用神)으로 삼을 수 있으나 甲木이 없어 부귀(富貴)가 장구(長久)하지 않을 것이다.

癸 庚 丙 丙
未 午 申 申

[원시*TEXT]

或支成水局, 乏丁用丙, 柱中即有丙火, 不見甲木者, 必主愚懦. 何也? 當時金水兩旺, 金生水以制火, 何能發達. 或見甲出引丁, 可云生監. 甲弱者, 衣食充盈.

혹지성수국, 핍정용병, 주중즉유병화, 불견갑목자, 필주우나. 하야? 당시금수량왕, 금생수이제화, 하능발달. 혹견갑출인정, 가운생감. 갑약자, 의식충영.

[일람*Scanning]

1. 혹 지지(地支)에 수국(水局)을 이루고, 丁火는 결핍(缺乏)되어 丙火를 용(用)하는데 사주(四柱)에 丙火가 있고 甲木이 없으면 필시 우나(愚懦)하다.

2. 왜냐하면 金水가 양왕(兩旺)하니 金이 水를 생(生)하여 火를 제(制)하는데 어찌 발달(發達)이 가능하겠는가.

3. 혹 甲木이 출간(出干)하여 인정(引丁)하면 가히 생원(生員), 공감(貢監)은 한다.

4. 甲木이 약(弱)해도 의식(衣食)은 충분(充分)히 풍영(豊盈)하다.

[숙달*Mastery]

申月 庚金이 지지(地支)에 수국(水局)을 이루었는데 丁火는 결핍(缺乏)되어 丙火를 용(用)하는데 사주(四柱)에 丙火가 있고 甲木이 없으면 필시 우둔하고 나약한 선비가 된다. 이것은 맹추(孟秋)에 왕금(旺金)이 水를 생(生)하여 丙丁火를 곤(困)하게 하기 때문이다. 甲木이 출간(出干)하여 인정(引丁)하면 가히 생원(生員), 공감(貢監)은 잃지 않고 甲木이 암장(暗藏)되면 일방(一榜)은 기대할 수 있다.

申月 庚金이 지지(地支)에 수국(水局)을 이루고 丙丁火가 없는데 천간(天干)에 庚金이 세 개 나란히 투출(透出)하면 정란차격(井欄叉格)이 된다. 이때는 丙丁火의 허신(虛神)을 충(沖)하여 용신(用神)으로 삼으니 동방(東方) 목운(木運)이 이끌어야 좋다. 수왕화쇠(水旺火衰)하여 식상(食傷)이 관살(官殺)을 심하게 제(制)하므로 재(財)가 생(生)하지 않으면 불가(不可)하다는 얘기다. 다음은 성평회해(星平會海)에 등장

하는 곽통수(郭統帥)의 팔자(八字)다.

庚 庚 庚 戊
辰 子 申 子

[원시*TEXT]

或支成土局, 先甲後丁. 支成火局, 富貴中人. 金剛木明, 行商坐賈之人. 金備申酉戌之地, 富貴無疑. 金神入火鄕, 逢羊刃, 富貴榮華.

혹지성토국, 선갑후정. 지성화국, 부귀중인. 금강목명, 행상좌가지인. 금비신유술지지, 부귀무의. 금신입화향, 봉양인, 부귀영화.

[일람*Scanning]

1. 혹 지지(地支)에 토국(土局)을 이루면 甲木을 먼저 쓰고 丁火를 뒤에 쓴다.
2. 지지(地支) 화국(火局)을 이루면 부귀(富貴)한 사람이다.
3. 금강목명(金剛木明)하면 행상좌매(行商坐賈)하는 사람이다.
4. 金이 申酉戌의 지지(地支)를 구비(具備)하면 부귀(富貴)를 의심치 않는다.
5. 금신(金神)이 화향(火鄕)에 들고, 양인(羊刃)에 봉(逢)하면 부귀영화(富貴榮華)한다.

[숙달*Mastery]

申月 庚金이 지지(地支)에 토국(土局)을 이루면 먼저 甲木을 용(用)한 다음에 丁火로 보좌(輔佐)하면 대부격(大富格)을 이룬다. 申月 庚金

이 지지(地支) 화국(火局)을 이루면 부귀격(富貴格)을 이룬다. 금강목명(金剛木明)하면 재(財)를 용신(用神)으로 삼아 실업가(實業家)의 팔자(八字)가 된다.

金이 申酉戌의 지지(地支)를 구비(具備)하면 부귀(富貴)를 의심치 않아도 된다. 이때 火가 있으면 관살(官殺)이 유용(有用)하고, 火가 없으면 종혁격(從革格)이 되어 부귀격(富貴格)을 이룬다. **장남(張楠)은 명리정종(命理正宗)에서 가색격(稼穡格)은 부귀격(富貴格)을 많이 보았으나 종혁격(從革格)과 윤하격(潤下格)은 실상 그렇지 않은 경우가 있다는 꽤 흥미로운 견해를 피력하고 있는데, 윤하격(潤下格)은 나도 특별히 경험해 본 바가 없어 확신이 가지 않으나, 종혁격(從革格)은 상격(上格)의 실례가 수도 없이 많으므로 '난강망'의 이치가 정밀하다고 본다.** 삼추(三秋) 庚金에 酉金이 있으면 양인(陽刃)이 되어 庚金이 당왕(當旺)한다. 이때 火로 단련(鍛鍊)하고 남방운(南方運)으로 흐르면 금신입화향(金神入火鄕)라 해서 부귀(富貴)와 영화(榮華)를 누린다. 그러므로 酉月 庚金은 말할 필요도 없다. 다음은 '자평진전평주'에 예시된 '왕사진'의 팔자(八字)로 살인격(殺刃格)이다. 금신입화향(金神入火鄕)하여 북양(北洋) 군벌(軍閥)의 영수(領袖)가 되었다.

丙 庚 丙 辛
戌 子 申 酉

종혁격(從革格)에 丙火가 투(透)하여 살인격(殺刃格)을 이루면 두 가지 효용(效用)이 있다. 하나는 서북운(西北運)에 기세(氣勢)가 순수(純粹)하여 발현(發顯)하고 남방운(南方運)에는 금신(金神)이 화향(火鄕)에 들어 부귀(富貴)를 이룬다. 자평법(子平法)에서는 추금(秋金)이 영

(令)을 잡으면 모두 금신(金神)이라고 했지만, 십간(十干)에 따라 더러 예외가 있다. 대개 강금(剛金)이 모범을 보이면 위무(威武)와 불굴(不屈)의 정신이 있다. 이것은 申酉戌月이 모두 마찬가지고, 酉金에 기특(奇特)함이 있는 것이다. 다음은 13대 대통령, 노태우(盧泰愚)의 팔자(八字)다.

甲 庚 戊 壬
申 戌 申 申

[원시*TEXT]

八月庚金, 剛銳未退, 用丁用甲, 丙不可少. 若丁甲透, 又見一丙, 功名顯赫, 且見羊刃, 無刑剋, 丙殺藏支, 名為羊刃駕殺, 主出將入相, 直介忠臣.

팔월경금, 강예미퇴, 용정용갑, 병불가소. 약정갑투, 우견일병, 공명현혁, 차견양인, 무형극, 병살장지, 명위양인가살, 주출장입상, 직개충신.

[일람*Scanning]

1. 酉月 庚金은 강예(剛銳)함이 물러나지 않아 丁火를 용(用)하고 甲木을 용(用)한다.

2. 만약 丁甲이 투(透)했는데 다시 하나의 丙火를 보면 공명(功名)이 현혁(顯赫)하고, 또 양인(羊刃)을 보았는데 형극(刑剋)이 없고 丙火 칠살(七殺)이 지지(地支)에 암장(暗藏)되면 이름 하여 양인가살(羊刃駕殺)이라, 출장입상(出將入相)하고 절개(節介)가 곧은 충신(忠臣)이다.

[숙달*Mastery]

酉月 庚金은 여전히 강하고 예리(銳利)하다. 따라서 丁火와 甲木을 용신(用神)으로 삼은 다음에 丙火로 보좌(輔佐)해야 한다. 만약 丁甲이 투(透)했는데 다시 하나의 丙火를 보면 공명(功名)이 현혁(顯赫)하고, 또 양인(羊刃)을 보았는데 형극(刑剋)이 없고 丙火 칠살(七殺)이 지지(地支)에 암장(暗藏)되면 이름 하여 양인가살(羊刃駕殺)이라, 출장입상(出將入相)하고 절개(節介)가 곧은 충신(忠臣)이 된다. 다시 말해 酉月 庚金은 추기(秋氣)가 깊어지는 때로 한기(寒氣)가 심하다. 따라서 丁火로 단련(鍛鍊)하고 丙火로 한기(寒氣)를 제거해야 한다. 이것은 관살(官殺)을 함께 취하는 것이다. 다음은 청(淸)나라 건륭제(乾隆帝)의 팔자(八字)다.

丙 庚 丁 辛
子 午 酉 卯

[원시*TEXT]

或丙火重重, 一丁高透, 亦主科甲. 丙出丁藏, 異路功名.

혹병화중중, 일정고투, 역주과갑. 병출정장, 이로공명.

[일람*Scanning]

1. 혹 丙火가 중중(重重)하고 하나의 丁火가 높이 투(透)하면 역시 과갑(科甲)을 한다.

2. 丙火가 출간(出干)하고 丁火가 암장(暗藏)되면 이로(異路)로 공명(功名)을 이룬다.

[숙달*Mastery]

酉月 庚金이 丙火가 중(重)한데 하나의 丁火가 높이 투(透)하면 역시 과갑(科甲)을 한다. 丙火가 출간(出干)하고 丁火가 암장(暗藏)되면 이로(異路)로 공명(功名)을 이룬다. 이것은 살인(殺刃)이 균등(均等)함을 논한 것으로 귀(貴)가 왕후(王侯)에 이른다고 했다. 살왕인경(殺旺刃輕)하면 과갑(科甲)으로 벼슬길에 오른다. 살인(殺刃)은 주로 귀(貴)가 무직(武職)에 있는데 이를 두고 이도(異途)의 귀(貴)라 한다. 다음은 승상(丞相)에 오른 명(命)이다.

丙 庚 丁 辛
子 午 酉 卯

酉月 庚金은 관살병용(官殺竝用)한다고 했다. 계선편(繼善篇)에 이르기를 "세월시(歲月時) 중에 대파(大破)는 관살혼잡(殺官混雜)이라", 보통 관살혼잡(官殺混雜)을 꺼려 거살류관(去殺留官) 혹은 거관유살(去官留殺)을 기뻐하는데 오직 酉月 庚金은 월원(月垣)이 고금(固金)으로 庚金의 양인(陽刃)이 병령(竝令)하니 丙丁火를 병용(竝用)한다는 것이다. 이것은 '난강망'이 적시(摘示)했고 별종명서(別種命書)에서는 실로 찾아보기 어려운 논리다. 다만 '적천수' 격국론(格局論)에 "관살상혼래문아(官殺相混來問我), 유가유불가(有可有不可)"라 해서 관살병용(官殺竝用)의 가능성을 시사하고 있다. 酉月 庚金이 팔자(八字)에 형충(刑沖)이 없고 관살(官殺)을 병용(竝用)하면 출장입상(出將入相)으로 직개충신(直介忠臣)이 되어 필위극품지귀(必爲極品之貴)라고 했다.

[원시*TEXT]

或甲藏支, 火透而水不透者, 亦主清高, 衣衿可望.

혹갑장지, 화투이수불투자, 역주청고, 의금가망.

[일람*Scanning]

혹 甲木이 지지(地支)에 암장(暗藏)되고 火가 투(透)했는데 水가 투(透)하지 않으면 역시 청고(淸高)하고 의금(衣衿)을 기대할 만하다.

[숙달*Mastery]

酉月 庚金에 甲木이 지지(地支)에 암장(暗藏)되고 火가 투(透)했는데 水가 투(透)하지 않으면 양인로살(陽刃露殺)이나 양인용관(陽印用官)으로 성격(成格)되고, 관살(官殺)이 피상(被傷)되지 않아 청고(淸高)하며 과갑(科甲)으로 벼슬길에 오른다.

[원시*TEXT]

或丁藏支內, 重見丙火者, 此名假殺重重, 雖羊刃帖身, 卻難從殺也. 即一丙透, 秀而不富. 或支見重重甲乙, 無用之人.

혹정장지내, 중견병화자, 차명가살중중, 수양인첩신, 각난종살야. 즉일병투, 수이불부. 혹지견중중갑을, 무용지인.

[일람*Scanning]

1. 혹 丁火가 지지(地支)에 암장(暗藏)되고 丙火를 거듭 보면 가살중중(假殺重重)으로 비록 양인(洋刃)이 첩신(貼身)해도 종살(從殺)은 되

지 않는다.

2. 만약 하나의 丙火가 투(透)하면 뛰어나지만 부자(富者)는 아니다.

3. 혹 지지(地支)에 甲乙木이 중중(重重)하면 무용(無用)한 사람이다.

[숙달*Mastery]

酉月 庚金에 丁火가 지지(地支)에 암장(暗藏)되고 丙火를 거듭 보면 가살중중(假殺重重)으로 비록 양인(洋刃)이 첩신(貼身)해도 종살(從殺)은 되지 않아 귀격(貴格)을 이루지 않는다. 만약 하나의 丙火가 투(透)하면 수사(秀士)이기는 하나 부자(富者)는 아니다. 酉月 庚金은 지지(地支)에 甲乙木이 중(重)하면 무용지물(無用之物)이 된다.

[원시*TEXT]

總之, 旺金木衰, 非火莫制, 不見丙丁, 藝術之輩.

총지, 왕금목쇠, 비화막제, 불견병정, 예술지배.

[일람*Scanning]

총론하면 금왕(金旺)하고 목쇠(木衰)한데, 火가 아니면 억제하지 못하니 丙丁을 보지 못하면 예술(藝術)하는 부류가 된다.

[숙달*Mastery]

총론하면 금왕목쇠(金旺木衰)한데, 火가 아니면 제(制)하지 못하니 丙丁火가 없으면 예술 방면에 재능이 있다. 酉月 庚金은 영(令)을 잡은 때에 있으니 먼저 火로 인(刃)을 제(制)하면 살인격(殺刃格)이 되고, 水로 金을 설(洩)하면 종혁격(從赫格)이 된다. 금왕목쇠(金旺木衰)하여 火가 있으면 살인격(殺刃格)과 같고, 水가 있으면 식상생재(食傷生財)가 된다.

★ 酉月 庚金의 종혁격(從革格)

酉月 庚金의 종혁격(從革格)에는 이종(二種)이 있다. 첫째는 申酉戌 방국(方局)을 이룬 경우고, 둘째는 巳酉丑 금국(金局)을 이룬 경우다. 금성옥진부(金聲玉振賦)에 종혁격(從赫格)이 삼기(三奇)를 만나면 천추(千秋)에 명성(名聲)을 날린다고 했다. 여기에서 말하는 삼기(三奇)란 乙丙丁을 말한다. 酉月 庚金의 종혁격(從革格)이 乙丙丁을 보면 반드시 출장입상(出將入相)하는 명(命)이 된다고 했는데, 어째서 금신(金神)을 거스르는 삼기(三奇)의 글자로 종혁격(從赫格)을 더욱 성격(成格)시킨다는 말인가. 이것은 전항(前項)에서 설명한 바 있는 종혁격(從革格)의 두 가지 효용(效用)과 맥락을 같이 하는 개념이다. 즉 **申酉戌 방국(方局)을 이룬 종혁격(從革格)에 丙火가 투(透)하여 살인격(殺刃格)을 이루면 丙火는 무근(無根)하여 서북운(西北運)에는 기세(氣勢)가 순수(純粹)하여 발현(發顯)됨이 있고 남방운(南方運)에는 금신(金神)이 화향(火鄕)에 들어 부귀(富貴)를 이루는 것을 뜻한다.** 까닭에 '난강망'은 "金備申酉戌之地(금비신유술지지), 富貴無疑(부귀무의)"라 한 것이다. 다음은 '조화원약평주'에 성주석(省主席)으로 예시된 팔자(八字)다.

丙 庚 辛 癸
戌 申 酉 巳

다음은 매우 드문 일이나, 지난 해 내가 직접 생시(生時)를 가려 출산(出産)을 유도해 본 소아명(小兒命)이다. 본시 태어나고 죽는 것은 천명(天命)에 달린 일이나 만에 하나 허튼 지식으로 팔자(八字)를 추산(推算)했다면 씻을 수 없는 죄를 범한 셈이다. 태원(胎元)은 戊子로 암암리(暗暗裡)에 화기(火氣)를 더했고, 분각용사(分刻用事) 丁火를 용(用)하도록 시간(時間)을 정했다.

丙 庚 乙 乙
戊 申 酉 酉

'적천수적요'에서 방국(方局)의 글자는 삼합(三合)과 달리 각 글자의 근기(根氣) 작용력이 크다고 했다. 酉月 庚金의 종혁격(從革格)이 둘로 나뉘는 이유는 丙火의 효용(效用)과 무관하지 않다. 한편 巳酉丑 금국(金局)으로 종혁격(從革格)이 성립되려면 팔자(八字)에 丙丁甲이 없어야 한다. 이때는 水가 출간(出干)하여 금기(金氣)를 설(洩)해야 한다. 이를 금수동심(金水同心)이라 한다. 운(運) 서북운(西北運)을 향하면 청아(淸雅)하고 부(富)한 가운데 귀(貴)가 따른다. 팔자(八字)에 미약한 火의 글자가 있으면 파격(破格)되어 고고(孤苦)하거나 승도(僧徒)의 명(命)이 되고 화운(火運)으로 들어가면 흉하다. 그러나 어찌 서북운(西北運)으로만 흐르겠는가. 따라서 흉사(凶事)가 많고 남방운(南方運)에 이르면 목숨을 보전하기 어려울 정도다. 다음은 형극(荊棘)이 있어 고빈(孤貧)한 명(命)으로 '조화원약평주'에 예시된 팔자(八字)다.

丁 庚 辛 癸
亥 子 酉 丑

[원시*TEXT]

九月庚金, 戊土司令, 最怕土厚埋金, 宜先用甲疏, 後用壬洗. 則金自出矣. 忌見己土濁壬.

구월경금, 무토사령, 최파토후매금, 의선용갑소, 후용임세, 즉금자출의. 기견기토탁임.

[일람*Scanning]

1. 戌月 庚金은 戊土가 사령(司令)하니 土가 두터워 金이 매립(埋立)되는 것을 가장 두려워하므로 먼저 甲木을 용(用)하여 소토(疏土)하고 다음으로 壬水를 용(用)해 세척(洗滌)하면 金은 자연 드러난다.

2. 이때는 기토탁임(己土濁壬)을 꺼린다.

[숙달*Mastery]

'적천수'에 庚金은 "득수이청(得水而淸), 득화이예(得火而銳)"라 했다. 이것은 壬水로 맑아지고, 丁火로 예리(銳利)함을 빛낸다는 뜻이다. 추금(秋金)에는 丁火를 용신(用神)으로 삼고, 壬水를 쓸 때를 가려 취하지만 戌月에는 戊土가 사령(司令)하여 壬水가 매우 중요하다. 戌月 庚金은 土가 두터워 金이 묻힐 염려가 있다. 따라서 먼저 甲木으로 소토(疏土)한 다음에 壬水로 세척(洗滌)하면 庚金이 유용(有用)해진다. 이때 己土가 있으면 壬水를 탁(濁)하게 만들어 좋지 않다. 그러므로 戌月 庚金에 戊己土가 모두 출간(出干)하면 흉하다.

[원시*TEXT]

壬甲兩透, 科甲相宜. 或甲透壬藏, 鄕魁可望. 甲藏壬透, 廩貢堪謀. 有甲無壬, 猶有學問. 有壬無甲, 莫問衣衿. 壬甲兩無, 則為下格.

임갑량투, 과갑상의. 혹갑투임장, 향괴가망. 갑장임투, 늠공감모. 유갑무임, 유유학문. 유임무갑, 막문의금. 임갑량무, 즉위하격.

[일람*Scanning]

1. 壬甲이 양투(兩透)하면 과갑(科甲)이 당연하다.

2. 혹 甲木이 투(透)하고 壬水가 암장(暗藏)되면 향괴(鄕魁)는 가망(可望)이 있다.

3. 甲木이 암장(暗藏)되고, 壬水가 투(透)하면 늠공(廩貢)을 감당(堪當)하는 지모(智謀)가 있다.

4. 甲木이 있고 壬水가 없으면 가히 학문(學問)은 있다.

5. 壬水가 있고 甲木이 없으면 학문(學問)과 의금(衣衿)이 없다.

6. 壬甲이 모두 없으면 하격(下格)이다.

[숙달*Mastery]

戌月 庚金에 甲壬이 양투(兩透)하면 과갑(科甲)에 이른다. **辰月이나 未月의 庚金은 甲木을 용(用)하여 재격(財格)을 이루고 丁火로 재왕생관격(財旺生官格)을 이루지만, 戌月에는 재격(財格)이 성립되지 않는 차이가 있어 甲丁대신에 甲壬을 용(用)하여 식상생재(食傷生財)로 격(格)을 이루는 것이다.**

壬 庚 甲 甲
午 □ 戌 □

甲木이 투(透)하고 壬水가 암장(暗藏)되면 향괴(鄕魁)는 잃지 않고, 甲木이 암장(暗藏)되고, 壬水가 투(透)하면 늠공(廩貢)은 감당(堪當)한다. 甲木이 있고 壬水가 없으면 인수용재(印綬用財格)으로 학문(學問)은 있으니 유림(儒林)의 선비는 된다. 壬水가 있고 甲木이 없으면 평범하고, 壬甲이 모두 없으면 무용지물(無用之物)이 된다. 다음은 '조화원약평주'에 남방운(南方運)으로 흘러 상서(尙書)에 올랐다고 설명된 팔자(八字)다.

甲 庚 戊 辛
申 申 戌 酉

'서락오'는 차격(此格)의 甲木이 土를 파(破)한데 주안을 삼았으나, 무근(無根)한 甲木은 왕토(旺土)를 제(制)하기 어렵다. 차명(此命)은 申酉戌 방국(方局)을 이룬 종혁격(從革格)으로 애초에 부귀(富貴)를 의심할 여지가 없는 것이다.

[원시*TEXT]

或支成水局, 丙透救之, 此人才高邁衆, 名重鄕閭, 不見癸水, 一榜可許.
혹지성수국, 병투구지, 차인재고매중, 명중향려, 불견계수, 일방가허.

[일람*Scanning]

혹 지지(地支)에 수국(水局)을 이루었는데 丙火가 투(透)하여 구제(救

濟)하면 차인(此人)은 재능(才能)이 고매(高邁)한 경우가 많아 향리(鄕里)에 이름이 높고 癸水를 보지 않으면 가히 일방(一榜)은 허락한다.

[숙달*Mastery]

戌月 庚金이 지지(地支)에 수국(水局)을 이루면 금수상관(金水傷官)이 되어 총명(聰明)이 절정(絶頂)에 이르나, 부연되는 구절로 유추할 때 아무래도 이 대목은 화국(火局)이 잘못 기록된 것이 아닌가 싶다. 지지(地支)에 화국(火局)을 이루고, 丙火가 투(透)하면 품격(品格)이 뛰어난 위인이 된다. 이때 癸水가 없으면 일방(一榜)은 능히 이룬다. 癸水가 있으면 반드시 戌中 戊土와 상하로 합(合)하여 火로 화(化)하니 이것은 적수(滴水)가 홍로(洪爐)에 들어가는 것과 같아 불꽃을 증가시켜 흉하다. 또한 甲木이 화왕(火旺)을 돕는 것도 불가(不可)하다. 이때는 壬水로 구제(救濟)하거나 비겁(比劫)으로 신살양정(身殺兩停)을 이루면 공명(功名)이 뛰어난 선비가 된다. 다음은 전 영국 수상, 마가렛 대처(Margaret Hilda Tatcher)의 팔자(八字)다.

庚 庚 丙 乙
巳 午 戌 丑

[원시*TEXT]

或四柱戊多金旺, 全無甲壬者, 即有衣祿, 亦不能久. 或庚戊多而無壬甲者, 愚頑之輩.

혹사주무다금왕, 전무갑임자, 즉유의록, 역불능구. 혹경무다이무임갑자, 우완지배.

[일람*Scanning]

1. 혹 사주(四柱)에 戊土가 많아 金이 왕(旺)한데 甲壬이 모두 없으면 의록(衣祿)은 있으나 장구(長久)하지 못하다.

2. 혹 庚戊가 많고 甲壬이 전혀 없으면 우매(愚昧)하고 완고(頑固)한 무리다.

[숙달*Mastery]

戌月 庚金에 戊土가 많고 金을 생(生)하는데 甲壬이 모두 없으면 금기(金氣)가 설기(洩氣)되지 않아 혼탁하다. 이때는 丁火 관(官)이라도 있으면 그나마 유용(有用)하지만 이때도 수기(水氣)가 설(洩)하지 않으면 금실무성(金實無聲)하여 의록(衣祿)이 있어도 오래 가지 못한다. 다음은 양방(兩榜)한 귀격(貴格)으로 득수이청(得水而淸), 득화이예(得火而銳)의 전형이라 할만한 팔자(八字)다.

丁 庚 庚 丁

丑 子 戌 未

■ 三冬庚金 (삼동경금)

[원시*TEXT]

十月庚金, 水冷性寒, 非丁莫造, 非丙不暖. 丁甲兩透, 支無水局, 一榜有之. 支藏丙火, 桃浪之仙. 支見亥子, 得己出制, 亦有功名. 若見丙透無丁者, 決無顯達. 丁藏甲透, 武職之人. 以上不合者, 庸俗.

시월경금, 수랭성한, 비정막조, 비병불난. 정갑량투, 지무수국, 일방유지. 지장병화, 도랑지선. 지견해자, 득기출제, 역유공명. 약견병투무정자, 결무현달. 정장갑투, 무직지인. 이상불합자, 용속.

[일람*Scanning]

1. 亥月 庚金은 수냉(水冷)하고 성질이 추우니 丁火가 아니면 조화(造化)를 짓지 못하고, 丙火가 아니면 따뜻하게 하지 못한다.

2. 丁甲이 양투(兩透)하고 지지(地支)에 수국(水局)이 없으면 일방(一榜)은 있다.

3. 이때 지지(地支)에 丙火가 암장(暗藏)되면 도랑(桃浪)의 선인(仙人)이다.

4. 지지(地支)에 亥子를 보면 己土가 출간(出干)해서 제(制)해야 공

명(功名)이 있다.

5. 만약 丙火가 투(透)하고 丁火가 없으면 결코 현달(顯達)하지 못한다.
6. 丁火가 암장(暗藏)되고 甲木이 투(透)하면 무직(武職)의 사람이다.
7. 이상에 부합(符合)되지 않으면 용속(庸俗)하다.

[숙달*Mastery]

亥月 庚金은 금한수냉(金寒水冷)한 때로 丁火가 없으면 단련(鍛鍊)할 수 없고 丙火가 없으면 한기(寒氣)를 제거하지 못한다. 따라서 관살(官殺)이 함께 있어야 아름다운 명(命)이 된다. 일선(一線)의 용신(用神)은 丁火로 팔자(八字)에 丙甲을 갖추어 보좌(輔佐)하면 귀격(貴格)을 이룬다. 다음은 미국의 명장(名將), 조지 패튼(George Patton)의 팔자(八字)로 재왕생관격(財旺生官格)인데 일지(日支) 午火에 귀(貴)가 집중되었다.

乙 庚 丁 乙
酉 午 亥 酉

다음은 박정희(朴正熙), 전 대통령의 팔자(八字)로 寅中 丙甲이 丁火를 보좌(輔佐)한다.

戊 庚 辛 丁
寅 申 亥 巳

亥月 甲木에 丁甲이 양투(兩透)하고 지지(地支)에 수국(水局)이 없으면 일방(一榜)은 있다. 이때 지지(地支)에 丙火가 암장(暗藏)되면 도랑(桃浪)의 선인(仙人)으로 임금과 교분(交分)이 있으며 양방(兩榜)에 준

함이 있다. 다음은 현대그룹 창업자, 정주영(鄭周永)의 팔자(八字)는 丁火 두 개로 화살(化殺)하고 亥卯 목국(木局)으로 격(格)을 이루었다. 丙火를 보았다면 정권(政權)을 쥐었을지도 모를 일이다.

丁 庚 丁 乙
丑 申 亥 卯

해궁(亥宮)은 庚金의 병지(病地)에 해당하는데 子水가 또 있으면 庚金이 몹시 약해지므로 이때는 己土가 출간(出干)해서 제(制)해야 공명(功名)이 있다. **己土는 壬水를 혼합(混合)하여 甲木을 생(生)하므로 木이 생부(生扶)되어 丙丁火가 의지할 곳이 있으니 두려움이 없다.** 이런 팔자(八字)는 적어도 유림(儒林)의 수사(秀士)는 된다. 丙火가 투(透)하고 丁火가 없으면 庚金을 단련(鍛鍊)하지 못하니 현달(顯達)하지는 않으나 금온수난(金溫水暖)하여 부격(富格)을 이룬다. 丙火가 투(透)했는데 丁火가 암장(暗藏)되고 甲木이 투(透)하면 이도(異途)로 무직(武職)에 오른다. 이상에 부합(符合)되지 않으면 용속(庸俗)한 인물에 지나지 않는다.

[원시*TEXT]

如金水混雜, 全無丙丁者, 鄙夫. 支成金局, 無火者, 僧道之命也. 書曰: 水冷金寒愛丙丁.

여금수혼잡, 전무병정자, 비부. 지성금국, 무화자, 승도지명야. 서왈: 수랭금한애병정.

[일람*Scanning]

1. 만일 金水가 혼잡(混雜)하고 丙丁火가 전혀 없으면 비부(鄙夫)다.

2. 지지(地支)에 금국(金局)을 이루고 火가 없으면 승도(僧道)의 팔자(八字)다.

3. 서(書)에 이르길, 수랭금한(水冷金寒)하면 丙丁火가 그립다고 했다.

[숙달*Mastery]

亥月 庚金에 金水가 혼잡(混雜)하고 丙丁火가 전혀 없으면 어리석고 도량(度量)이 좁은 사람이 된다. 亥月 庚金은 금수상관(金水傷官)으로 인수(印綬)가 없으면 金水가 청(淸)하나 土가 있으면 혼탁(混濁)해진다. 부(賦)에 이르길, 亥月 庚金은 金水가 있으면 총명(聰明)하나, 土가 있으면 완고(頑固)하고 어리석다고 했다. 만일 지지(地支)에 금국(金局)을 이루었는데 火가 없으면 승도(僧道)의 팔자(八字)거나 고빈(孤貧)한 명(命)이 된다. 亥月 庚金은 수랭금한(水冷金寒)하여 丙丁火가 없으면 귀격(貴格)을 이루기 어렵다.

[원시*TEXT]

十一月庚金, 天氣嚴寒, 仍取丁甲, 次取丙火照暖. 或丁甲兩透, 丙在支中, 必主科甲. 即無丙火, 亦有衣衿. 有丁無甲, 亦可富中取貴. 有甲無丁, 只作常人. 或丙透丁藏, 異途名望. 丁藏有甲, 武學可許.

십일월경금, 천기엄한, 잉취정갑, 차취병화조난. 혹정갑량투, 병재지중, 필주과갑. 즉무병화, 역유의금. 유정무갑, 역가부중취귀. 유갑무정, 지작상인. 혹병투정장, 이도명망. 정장유갑, 무학가허.

[일람*Scanning]

1. 子月 庚金은 천기(天氣)가 엄한(嚴寒)하니 거듭 丁甲을 취(取)하고 다음으로 丙火를 취(取)하여 조난(照暖)한다.

2. 혹 丁甲이 양투(兩透)하고 丙火가 지지(地支) 중에 있으면 필히 과갑(科甲)을 한다.

3. 만일 丙火가 없어도 역시 의금(衣衿)은 있다.

4. 丁火는 있고 甲木이 없다면 또한 부중취귀(富中取貴)한다.

5. 甲木이 있고 丁火가 없으면 단지 상인(常人)이다.

6. 혹 丙火가 투(透)하고 丁火가 암장(暗藏)되면 이도(異途)로 명성(名聲)과 인망(人望)이 있다.

7. 丁火가 암장(暗藏)되고 甲木이 있으면 무학(武學)은 허락한다.

[숙달*Mastery]

子月 庚金은 매우 추운 때에 있으니 丙丁火를 용신(用神)으로 삼고 甲木으로 보좌(輔佐)해야 한다. 삼동(三冬) 庚金은 용법(用法)이 같다. 따라서 子月 庚金에 丁甲이 양투(兩透)하고 丙火가 지지(地支) 중에 있으면 필히 과갑(科甲)을 한다. 만일 丙火가 없어도 역시 의금(衣衿)은 있다. 다음은 프로골퍼 타이거 우즈(Tiger Woods)의 팔자(八字)로 비록 격국(格局)의 외형은 갖추지 못했으나 시간(時干) 丁火를 용신(用神)으로 삼고 亥中 甲木과 丁壬의 상하 합화(合化)로 목기(木氣)를 더해 부(富)가 충만해졌다.

丁 庚 戊 乙

亥 戌 子 卯

子月 庚金이 丁火는 있고 甲木이 없다면 부(富)는 있으나 귀(貴)가 없다. 甲木이 있고 丁火가 없으면 심상(尋常)한 인물이다. 丙火가 투(透)하고 丁火가 암장(暗藏)되면 이도(異途)로 발달(發達)한다. 丁火가 암장(暗藏)되고 甲木이 있으면 무직(武職)에는 오른다. 子月 庚金이 신약(身弱)하면 비겁운(比劫運)이 길하다. 戊己土의 인수(印綬)는 金水의 청(淸)함을 방해하므로 팔자(八字)에 비겁(比劫)이 있어야 좋은 것이다.

[원시*TEXT]

或重重丙火, 可許一富, 但不淸高. 丙戊生寅, 或丙坐支寅, 有一二者, 富真貴假. 若見癸透, 一介寒儒° .

혹중중병화, 가허일부, 단불청고. 병무생인, 혹병좌지인, 유일이자, 부진귀가. 약견계투, 일개한유.

[일람*Scanning]

1. 혹 丙火가 중중(重重)하면 가히 부(富) 한 가지는 허락하나, 다만 청고(淸高)하지는 않다.

2. 丙戊는 寅에서 생(生)하니 혹 丙火가 지지(地支) 寅에 앉으면 부(富)는 참되지만, 귀(貴)는 아니다.

3. 만약 癸水를 보면 일개 한유(寒儒)에 불과하다.

[숙달*Mastery]

子月 庚金에 丙火가 중(重)하면 부(富)는 있으나 귀(貴)는 없다. 丙火가 지지(地支) 寅에 앉으면 부(富)는 참되지만, 귀(貴)는 아니다. 만약

癸水를 보면 일개 한유(寒儒)에 불과하고 丁甲丙이 없으면 하격(下格)이다. 子月 庚金이 丙癸를 같이 보면 차가운 구름이 태양을 가리는 흑운차일(黑雲遮日)의 상(象)을 지어 비속(卑俗)해지기 쉽다. 다만 여광(餘光)의 힘으로 재능이 있을 뿐이다.

[원시*TEXT]

或支成水局, 不見丙丁者, 此乃傷官格, 為人清雅, 衣祿常盈, 但子息艱難耳.

혹지성수국, 불견병정자, 차내상관격, 위인청아, 의록상영, 단자식간난이.

[일람*Scanning]

혹 지지(地支)에 수국(水局)을 짓고 丙丁火를 보지 않으면 상관격(傷官格)을 이루니 사람됨이 청아(淸雅)하고 의록(衣祿)이 넉넉하나 다만 자식(子息)이 간난(艱難)하다.

[숙달*Mastery]

子月 庚金이 지지(地支)에 수국(水局)을 짓고 丙丁火를 보지 않으면 상관격(傷官格)을 이루어 총명(聰明)하고 청아(淸雅)하다. 작게나마 부(富)는 있어 의록(衣祿)은 족한 편이나 자식(子息)을 키우기 어렵다. 이때 戊土가 출간(出干)하면 대귀격(大貴格)을 이룰 수 있다. 정란차격(井欄叉格)을 이루기 때문이다. 부(賦)에 이르길, "란차(欄叉)가 인수(印綬)와 록(祿)을 얻으면 직책이 높고 곤룡포(袞龍袍)를 입는다"고 했

을 정도다. 다음은 비록 인수(印綬)를 얻지 못했으나 화운(火運)에 대발(大發)한 팔자(八字)다.

庚 庚 壬 壬
辰 申 子 子

[원시*TEXT]

或丙丁太多, 名官殺混雜最無良. 又怕身輕有損傷. 如遇東南二運地, 焉能挨得過時光. 過於淸冷, 似有凄涼. 柱中一派金水, 不入火土之鄕, 主一生孤貧浪蕩, 難望有成也.

혹병정태다, 명관살혼잡최무량. 우파신경유손상. 여우동남이운지, 언능애득과시광. 과어청랭, 사유처량. 주중일파금수, 불입화토지향, 주일생고빈랑탕, 난망유성야.

[일람*Scanning]

1. 혹 丙丁火가 태다(太多)하면 관살혼잡(官殺混雜)으로 가장 양호(良好)하지 못하다.

2. 또 신경(身輕)하면 손상(損傷)됨을 두려워한다.

3. 만일 동남운(東南運)을 만나면 어찌 시기(時期)를 지난 광명(光明)을 밀쳐 얻겠는가.

4. 청냉(淸冷)이 지나치면 처량(凄涼)함이 있는 것과 같다.

5. 사주(四柱) 중에 한 무리의 金水가 있는데 화토운(火土運)으로 들지 않으면 일생(一生)이 고빈랑탕(孤貧浪蕩)하고 성취(成就)를 기대하기 어렵다.

[숙달*Mastery]

子月 庚金이 신경(身輕)한데 丙丁火의 태다(太多)하여 관살혼잡(官殺混雜)되면 무척 불리해진다. 만일 동남운(東南運)으로 흐른다면 때가 지난 빚을 얻을 수 없는 것과 마찬가지다. 팔자(八字)에 일파(一派) 金水가 있어 몹시 청냉(淸冷)한데 화토운(火土運)으로 들지 않으면 방랑(放浪)하고, 방탕(放蕩)하니 고빈(孤貧)한 명(命)이 되는 것이다.

[원시*TEXT]

十二月庚金, 寒氣太重, 且多濕泥, 愈寒愈凍, 先取丙火解凍, 次取丁火煉金, 甲亦不可少.

십이월경금, 한기태중, 차다습니, 유한유동, 선취병화해동, 차취정화련금, 갑역불가소.

[일람*Scanning]

丑月 庚金은 한기(寒氣)가 태중(太重)하니 재차 습니(濕泥)가 많으면 더욱 한동(寒凍)해져 먼저 丙火를 취(取)하여 해동(解凍)하고 다음으로 丁火를 취(取)해 연금(煉金)하니 甲木이 적어서는 불가(不可)하다.

[숙달*Mastery]

丑月 庚金은 한기(寒氣)가 매우 심하다. 丑月은 토왕(土旺)하여 유용(有用)하나 얼어붙어 더욱 차갑다. 먼저 丙火를 용신(用神)으로 삼아 해동(解凍)한 다음에 丁火로 단련(鍛鍊)해야 하는데 甲木이 없으면 불리하다.

[원시*TEXT]

丙丁甲透者, 即不科甲, 亦有恩榮. 有丙無丁甲者, 富中取貴. 有丁甲無丙者, 特達才人. 有丙丁無甲者, 白手成家, 刀筆亨通, 乏金更美. 或支成金局無火, 僧道之流.

병정갑투자, 즉불과갑, 역유사영. 유병무정갑자, 부중취귀. 유정갑무병자, 특달재인. 유병정무갑자, 백수성가, 도필형통, 핍금갱미. 혹지성금국무화, 승도지류.

[일람*Scanning]

1. 丙丁甲이 투(透)하면 과갑(科甲)은 아니더라도 은영(恩榮)이 있다.

2. 丙火는 있고 丁甲이 없으면 부중취귀(富中取貴)한다.

3. 丁甲이 있고 丙火가 없으면 특별히 발달(發達)하는 재인(才人)이다.

4. 丙丁이 있고 甲木이 없으면 백수성가(白手成家)하고 도필(刀筆)로 형통(亨通)하며 金이 핍절(乏絶)되어도 재차 아름답다.

5. 혹 지지(地支)에 금국(金局)을 짓고 火가 없으면 승도(僧道)의 계층이다.

[숙달*Mastery]

丑月 庚金에 丙丁火가 투(透)했는데 甲木까지 있으면 대부대귀격(大富大貴格)을 이룬다.

丙 庚 丁 庚

戊 寅 丑 □

丙火는 있고 丁甲이 없으면 인수용살격(印綬用殺格)을 이루어 부(富)한 가운데 귀(貴)가 있다. 丁甲이 있고 丙火가 없으면 관인쌍전(官印雙全)하니 수재(秀才)로 스스로 귀(貴)가 있다. 丙丁이 있고 甲木이 없으면 희신(喜神)이 없어 자수성가(自手成家)하고 도필(刀筆)로 뜻을 이룬다. 도필(刀筆)은 종이가 발명(發明)되기 전에 대나무에 문자(文字)를 새기는 데에 썼던 칼로 지력(知力)을 뜻한다. 무릇 丙火로 조후(調候)하면 부(富)가 있고, 丁火로 단련(鍛鍊)하면 귀(貴)가 있다. 까닭에 丙丁火가 없고 甲木만 있다면 비분강개(悲憤慷慨)의 성정(性情)은 함유하나 세속적 부귀(富貴)와는 거리가 멀다. 다음은 백년전쟁 후기 프랑스를 위기에서 구한 소녀, 잔 다르크(Jeanne d'Arc)의 팔자(八字)로 나이 스물에 재판에서 마녀로 낙인 찍혀, 이단(異端) 선고를 받고 루앙에서 화형(火刑)을 당한 비운(悲運)의 명(命)이다.

甲 庚 辛 辛

申 子 丑 卯

丑月 庚金이 지지(地支)에 금국(金局)을 짓고 火가 없으면 승도(僧道)의 계층이다. 丑月은 기세(氣勢)의 순수(純粹)함은 酉月의 巳酉丑 금국(金局)에 미치지 못하니 丁甲丙이 없으면 금국(金局)을 지어도 무용지물(無用之物)이다. 또 전일(專一)함이 나뉘지 않아 巳中 丙火는 쓸 수 없다. 이때는 마땅히 丁火를 용(用)하여 귀격(貴格)을 이루는 것이다.

■ 三春辛金 (삼춘신금)

[원시*TEXT]

正月辛金, 陽氣舒而寒氣未除, 不知正月建寅, 中有長生之丙, 解去寒氣, 忌甲木司權. 辛金失令, 取己土為生身之本, 欲得辛金發現, 全賴壬水之功, 己壬兩透, 支見庚制甲, 科甲定然. 或己土透干, 支中有甲, 異路恩榮. 或己土不全, 號曰君臣失勢, 富貴難全. 或有丙火出干, 亦主武學. 或見壬, 無己庚者, 貧賤之徒.

정월신금, 양기서이한기미제, 부지정월건인, 중유장생지병, 해거한기, 기갑목사권. 신금실령, 취기토위생신지본, 욕득신금발현, 전뢰임수지공, 기임량투, 지견경제갑, 과갑정연. 혹기토투간, 지중유갑, 이로은영. 혹기토부전, 호왈군신실세, 부귀난전. 혹유병화출간, 역주무학. 혹견임, 무기경자, 빈천지도.

[일람*Scanning]

1. 寅月 辛金은 양기(陽氣)가 펼쳐지나 한기(寒氣)가 제거(除去)되지 않은 때로, 월건(月建) 寅을 바로 알지 않으면 인궁(寅宮)에 장생(長生)하는 丙火가 한기(寒氣)를 해거(解去)하므로 유용(有用)한 것 같지만,

甲木이 사권(司權)하여 이를 꺼린다.

2. 辛金은 실령(失令)하여 己土를 취(取)해 생신(生身)함을 근본(根本)으로 삼은 다음에 辛金의 발현(發現)을 얻고자 하면 전적으로 壬水의 공(功)에 의뢰(依賴)하니 己壬이 양투(兩透)하고 지지(地支)에서 庚金이 甲木을 제(制)하면 과갑(科甲)이 정연(定然)하다.

3. 혹 己土가 투간(透干)하고 지지(地支)에 甲木이 있으면 이로(異路)로 은영(恩榮)이 있다.

4. 혹 己土가 부전(不全)하면 군신실세(君臣失勢)라 해서 부귀(富貴)가 완전(完全)하기 어렵다.

5. 혹 丙火가 있어 출간(出干)하면 무학(武學)과 인연이 있다.

6. 혹 壬水를 보고 己庚이 없으면 빈천(貧賤)한 무리가 된다.

[숙달*Mastery]

寅月 庚金은 丙火로 한기(寒氣)를 제거(除去)하면 길하고, 土가 두터워 매몰(埋沒)됨을 두려워한다. 그러나 辛金은 이와 반대다. 庚金은 강금(剛金)으로 예리하고, 스스로 차가우니 해동(解凍)을 기뻐하나 辛金은 온윤(溫潤)하며 청(淸)하므로 寅月에 스스로 따뜻하다. **寅月 辛金은 재관(財官)을 감당하기 어려우므로 丙火를 보면 오히려 곤(困)해진다. 한 마디로 庚金은 극(剋)하면 공(功)이 되고, 辛金은 설(洩)하면 빛을 발(發)한다. 이런 점에 비추면 辛金은 음간(陰干)의 특성을 가장 선명하게 드러내는 것이다.** 따라서 寅月 辛金은 인궁(寅宮)에 스스로 丙火가 있으나 조후용신(調候用神)으로 삼지 않는다. 辛金은 쇠갈(衰竭)하여 급하게 己土로 생(生)하지 않으면 근본을 확립하기 어렵고, 壬水로 충쇄(沖刷)하지 않으면 발현(發顯)하지 못한다. 그러나 甲木이 권리(權

利)를 잡았으니 壬水를 설(洩)하고 己土를 파(破)하면 병(病)이 된다. 실령(失令)한 金은 甲木을 제(制)하지 못한다. 그러므로 지지(地支)에서 庚金이 甲木을 제(制)하면 온전한 귀격(貴格)을 이룰 수 있다. 지지(地支)에서 庚金이 甲木을 제(制)한다는 것은 申을 보는 것을 뜻한다. 寅申 충(沖)하면 충분히 甲木을 제(制)한다. 壬水가 土를 윤택(潤澤)하게 하고, 辛金이 申을 얻으면 자왕(自旺)하여 유용(有用)한 것이다.

己 辛 壬 壬
丑 □ 寅 申

寅月 辛金에 己土가 투간(透干)하고 지지(地支)에 甲木이 있으면 재격투인(財格透印)으로 이도(異途)로 발달(發達)한다. 이는 지지(地支)의 木이 천간(天干)의 土를 제(制)하기는 어렵기 때문이다. 己土가 없으면 군신실세(君臣失勢)라 해서 부귀(富貴)가 완전하지 않다. 이때 군신(君臣)은 己土와 壬水의 관계를 의미하는 것으로 己壬이 없으니 실세(失勢)라 한 것이다. 丙火가 있어 출간(出干)하면 무학(武學)과 인연이 깊다고 했는데 이것은 팔자(八字)에 인겁(印劫)이 있어 인수용살격(印綬用殺格)을 이룰 때에 해당되는 말이다. 다만 신약(身弱)해도 丙火가 있으면 곤궁(困窮)은 면할 수 있다. 또한 壬水를 보아도 己庚이 없으면 매우 약한 金이 설기(洩氣)를 감당하지 못하여 빈천(貧賤)한 명(命)이 된다.

[원시*TEXT]

或支成火局, 即壬水出干, 不剋己土, 亦尋常之人. 或庚壬兩透, 破局制火, 必為顯達之人.

혹지성화국, 즉임수출간, 불극기토, 역심상지인. 혹경임량투, 파국제화, 필위현달지인.

[일람*Scanning]

1. 혹 지지(地支)에 화국(火局)을 짓고 壬水가 출간(出干)했는데 己土가 극(剋)하지 않으면 대수롭지 않은 사람이다.

2. 혹 庚壬이 양투(兩透)하여 화국(火局)을 파(破)하고 제(制)하면 반드시 현달(顯達)한 사람이다.

[숙달*Mastery]

寅月 辛金이 지지(地支) 화국(火局)을 보면 壬水와 己土가 있어도 가업(家業)을 잇기 어렵고, 비록 己土로 생(生)해도 화왕토조(火旺土燥)하여 평범한 명(命)에 그치기 쉽다. 이때 庚壬이 모두 투(透)하면 화국(火局)을 파(破)하면 부귀격(富貴格)을 이룬다. 춘수(春水)는 쇠갈(衰渴)하여 庚金의 생(生)을 필요로 하고, 또한 庚金은 연약(軟弱)한 辛金을 방신(幇身)하는 두 가지의 효용(效用)이 있는 것이다.

[원시*TEXT]

或支成水局, 不見丙火, 名為金弱沉寒, 平常之土. 書曰 : 金水性寒寒到底, 淒涼難免少年憂. 得丙照暖, 反主富貴.

혹지성수국, 불견병화, 명위금약침한, 평상지사. 서왈 : 금수성한한도저, 처량난면소년우. 득병조난, 반주부귀.

[일람*Scanning]

1. 혹 지지(地支)에 수국(水局)을 이루고 丙火를 보지 못하면 금약침한(金弱沈寒)이라 해서 보통의 선비에 지나지 않는다.

2. 서(書)에 이르길, 金水의 성질은 차가우니 한기(寒氣)가 매우 깊으면 처량(凄凉)하고 어려서 우환(憂患)을 면키 어려우나 丙火의 조난(照暖)을 얻으면 반대로 부귀(富貴)하다고 했다.

[숙달*Mastery]

寅月 辛金이 지지(地支)에 수국(水局)을 이루고 丙火를 보지 못하면 金이 약(弱)하여 침몰(沈沒)하니 한기(寒氣)를 더욱 생(生)한다. 이런 사람은 초년(初年)에 고생이 많고 심상(尋常)한 인물에 지나지 않는다. 그러나 丙火가 투출(透出)하여 따뜻하게 해주면 부귀(富貴)한다.

[원시*TEXT]

故正月辛金, 先己後壬. 己為君, 庚為佐. 如用丙火須參看. 用己, 火妻土子. 用壬, 金妻水子.

고정월신금, 선기후임. 기위군, 경위좌. 여용병화수참간. 용기, 화처토자. 용임, 금처수자.

[일람*Scanning]

1. 그러므로 寅月 辛金은 먼저 己土를 용(用)하고 나중에 壬水를 쓴다.

2. 己土를 군(君)으로 삼고, 庚金으로 보좌(輔佐)한다.

3. 만일 丙火를 용(用)할 때는 마땅히 잘 살펴보아야 한다.

4. 己土를 용(用)하면, 火가 아내요 土는 자식이 된다.

5. 壬水를 용(用)하면, 金이 아내요 水는 자식이 된다.

[숙달*Mastery]

결론적으로 寅月 辛金은 먼저 己土를 용(用)하고 나중에 壬水를 쓴다. 그리고 庚金으로 보좌(輔佐)하고 丙火는 참고해서 취한다. 庚金은 甲木의 병(病)을 제거(除去)하고 일원(日元)과 용신(用神)을 구제(救濟)하는 역할을 한다. 丙火는 辛金이 약변왕(弱變旺)이 되면 金水가 강해지므로 이때 용신(用神)으로 삼는다. 이처럼 寅月 辛金은 팔자(八字)의 강약(强弱)에 민감하므로 잘 살펴야 한다. 화처토자(火妻土子)는 격국(格局)의 외형이 재격투인(財格透印)이고, 금처수자(金妻水子)는 재봉상관격(財逢傷官格)을 가리키는데 辛金이 약변강(弱變强)이 된 경우로 가령 다음과 같은 팔자(八字)다.

壬 辛 庚 辛
辰 亥 寅 卯

[원시*TEXT]

辛金珠玉, 最怕紅爐, 辛逢卯日子時, 名曰朝陽.

신금주옥, 최파홍로, 신봉묘일자시, 명왈조양.

[일람*Scanning]

辛金은 주옥(珠玉)이니 홍로(紅爐)를 가장 두려워하고, 辛卯日 戊子時면 조양(朝陽)이라 한다.

[숙달*Mastery]

辛金은 보석과 같은 것이니 빨갛게 달아 오른 화로(火爐)를 가장 기피한다. 辛金이 丁火를 만나면 화소주옥(火燒珠玉)이 되어 최기(最忌)한 십간(十干) 관계의 일종이다. 寅月 辛金은 쇠갈(衰渴)하여 火의 극제(剋制)가 나타나면 흉하다. 특히 화국(火局)을 이루면 홍로(洪爐)에 들어가는 격이니 더 이상 설명할 필요가 없다.

辛巳日과 辛未日을 제외한 辛日이 戊子時에 태어나 팔자(八字)에 재관(財官)을 보지 않으면 조양격(朝陽格)을 이룬다. 조양격(朝陽格)은 火, 관(官)을 꺼리므로 이때는 水를 용(用)한다. 비결(秘訣)에는 조양격(朝陽格)이 화운(火運)을 기피하고, 서북운(西北運)을 기뻐한다고 했다. 원시(原詩)에서 굳이 辛卯日을 거론한 이유는 잘 모르겠지만, 아마도 子卯 형(刑)으로 子水를 요동(搖動)시켜 巳火 허신(虛神)을 불러오는 강한 작용력을 염두에 둔 것이 아닌가 싶다.

[원시*TEXT]

二月辛金, 陽和之際, 壬水為尊, 見戊己為病. 得甲制伏, 則辛金不致埋沒, 壬水不致混濁, 合此者必身入玉堂. 故二月辛金, 有壬甲透者貴顯. 否則, 鄉紳. 或壬坐亥支, 不見土出, 可能入芥, 家亦小康. 得申中之壬者, 異途名望. 無壬者常人. 其生剋之理, 與正月辛金皆同.

이월신금, 양화지제, 임수위존, 견무기위병. 득갑제복, 즉신금불치매몰, 임수불치혼탁, 합차자필신입옥당. 고이월신금, 유임갑투자귀현. 부즉, 향신. 혹임좌해지, 불견토출, 가능입개, 가역소강. 득신중지임자, 이도명망. 무임자상인. 기생극지리, 여정월신금개동.

[일람*Scanning]

1. 卯月 辛金은 양기(陽氣)가 화창(和暢)한 때이니 壬水를 존신(尊神)으로 삼고 戊己土를 보면 병(病)이 된다.

2. 甲木을 얻어 제복(制伏)하면 辛金이 매몰(埋沒)되지 않고 壬水가 혼탁(混濁)해지지도 않으니 차인(此人)은 필시 옥당(玉堂)에 오르게 된다.

3. 그러므로 卯月 辛金에 壬甲이 양투(兩透)하면 귀현(貴顯)하다.

4. 그렇지 않으면 향신(鄕紳)이다.

5. 혹 壬水가 亥의 지지(地支)를 얻고 土가 출(出)하지 않으면 입개(入芥)는 가능(可能)하고 또한 집안에 소강(小康)은 있다.

6. 申中 壬水를 얻은 자는 이도(異途)로 명망(名望)이 있다.

7. 생극(生剋)의 이치(理致)는 寅月 辛金과 다 같다.

[숙달*Mastery]

卯月 辛金은 양기(陽氣)가 실감되는 때로 壬水가 존신(尊神)이다. 寅月과 卯月에는 辛金이 쇠갈(衰渴)하니 土가 많으면 매몰(埋沒)되기 쉽다. 이때는 아신(我身)이 유약(柔弱)하여 辛金이 많아도 火의 관살(官殺)을 쓸 수 없다. 따라서 庚金 겁재(劫財)로 돕고 壬水로 설(洩)하면 재봉식상(財逢食傷)으로 성격(成格)되어 상격(上格)을 이룬다. 卯月 辛金은 金水가 격(格)을 이루면 戊己土를 가장 꺼린다. 土가 있으면 金이 매몰(埋沒)되어 탁(濁)해지므로 고집만 세고 어리석게 된다. 이때는 甲木을 약(藥)으로 삼아 병(病)을 제거하면 귀격(貴格)을 이룬다. 甲木을 얻어 土를 제복(制伏)하면 辛金이 매몰(埋沒)되지 않고 壬水가 혼탁(混

濁)해지지도 않으니 청고(淸高)하고 수려(秀麗)하여 한림원(翰林院)의 높은 벼슬에 오른다. 따라서 卯月 辛金에 壬甲이 양투(兩透)하면 귀현(貴顯)하다. 그렇지 않으면 향촌(鄕村)의 지배자다.

壬 辛 己 甲

辰 □ 卯 申

卯月 辛金에 壬水가 亥의 지지(地支)를 얻고 土가 출(出)하지 않으면 의록(衣祿)이 있고 집안이 강녕(康寧)하다. 申中 壬水가 있으면 이도(異途)로 명성(名聲)과 인망(人望)이 있다. 특히 申은 辛金을 왕(旺)하게 하여 한층 유리하다. 卯月 辛金의 생극(生剋) 이치(理致)는 寅月 辛金과 같다.

[원시*TEXT]

或壬戊透, 甲不出干, 此為病不遇葯, 平常之人. 得乙破戊, 頗有衣衿. 但假名假利, 刻薄乖張.

혹임무투, 갑불출간, 차위병불우약, 평상지인. 득을파무, 파유의금. 단가명가리, 각박괴장.

[일람*Scanning]

1. 혹 壬戊가 투(透)하고 甲木이 출간(出干)하지 않으면 차명(此命)은 병(病)이 있는데 약(藥)이 없는 것과 같아 평상인(平常人)이다.

2. 乙木을 얻어 戊土를 파(破)하면 약간의 의금(衣衿)은 있으나 가명가리(假名假利)라, 각박(刻薄)하고 배반(背反)하며 과장(誇張)한다.

[숙달*Mastery]

卯月 辛金에 壬戊가 양투(兩透)하면 甲木이 출간(出干)해서 戊土를 제복(制伏)해야만 辛壬을 구제(救濟)하여 격(格)을 이룬다. 그렇지 않으면 평범한 팔자(八字)가 된다. 甲木 대신에 乙木은 土를 극(剋)하려 해도 음유(陰柔)하여 유명무실(有名無實)하니 명리(名利)가 모두 헛되다. 다만 卯月의 乙木은 나름의 힘이 있으므로 의금(衣衿)은 잃지 않는 것이다.

[원시*TEXT]

或一派壬水汪洋, 名金水淘洗太過, 不得中和, 略有衣食, 全無作為. 如壬水重重, 得戊反吉. 或支成木局, 洩盡壬水, 有庚富貴, 無庚平人.

혹일파임수왕양, 명금수도세태과, 불득중화, 략유의식, 전무작위. 여임수중중, 득무반길. 혹지성목국, 설진임수, 유경부귀, 무경평인.

[일람*Scanning]

1. 혹 한 무리의 壬水가 왕양(汪洋)하면 金水의 도세(淘洗)가 태과(太過)하여 중화(中和)을 얻지 못하니 대략(大略) 의식(衣食)은 있으나 이루는 게 없다.

2. 만일 壬水가 중중(重重)하면 戊土를 얻어야 반대로 길(吉)하다.

3. 혹 지지(地支)에 목국(木局)을 이루고 壬水로 진설(盡洩)하면 庚金이 있어야 부귀(富貴)하다.

4. 庚金이 없으면 평인(平人)이다.

[숙달*Mastery]

卯月 辛金이 일파(一派) 壬水를 보면 금수왕양(金水汪洋)으로 도세태과(淘洗太過)가 되니 일을 도모하기 어렵고 만사(萬事)가 불능(不能)이다. 이때는 庚金이 투(透)하여 일원(日元)을 방신(幇身)하거나 혹은 戊土로 壬水를 제(制)하면 길격(吉格)을 이룬다. 다음은 '궁통보감평주'에 음천(淫賤)한 과부(寡婦)의 팔자(八字)로 예시된 명(命)이다.

壬 辛 癸 壬
辰 卯 卯 子

卯月 辛金에 지지(地支) 목국(木局)을 이루고 壬水가 진설(盡洩)하면 庚金이 투(透)해야만 부귀격(富貴格)을 이룬다. 삼춘(三春) 辛金은 매우 약하므로 겁재(劫財)로 돕지 않으면 재(財)를 감당할 수 없기 때문이다. 庚金이 없다면 평범한 명(命)이다.

[원시*TEXT]

或支成火局, 名官印相爭, 金水兩傷, 下流之格. 得二壬出制, 富貴反奇.

혹지성화국, 명관인상쟁, 금수량상, 하류지격. 득이임출제, 부귀반기.

[일람*Scanning]

1. 혹 지지(地支)에 화국(火局)을 이루면 관인상쟁(官印相爭)하니 金水가 모두 상(傷)하여 하류(下流)의 명(命)이 된다.

2. 두 개의 壬水가 출(出)하여 제(制)하면 반대로 부귀(富貴)가 기묘(奇妙)하다.

[숙달*Mastery]

卯月 辛金에 지지(地支) 화국(火局)을 이루면 화왕토조(火旺土燥)하여 관인상쟁(官印相爭)하니 金水가 모두 상(傷)하여 빈천(貧賤)한 팔자(八字)가 된다. 이때는 필시 庚壬이 투(透)하여 구제(救濟)해야 귀격(貴格)을 이룬다. 만일 두 개의 壬水가 투(透)하여 火를 제(制)하면 묘(妙)함이 있다. 그런데 寅午戌은 모두 양간(陽干)과 짝을 이루는 글자로 화국(火局)을 이루는 경우는 정작 발견되지 않는다. 따라서 火土가 조열(燥熱)한 상황 정도로 이해하면 무난하다.

[원시*TEXT]

辛金生於春季, 一派壬水, 而無丙火, 即能顯達, 家無宿舂. 得壬丙齊透, 方許大富大貴.

신금생어춘계, 일파임수, 이무병화, 즉능현달, 가무숙용. 득임병제투, 방허대부대귀.

[일람*Scanning]

1. 辛金이 봄철에 생(生)하고 한 무리의 壬水가 있는데 丙火가 없으면 현달(顯達)할 수는 있으나 집에 숙용(宿舂)이 없다.
2. 壬丙이 함께 투(透)하면 바야흐로 대부대귀(大富大貴)하다.

[숙달*Mastery]

卯月 辛金이 한 무리의 壬水를 보면 기세(氣勢)가 진설(盡洩)되어 壬水로 논하는데 '난강망'은 이런 경우를 두고 변격(變格)으로 칭(稱)한

다. 이때 丙火를 보면 壬丙의 수보양광(水輔陽光)이 되어 부귀격(富貴格)을 이룬다. 丙火가 없어도 발전할 수는 있으나 가정적인 사람은 못 된다.

[원시*TEXT]

三月辛金, 戊土司令, 辛承正氣, 母旺子相, 先壬後甲. 壬甲兩透, 富貴必然. 壬透甲藏, 廩貢不失. 甲透壬藏, 富則可云. 壬甲皆無, 平常之格.

삼월신금, 무토사령, 신승정기, 모왕자상, 선임후갑. 임갑량투, 부귀필연. 임투갑장, 늠공불실. 갑투임장, 부즉가운. 임갑개무, 평상지격.

[일람*Scanning]

1. 辰月 辛金은 戊土가 사령(司令)하는 때로 辛이 정기(正氣)를 계승(繼承)하여 모왕자쇠(母旺子相)하니 먼저 壬水를 쓰고 다음에 甲木을 쓴다.

2. 壬甲이 양투(兩透)하면 부귀(富貴)는 필연(必然)이다.

3. 壬水가 투(透)하고 甲木이 암장(暗藏)되면 늠공(廩貢)을 잃지는 않는다.

4. 甲木이 투(透)하고 壬水가 암장(暗藏)되면 가히 부(富)는 말할 수 있다.

5. 壬甲이 모두 없으면 평상(平常)의 격(格)이다.

[숙달*Mastery]

辰月 辛金은 인수(印綬)가 영(令)을 잡았으니 습토(濕土)가 상생(相

生)하여 辛金이 약하지 않다. 壬水를 용신(用神)으로 삼아 인용상관(印用傷官)으로 귀격(貴格)을 이룬다. 그러나 戊土가 출간(出干)하여 水를 제(制)하면 비록 수재(秀才)지만 한유(寒儒)에 불과하니 반드시 甲木으로 소토(疏土)해야 한다. 다시 말해 辰月 辛金은 壬水를 용(用)하고 다음에 甲木으로 보좌(輔佐)하여 土가 어둡고 막히게 하는 것을 막아야 한다. 따라서 壬甲이 양투(兩透)하면 재봉식상(財逢傷官)의 부귀격(富貴格)을 이룬다. 다음은 전 북조선인민공화국 주석(主席), 김일성(金日成)의 팔자(八字)다.

壬 辛 甲 壬
辰 酉 辰 子

辰月 辛金에 壬水가 투(透)하고 甲木이 암장(暗藏)되면 의록(衣祿)과 천거(薦擧)됨이 있다. 甲木이 투(透)하고 壬水가 암장(暗藏)되면 가히 부(富)는 말할 수 있다. 壬甲이 모두 없으면 평범하거나 빈천(貧賤)한 명(命)이 된다.

[원시*TEXT]

所忌者丙貪合也, 如月時皆丙, 名為爭合, 主慷慨風流, 交遊四海. 若癸出干制丙, 可許採芹. 或支坐亥子之鄉, 支又見申, 即非玉堂, 亦必高增祿位. 若戊出干制水, 不見甲乙, 清閑之人.

소기자병탐합야, 여월시개병, 명위쟁합, 주강개풍류, 교유사해. 약계출간제병, 가허채근. 혹지좌해자지향, 지우견신, 즉비옥당, 역필고증록위. 약무출간제수, 불견갑을, 청한지인.

[일람*Scanning]

1. 꺼리는 바는 丙火가 탐합(貪合)하는 것으로 만일 月時에 모두 丙火가 있으면 쟁합(爭合)으로 명주(命主)가 강개(慷慨)하고, 풍류심(風流心)이 있어 사해(四海)에 교유(交遊)한다.

2. 만약 癸水가 출간(出干)하여 丙火를 제(制)하면 가히 채근(採根)은 허락한다.

3. 혹 지지(地支)에 亥子를 얻고 또 申을 보면 옥당(玉堂)은 아니라도 녹위(祿位)가 고증(高增)해진다.

4. 만약 戊土가 출간(出干)하여 水를 제(制)하는데 甲乙木을 보지 못하면 청렴(淸廉)하고 한가(閑暇)한 사람이 된다.

[숙달*Mastery]

辰月 辛金은 丙火가 출간(出干)하여 탐합(貪合)함을 가장 꺼린다. 月時에 모두 丙火가 있으면 쟁합(爭合)으로 심상(尋常)하나 강개심(慷慨心)과 풍류심(風流心)이 있어 청아(淸雅)하고 사교(社交)를 즐긴다. 이것은 명주(命主)가 용신(用神)을 돌보지 않고 정(情)이 관(官)을 향하여 나타나는 현상이다. 이때 癸水가 출간(出干)하여 丙火를 제(制)하면 가히 채근(採根)은 허락한다. 지지(地支)에 亥子를 얻고 또 申을 보면 옥당(玉堂)은 아니라도 녹위(祿位)가 높아진다고 했는데 亥水가 진신(眞神)이다. 亥中 壬甲을 모두 얻기 때문에 申子는 이에 미치지 못한다. 만약 戊土가 출간(出干)하면 金이 묻히고 水가 막히므로 甲木으로 구제(救濟)하지 못하면 비록 학문(學文)은 있으나 빈한(貧寒)해지기 쉽다.

[원시*TEXT]

又或支見四庫, 名土厚金埋, 不見甲制, 愚頑之輩. 或四柱火多, 無水制伏, 名火土雜亂, 主作緇衣, 見癸可解.

우혹지견사고, 명토후금매, 불견갑제, 우완지배. 혹사주화다, 무수제복, 명화토잡란, 주작치의, 견계가해.

[일람*Scanning]

1. 혹 지지(地支)에 사고(四庫)를 보면 토후금매(土厚金埋)가 되어 甲木으로 제(制)하지 않으면 우둔(愚鈍)하고 완고(頑固)한 부류에 지나지 않는다.

2. 혹 사주(四柱)에 火가 많은데 水의 제복(制伏)이 없으면 화토잡란(火土雜亂)으로 명주(命主)는 치의(緇衣)를 짓는데 癸水를 보면 가히 해소(解消)된다.

[숙달*Mastery]

辰月 辛金은 토중(土重)이 병(病)이다. 그런데 지지(地支)에 사고(四庫)가 있다면 반드시 甲木이 투(透)하여 이를 제(制)해야 격(格)을 이룬다. 辰月 辛金이 火는 많은데 壬水가 없으면 화토잡란(火土雜亂)으로 이때는 甲木이 있어도 분목(焚木)되기 쉬우므로 무용(無用)하다. 승도(僧徒)의 길을 가거나 고빈(孤貧)한데 癸水가 있으면 이를 면한다. 비록 청빈(淸貧)하나 의금(衣衿)은 있다.

[원시*TEXT]

或比劫重重, 壬癸淺弱, 主夭. 有甲出干, 則貴, 然無庚制方妙.

혹비겁중중, 임계천약, 주요. 유갑출간, 즉귀, 연무경제방묘.

[일람*Scanning]

1. 혹 비겁(比劫)이 많은데 壬癸水가 천약(淺弱)하면 요절(夭折)에 이른다.

2. 甲木이 출간(出干)하면 귀격(貴格)을 이루나 庚金의 제(制)함이 없어야 묘(妙)해진다.

[숙달*Mastery]

辰月 辛金에 비겁(比劫)이 많은데 壬癸水가 무력(無力)하면 辰土가 水를 파(破)하여 장애(障碍)와 중단(中斷)이 있다. 甲木이 투(透)하여 土를 제(制)하면 인수용재(印綬用材)로 성격(成格)되어 귀격(貴格)을 이루는데 이때는 의당 庚金이 없어야 한다.

★ '난강망' 지식 체계의 바른 인식

辰月 辛金으로 壬甲이 양투(兩透)한 김일성(金日成)의 명(命)과 같이 '난강망'이 적시(摘示)하는 귀격(貴格)의 표본에 부합되면 문제가 없으나, 이 보다는 격(格)이 낮은 것으로 분류한 임투갑장(壬透甲藏)이나 갑투임장(甲透壬藏)도 壬甲이 양투(兩透)한 팔자(八字)를 초월하는 경우가 실은 적지 않다. 더욱이 '난강망'이 거론조차 하지 않은 요건으로 귀격(貴格)을 이루는 상황을 증험(證驗)하면 혹 독자들은 '난강망'의 지

식 체계에 대해 의문을 품을지도 모를 일이다. 이것은 '난강망'이 팔자(八字)의 전국(全局)을 모두 다 다루지는 않았기 때문이다. 이러한 측면에서 보면 '난강망'은 단지 '스탠더드'가 되는 기본 틀만 다룬 것으로 이해하기 쉽다. 그러나 팔자(八字)의 일차적 체용(體用)이 되는 일원(日元)과 월령(月令)의 관계를 축으로 이보다 더 자세한 지침을 제공한 '텍스트'는 찾아볼 수가 없다. '서락오'의 견해대로 '난강망'은 가장 혁신적인 편집 체계에다 일체의 군더더기를 배제하고, 팔자(八字) 구조를 가장 상세히 다룬 서책(書冊)임이 분명하다. '자평진전'이나 '적천수'는 팔자(八字)의 전체를 포괄하고 간법(看法)의 전반적인 시각과 안목(眼目)의 기준을 제시하고 있지만, 내용은 몹시 축약(縮約)되어 있으므로 한편으로는 저작자인 여춘태(余春台)가 노력한 흔적에는 미치지 못하는 것 같은 느낌이 들 때가 있다. 물론 '난강망'의 그물(網)이 완전한 것은 아니다. 다만 일차적인 체용(體用)을 근간으로 저술된 점에서 볼 때 중요한 사항은 놀랍도록 거의 모두를 다루고 있다. 후대의 많은 인사들이 이 책의 지식체계에 대해 속단(速斷)하고, 진가(眞價)를 헤아리지 못하는 경우가 많은 것 같다. '궁통보감평주'를 편저(編著)한 이철필(李鐵筆)은 '난강망'을 자평(子平)의 모범(模範)이자 지남(指南)이라고 정의했는데 이는 이미 '여춘태'가 '궁통보감'의 서문(序文)에서 밝히고 있는 바다. 다만 그가 다소 산만하게 논한 '난강망'의 한계에 대한 지적은 일면 수용하나 모두를 받아들이기를 어렵다. 정작 '이철필'의 '궁통보감평주'는 '서락오'와 차별되는 점이 하나도 없으므로 그가 어느 정도의 경지에서 놓인 인물인지 능히 짐작이 가는 아쉬움이 남는 것이다. 결론적으로 자평(子平)의 삼대 '텍스트' 전체를 일관되게 꿰뚫은 지식 체계가 수립되기 전에는 먼저 고인(古人)들의 이론을 수용하고 이해하도록 노력해야지 함부로 비판하거나 창조를 생각해서는 곤란하다.

■ 三夏辛金(삼하신금)

[원시*TEXT]

四月辛金, 時逢首夏, 忌丙火之燥烈, 喜壬水之洗淘. 支成金局, 水透出干, 有木制戊, 名一清澈底, 科甲功名. 癸透壬藏, 富真貴假. 若壬癸皆藏, 戊己亦藏, 略富. 若壬癸俱無, 反見火出, 必主鰥獨. 或支成火局, 有制者吉, 無制者凶. 凡火旺無水, 取土洩之.

사월신금, 시봉수하, 기병화지조렬, 희임수지세도. 지성금국, 수투출간, 유목제무, 명일청철저, 과갑공명. 계투임장, 부진귀가. 약임계개장, 무기역장, 략부. 약임계구무, 반견화출, 필주환독. 혹지성화국, 유제자길, 무제자흉. 범화왕무수, 취토설지.

[일람*Scanning]

1. 巳月 辛金은 하월(夏月)이 시작되는 때니 丙火로 조열(燥烈)해짐을 기(忌)하고 壬水의 도세(淘洗)를 기뻐한다.

2. 지지(地支)에 금국(金局)을 이루고 水가 투(透)하여 출간(出干)하

는데 木으로 戊土를 제(制)하면 일청철저(一清澈底)라, 과갑(科甲)하고 공명(功名)을 이룬다.

3. 癸水가 투(透)하고 壬水가 암장(暗藏)되면 부(富)는 있으나 귀(貴)는 참되지 않다.

4. 만약 壬癸水가 모두 암장(暗藏)되고 戊己土 역시 암장(暗藏)되면 부(富)가 약소(略少)하다.

5. 만약 壬癸水가 모두 없고 반대로 火가 투(透)하면 반드시 고독(孤獨)한 홀아비가 된다.

6. 혹 지지(地支)에 화국(火局)을 이루고 이를 제(制)하면 길(吉)하나 제(制)하지 못하면 흉(凶)하다.

7. 무릇 화왕(火旺)하고 水가 없으면 土를 취(取)하여 설(洩)한다.

[숙달*Mastery]

巳月 辛金은 하월(夏月)이 시작되는 때니 조열(燥烈)한 丙火를 싫어하고 壬水의 도세(淘洗)를 기뻐한다. 삼하(三夏)의 월령(月令)은 모두 土가 있어 水로 윤택(潤澤)하게 하면 자연 辛金이 왕(旺)해지므로 반생(反生)의 공(功)을 이룬다. 한 마디로 巳月은 丙火가 권리를 잡은 때나 水가 없으면 金이 상(傷)한다. 따라서 壬癸水가 모두 투출(透出)하고 형충(刑沖)이 없으면 상관부주격(傷官扶主格)을 이루어 길하다.

壬 辛 癸 辛

辰 □ 辰 □

巳月 辛金이 지지(地支)에 금국(金局)을 이루고 壬水가 투(透)하여 출간(出干)하는데 甲木으로 戊土를 제(制)하면 이를 일청철저(一清澈

底)라 하고 과갑(科甲)에 이른다. 甲木은 재(財)에 해당되어 의록(衣祿)은 있으나 水가 없으면 불가(不可)하다. 巳月에는 金이 장생(長生)하나 火가 핍박하여 辛金은 약하다. 따라서 火가 투(透)하거나 土가 투(透)해도 다 병(病)이 된다. 이때 지지(地支)에서 금국(金局)을 지으면 약변강(弱變强)이 되어 좋은데 丑土가 있어야 습토(濕土)가 생금(生金)하여 묘(妙)한 것이다. 다음은 여우(女優), 마릴린 먼로(Marilyn Monroe)의 팔자(八字)다. 癸丙의 상관견관(傷官見官)으로 어린 시절이 불우했고 세 번의 결혼이 실패했다.

癸 辛 癸 丙
巳 酉 巳 寅

巳月 辛金에 壬癸水가 모두 암장(暗藏)되고 戊己土 역시 암장(暗藏)되면 약간의 부(富)가 있다. 壬癸水가 모두 없는데 열화(烈火)가 공격하면 金이 녹아 고독(孤獨)한 팔자(八字)가 된다. 지지(地支)에 화국(火局)을 이루면 水로 제(制)할 때는 길(吉)하나 제(制)하지 못하면 하격(下格)이다. 화왕(火旺)하고 水가 없으면 부득이 土를 취(取)하여 설(洩)한다. 이것은 용신(用神)이 많으면 설(洩)하는 이치에 따르는 것이다. 고빈(孤貧)함은 면하나 귀격(貴格)을 이루지는 못한다.

[원시*TEXT]

若壬水藏亥, 戊不出干, 亦主上達. 有戊常人. 有一甲透, 衣祿可求, 若有甲無壬癸者, 富貴虛浮. 所謂羊質虎皮是也. 壬, 癸, 甲, 三者全無, 又不合格, 斯為下品.

약임수장해, 무불출간, 역주상달. 유무상인. 유일갑투, 의록가구.

약유갑무임계자, 부귀허부. 소위양질호피시야. 임, 계, 갑, 삼자전무, 우불합격, 사위하품.

[일람*Scanning]

1. 만약 壬水가 亥에 암장(暗藏)되고 戊土가 출간(出干)하지 않으면 역시 높이 발달(發達)한다.

2. 戊土가 있으면 상인(常人)이다.

3. 하나의 甲木이 투(透)하면 의록(衣祿)을 구(救)하는 것은 가능(可能)하다.

4. 만약 甲木은 있으나 壬癸水가 없으면 부귀(富貴)가 허부(虛浮)하다.

5. 이른바 양질호피(羊質虎皮)이나 다름이 없다.

6. 壬癸甲 삼자(三者)가 전무(全無)하고 또한 격(格)에 부합(符合)되지 않으면 하품(下品)이다.

[숙달*Mastery]

巳月 辛金이 지지(地支) 해궁(亥宮)에 壬水가 있고 戊土가 출간(出干)하지 않으면 발달(發達)하여 의금(衣衿)이 있다. 이때 戊土가 있으면 평범한 명(命)이나 甲木이 투(透)하면 의록(衣祿)이 있다. 만약 甲木은 있으나 壬癸水가 없으면 부귀(富貴)가 헛되다. 대개 甲木은 水가 없으면 戊土를 제(制)하지 못하고 오히려 화왕(火旺)을 도울 뿐이다. 이러한 경우는 양질호피(羊質虎皮)로 '속은 양이고 거죽은 호랑이'니 외화내빈(外華內貧)을 뜻한다. 壬癸甲이 모두 없으면 하격(下格)이다. 아

래는 미국 제 35대 대통령, 존 에프 케네디(John F Kennedy)의 팔자(八字)로 지지(地支) 화국(火局)을 보아 종살격(從殺格)이다. '조화원약'에 巳月 辛金은 종살격(從殺格)이 되어도 길하지 않다고 했다. 이는 월령(月令)에 戊土가 당왕(當旺)하기 때문에 종이부종(從而不從)이라는 것이다. 辛丑 대운(大運) 중 癸卯年에 암살자의 흉탄에 사망(死亡)했다.

乙 辛 乙 丁
未 未 巳 巳

[원시*TEXT]

五月辛金, 丁火司權, 辛金失令, 陰柔之極, 不宜煆煉, 須己壬兼用, 何也? 己為泥沙, 壬為湖海, 己無壬不濕, 辛無己不生, 故壬己並用. 無壬, 癸亦可用. 但癸力小. 或支成火局, 即重見癸出亦不濟, 得壬透破火方可, 必主生員. 若無壬, 癸見戊, 雖有午宮己土, 燥泥成灰, 金必爍鎔, 反遭埋沒, 必為僧道. 有一二重比肩, 不致孤獨.

오월신금, 정화사권, 신금실령, 음유지극, 불의하련, 수기임겸용, 하야? 기위니사, 임위호해, 기무임불습, 신무기불생, 고임기병용. 무임, 계역가용. 단계력소. 혹지성화국, 즉중견계출역불제, 득임투파화방가, 필주생원. 약무임, 계견무, 수유오궁기토, 조니성회, 금필훼용, 반조매몰, 필위승도. 유일이중비견, 불치고독.

[일람*Scanning]

1. 五月 辛金은 丁火가 사권(司權)하여 辛金은 실령(失令)했으므로

음유(陰柔)함이 극(極)에 이르니 하련(煆煉)은 마땅치 않고 己土와 壬水를 겸용(兼用)하는 것이 필수(必須)다.

2. 己土는 니사(泥沙)고 壬水는 호해(湖海)로 己土가 없으면 壬水가 습(濕)하지 않고 辛金은 己土가 없으면 불생(不生)하므로 壬己를 병용(竝用)하기 때문이다.

3. 혹 지지(地支)가 화국(火局)을 이루면, 癸水가 중(重)하게 투(透)해도 구제(救濟)할 수 없으므로 壬水가 투(透)하여 火를 파(破)해야만 바야흐로 가(可)하니 필시 명주(命主)는 생원(生員)이다.

4. 만약 壬水가 없고 癸水가 있는데 戊土를 보면 비록 午中 己土가 있어도 조니(燥泥)가 재가 되어 金은 필히 불타 녹으니 반대로 매몰(埋沒)되면 필시 승도(僧道)가 된다.

5. 한두 개의 비견(比肩)이 중(重)하면 고독(孤獨)함에 이르지는 않는다.

[숙달*Mastery]

午月 辛金은 영(令)을 잃어 매우 음유(陰柔)하니 인수(印綬) 己土가 있어야 한다. 辰月과 巳月은 戊土가 당왕(當旺)하여 매금(埋金)될 염려가 있으나 午月은 무방하다. 다만 중하(仲夏)는 화왕토조(火旺土燥)하여 金을 생(生)하기 어려우므로 반드시 壬水를 겸해 취하는 것이다. 壬水로 윤토(潤土)하면 辛金의 수기(秀氣)를 설(洩)할 뿐만 아니라 반생(反生)의 공(功)을 이룬다. **金水가 청(淸)한데 己土가 탁(濁)하게 만드는 것은 불리하나, 혼탁(混濁)함을 이용하여 乙木을 배양(培養)하거나 辛金을 반생(反生)하는 공(功)은 매우 중요하고 정밀한 이치라 할 수 있다.**

午月 辛金에 지지(地支) 화국(火局)을 이루면 반드시 壬水로 제(制)해야 한다. 癸水는 세 개가 출간(出干)해도 辛金을 구하기 어렵다. 이때는 관직(官職)을 얻어도 명성(名聲)을 기대할 수 없다. 壬水가 없는데 癸水가 투(透)하여 戊土와 합(合)을 이루면 진흙이 붉게 타올라 결국 辛金을 녹여버리므로 승도(僧道)나 노비(奴婢)의 팔자(八字)가 된다. 이때 비견(比肩)이 한두 개 있어도 생이불생(生而不生)이니 단지 고독(孤獨)을 면할 뿐이다.

[원시*TEXT]

五月辛金, 壬, 癸, 己, 三者皆用.

오월신금, 임, 계, 기, 삼자개용.

[일람*Scanning]

午月 辛金은 壬癸己 삼자(三者)를 모두 용(用)한다.

[숙달*Mastery]

午月 辛金은 壬己를 병용(竝用)하고, 壬水가 없으면 癸水도 가용(可用)한다.

[원시*TEXT]

或壬己兩透, 支見癸水, 不沖, 定主顯達. 即己藏支, 亦有廩貢. 或無壬有己, 須得異途. 或癸出有庚, 必主衣錦, 叨受恩榮. 若水土多者, 見甲方妙.

혹임기량투, 지견계수, 불충, 정주현달. 즉기장지, 역유늠공. 혹무임유기, 수득이도. 혹계출유경, 필주의금, 도수은영. 약수토다자, 견갑방묘.

[일람*Scanning]

1. 혹 壬己가 양투(兩透)했는데 지지(地支)에서 癸水를 보고 충(沖)이 없으면 명주(命主)는 정히 현달(顯達)한다.

2. 만약 己土가 지지(地支)에 암장(暗藏)되어도 역시 늠공(廩貢)은 있다.

3. 혹 壬水는 없고 己土가 있으면 모름지기 이도(異途)를 득(得)한다.

4. 혹 癸水가 출(出)하고 庚金이 있으면 필시 의금(衣錦)이 있고 부름을 받아 은영(恩榮)이 있다.

5. 만약 水土가 많으면 甲木을 보아야 묘(妙)해진다.

[숙달*Mastery]

午月 辛金에 壬己가 투(透)하고 지지(地支)에서 子水가 충(沖)되지 않으면 과갑(科甲)하고 권세(權勢)가 따른다. 그런데 실상 午月 辛金은 壬己가 투(透)하여 격(格)을 이루는 팔자(八字) 유형을 발견하기 쉽지 않다. 따라서 壬水가 투(透)하고 대기(帶忌)만 아니면 귀격(貴格)을 이룬다. 己土가 지지(地支)에 암장(暗藏)되어도 나라에서 주는 녹봉(祿俸)이 있다. 壬水가 없고 己癸가 있으면 이도(異途)로 공명(功名)을 이룬다. 癸水가 출간(出干)하고 庚金이 있으면 필시 의금(衣錦)이 있고 부름을 받아 은영(恩榮)이 나타나니 왕실에 버금가는 식록(食祿)이 있다. 만일 土가 많으면서 水가 있을 때는 甲木이 있어야 귀격(貴格)을

이룬다. 다음은 배우(俳優), 실베스터 스탤론(Sylvester Stallone)의 팔자(八字)다. 甲木이 戊土를 제(制)한다고 하나 이 경우는 水가 없어 분목(焚木)된다. 성장기에는 곤고(困苦)함이 있었지만, 현재의 복택(福澤)은 巳中 庚金과 명(命)에 재관인(財官印)을 다 갖춘 데서 원인을 찾을 수밖에 없다.

戊 辛 甲 丙
戌 巳 午 戌

庚金은 화왕(火旺)한데 水가 없으면 土로 설(洩)할 수 있으나 辛金은 매우 약하여 午中 己土가 있어도 녹아버린다고 했는데 차명(此命)은 서북운(西北運)을 향해 구제(救濟)되었다.

[원시*TEXT]

庚辛生於夏月, 要壬癸得地, 若木多火多, 不見金水, 逢金水運必敗.
경신생어하월, 요임계득지, 약목다화다, 불견금수, 봉금수운필패.

[일람*Scanning]

1. 庚辛이 하월(夏月)에 생(生)하면 壬癸水가 득지(得地)해야 한다.
2. 만약 木火가 많은데 金水가 없고 운(運)에서 金水를 만나면 필히 패(敗)한다.

[숙달*Mastery]

하월(夏月) 庚辛金은 壬癸水가 득지(得地)해야 한다. 하월(夏月)의

水는 휴수지(休囚地)에 들어가니 득지(得地)하지 못하면 메말라 무용(無用)해지는 것이다. 따라서 水의 근본인 申과 亥子丑 북방(北方)을 보면 득지(得地), 득소(得所)하는 것이다. 만일 木火가 많은데 金水가 없으면 종살격(從殺格)과 비슷하여 금수운(金水運)을 향하면 水火가 교전(交戰)하여 흉액(凶厄)이 따른다.

[원시*TEXT]

六月辛金, 己土當權, 輔助太多, 恐掩金光, 先用壬水, 取庚佐之. 壬庚兩透, 科甲功名, 即不出干, 藏支得所, 亦有榮華. 但忌戊出, 得甲制之, 方吉. 甲須隔位, 恐貪己合, 反掩金光, 又塞壬水之流, 下賤之格. 又忌庚出制甲. 或只有未中一己, 見了壬水, 又為濕泥. 不可見甲, 甲出, 反作平人. 總以一壬一己, 見庚無甲, 方妙, 與五月用己壬同.

유월신금, 기토당권, 보조태다, 공엄금광, 선용임수, 취경좌지. 임경량투, 과갑공명, 즉불출간, 장지득소, 역유영화. 단기무출, 득갑제지, 방길. 갑수격위, 공탐기합, 반엄금광, 우색임수지류, 하천지격. 우기경출제갑. 혹지유미중일기, 견료임수, 우위습니. 불가견갑, 갑출, 반작평인. 총이일임일기, 견경무갑, 방묘, 여오월용기임동.

[일람*Scanning]

1. 未月 辛金은 己土가 당권(當權)하여 보조(輔助)가 태다(太多)하므로 金의 빛을 가리는 게 두려우니 먼저 壬水를 용(用)하고 다음으로 庚金을 취(取)해 보좌(輔佐)한다.

2. 壬庚이 양투(兩透)하면 과갑(科甲)으로 공명(功名)을 이루고, 만일 출간(出干)하지 않고 지지(地支)에 암장(暗藏)되어 득소(得所)해도

역시 영화(榮華)가 따른다.

3. 단 戊土가 출(出)하는 것을 기피(忌避)하니 甲木을 얻어 제(制)해야 길(吉)하다.

4. 甲木은 떨어져 위치해야 하는데, 의심컨대 己土와 탐합((貪合)하면 반대로 金의 빛을 가리고 또한 壬水의 흐름을 막아 하천(下賤)한 격(格)이 된다.

5. 또한 庚金이 출(出)하여 甲木을 제(制)함을 꺼린다.

6. 혹 다만 未中 하나의 己土만 있고 壬水을 보는 것으로 그치면 또한 습니(濕泥)를 이룬다.

7. 甲木을 보는 것은 불가(不可)하며 甲木이 출(出)하면 반대로 평인(平人)이 된다.

8. 결론적으로 하나의 壬水와 하나의 己土가 庚金을 보고 甲木이 없으면 묘(妙)하고 午月에 己壬을 용(用)하는 것과 같다.

[숙달*Mastery]

未月 辛金은 인수(印綬)의 자부(滋扶)가 지나쳐 金이 빛을 잃을 염려가 있다. 이것은 약간 비약(飛躍)이고 아무튼 己土가 권리를 잡았으니 왕성하지도 약하지도 않다. 이때 壬水로 충쇄(沖刷)하고 庚金으로 보좌(輔佐)하면 광휘(光輝)가 나타난다. 만일 己土가 태왕(太旺)하면 土가 중(重)하여 金이 묻힐 염려가 있고, 金이 묻히면 광채(光彩)는 사라진다. 未月 辛金은 壬庚이 양투(兩透)하면 귀격(貴格)으로 과갑(科甲)하고, 출간(出干)하지 않고 득지(得地), 득소(得所)해도 역시 영화(榮華)가 있다. 다음은 한나라당 국회의원, 한선교(韓善教)의 팔자(八字)다.

壬 辛 辛 己
辰 亥 未 亥

이때는 戊土가 출간(出干)하면 좋지 않다. 이때는 甲木을 얻어 제(制)해야 길하다. **이때 己土가 출간(出干)하면 甲木이 떨어져 이를 제(制)해야 한다. 만일 甲己 합(合)을 이루면 월령(月令)의 기(氣)에 동화(同化)되어 土로 화(化)하니 매금(埋金)하여 金을 더럽히고, 壬水를 혼탁(混濁)하게 만들어 빈천(貧賤)한 명(命)이 되고 만다.** 요약하면 未月 辛金은 甲木이 戊土를 제(制)하면 귀격(貴格)을 이루고, 庚金이 출(出)하여 甲木을 제(制)하면 파격(破格)된다. 未月 辛金이 미궁(未宮) 己土만 있는데 壬水가 있으면 습니(濕泥)가 되므로 甲木을 보면 안 된다. 甲木이 출간(出干)하면 평범(平凡)한 명(命)이 된다. 다시 말해 壬水와 己土가 각각 하나씩 있는데 庚金은 있으나 甲木이 없으면 귀격(貴格)을 이루고 午月 辛金이 己壬을 취하는 것과 같다.

[원시*TEXT]

或丁乙出干, 又有庚壬者, 顯貴. 無壬者, 否. 或支成木局, 得壬透, 又有庚金發水之源, 可云富貴.

혹정을출간, 우유경임자, 현귀. 무임자, 부. 혹지성목국, 득임투, 우유경금발수지원, 가운부귀.

[일람*Scanning]

1. 혹 丁乙이 출간(出干)하고 또 庚壬이 있으면 현귀(顯貴)하다.
2, 壬水가 없으면 그렇지 않다.

3. 혹 지지(地支)에 목국(木局)을 이루고, 壬水가 투(透)했는데 또 庚金이 있어 수원(水源)을 발(發)해야 가히 부귀(富貴)를 말한다.

[숙달*Mastery]

삼하(三夏) 辛金은 壬癸水가 관건(關鍵)이다. 未月 辛金에 丁乙가 출간(出干)하면 체용(體用)이 동궁(同宮)에 있어 귀격(貴格)의 전형이 되지만, 메마른 땅에 먼지를 일으키는 격이니 壬水가 없으면 귀(貴)가 없다. 이때는 庚壬을 용(用)해야 과갑(科甲)에 이른다. 未月 辛金이 지지(地支)에 목국(木局)을 이루었는데 壬水만 투(透)하면 귀격(貴格)을 이루지 못한다. 이때는 庚金이 壬水의 근원 발(發)해야 부귀격(富貴格)을 이룬다.

■ 三秋辛金 (삼추신금)

[원시*TEXT]

七月辛金, 值庚司令, 不旺自旺, 且壬水居申, 四柱不見戊土, 胎元戊藏申內, 為壬堤岸, 人命得此, 為官清正, 但不富耳.

칠월신금, 치경사령, 불왕자왕, 차임수거신, 사주불견무토, 태원무장신내, 위임제안, 인명득차, 위관청정, 단불부이.

[일람*Scanning]

申月 辛金은 직접 庚金이 사령(司令)하여 불왕(不旺)한 것 같으나 자왕(自旺)하고 또한 壬水가 申에 거(居)하면서 사주(四柱)에 戊土를 보지 않으면 태원(胎元)의 戊土가 申에 암장(暗藏)되니 壬水가 제방(制防)을 이룬 해안(海岸)의 상(象)으로 인명(人命)이 이와 같으면 관(官)은 청정(淸正)하고 다만 부(富)가 없을 뿐이다.

[숙달*Mastery]

申月 辛金은 申月이 庚金의 건록(建祿)에 해당하여 辛金이 비록 쇠약(衰弱)하나 생왕(生旺)으로 바뀐다. 따라서 불왕(不旺)한 것 같으나 자왕(自旺)한 것이고 이는 마치 등라계갑(藤蘿繫甲)과 같은 것이다. 또한 申月은 壬水의 생지(生地)로 자연 金의 수기(秀氣)를 설(洩)한다. 금수상관(金水傷官)이 청(淸)을 취하면 戊土가 있은 것을 꺼린다. 따라서 戊土가 투출(透出)하지 않으면 水를 막히게 하는 힘이 약하여 자연 발전(發展)하는 것이다. 원시(原詩)은 일견 戊土 제방(堤防)의 효용(效用)을 논하는 듯하지만, 결론적으로 戊土는 드러나지 않는 것이 좋다는 점을 말했다.

[원시*TEXT]

或有土無甲, 為有病無葯, 常人. 有甲者, 衣衿可望. 或四柱金多, 宜水洩之. 若一派金水, 得一戊土, 反為辛用, 又宜甲制, 自然富貴. 或干支水多, 重見戊土, 逢生得位, 福壽之造.

혹유토무갑, 위유병무약, 상인. 유갑자, 의금가망. 혹사주금다, 의 수설지. 약일파금수, 득일무토, 반위신용, 우의갑제, 자연부귀. 혹간지수다, 중견무토, 봉생득위, 복수지조.

[일람*Scanning]

1. 혹 土는 있고 甲木이 없으면 병(病)이 있고 약(藥)은 없는 것으로 상인(常人)이다.

2. 甲木이 있으면 의금(衣衿)은 가히 바랄 수 있다.

3. 혹 사주(四柱)에 金이 많으면 의당 水로 설(洩)해야 한다.

4. 만약 한 무리의 金水가 하나의 戊土를 얻으면 반대로 辛金의 용(用)이 되니 의당 甲木을 제(制)해야 자연 부귀(富貴)한다.

5. 혹 간지(干支)에 水가 많으면 戊土의 중(重)함을 보아 봉생득위(逢生得位)한 것으로 복수(福壽)가 있는 명조(命造)다.

[숙달*Mastery]

申月은 金水의 세력이 같으나 辛金이 壬水를 취하는 것은 수기(秀氣)를 설(洩)해야 하기 때문이다. 따라서 水는 많으면 좋지 않으니 적당해야 한다. 만일 水가 申中 壬水밖에 없을 때는 戊土로 제(制)하면 좋지 않다. 따라서 申月 辛金에 戊土가 출간(出干)했는데 甲木이 없으면 병(病)을 고칠 약(藥)이 없는 셈이니 심상(尋常)한 명(命)이 된다. 만일 戊土가 있는데 甲木도 있으면 반드시 의록(衣祿)을 잃지 않는다. 申月 辛金은 庚金이 투(透)하면 시급히 壬水로 설(洩)해야 한다. **申月 庚金은 丁火로 단련(鍛鍊)하면 길하나 申月 辛金은 庚金의 도움이 있어도 극(剋)되면 불리함이 있고, 설(洩)을 더욱 기뻐한다. 이것이 본질**

적인 음양간(陰陽干)의 차이고, 또 乙木과 다른 辛金의 십간(十干) 차이라 볼 수 있다. 申月 辛金에 일파(一派) 金水가 있는데 戊土가 하나 있으면 부귀격(富貴格)을 이룬다. 이때 甲木이 戊土를 제(制)하면 좋지 않다. 壬癸水가 많은데 간지(干支)에 戊土가 세 개 있으면 봉생좌실(逢生坐實)하여 복수(福壽)가 가득하다. 여기서 봉생(逢生)은 지지(地支) 寅을 말하고 좌실(坐實)은 戌未나 巳午를 말한다. 土는 火를 만나면 실(實)해지므로 왕수(旺水)를 제(制)할 수 있다. 다음은 '궁통보감평주'에 사림(詞林)에 오른 명(命)으로 묘사된 팔자(八字)다. 壬水가 투(透)하고 戊土가 巳에 좌실(坐實)하여 암(暗)으로 壬水를 제(制)하니 길하다.

癸 辛 壬 甲
巳 卯 申 午

[원시*TEXT]

七月辛金, 壬不在多, 故書云： 水淺金多, 號曰體全之象, 壬水為尊, 甲戊酌用可也, 癸水不可為用.

칠월신금, 임불재다, 고서운： 수천금다, 호왈체전지상, 임수위존, 갑무작용가야, 계수불가위용.

[일람*Scanning]

申月 辛金은 壬水가 많지 않아야 하는데 고서(古書)에 이르길, "수천금다(水淺金多)하면 전체지상(體全之象)이라, 壬水가 존신(尊神)이고 甲戊는 참작(參)해서 용(用)할 수 있으며 癸水는 용(用酌)이 불가(不可)하다"고 했다.

[숙달*Mastery]

申月 辛金은 壬水가 작게 있어야 부격(富格)을 이룬다. 이 같은 경우 체전지상(體全之象)이 된다. 그리고 申月에는 癸水를 용신(用神)으로 삼는 법이 없다. 이를 두고 辛金은 흐르는 물이어야만 도세(淘洗)가 가능하다는 배상(配像)의 측면으로 설명할 수 있으나, 기본적으로 **음간(陰干)은 양간(陽干)의 임관지(臨官地)에 이르면 속성이 양(陽)으로 바뀌므로 대개 따로 음간(陰干)으로 논하지 않는 것으로 보는 게 무난하다.**

[원시*TEXT]

八月辛金, 當權得令, 旺之極矣, 專用壬水淘洗, 故云金見水以流通. 如見戊己, 則生扶太過, 故以土為病, 見甲制土, 方妙. 無戊, 不宜用甲.

팔월신금, 당권득령, 왕지극의, 전용임수도세, 고운금견수이류통. 여견무기, 즉생부태과, 고이토위병, 견갑제토, 방묘. 무무, 불의용갑.

[일람*Scanning]

1. 酉月 辛金은 당권(當權), 득령(得令)하였으니 왕(旺)함이 극(極)에 달하여 壬水를 전용(專用)하여 도세(淘洗)하는데 이것은 金이 水를 보아 유통(流通)되기 때문이다.

2. 만일 戊己土를 보면 생부(生扶)가 지나쳐 土의 병(病)이 되니 甲木을 보아 土를 제(制)하면 묘(妙)해진다.

3. 戊土가 없으면 甲木을 용(用)하는 게 마땅치 않다.

[숙달*Mastery]

酉月 辛金은 득시병령(得時秉令)하니 壬水로 세척(洗滌)하여 수기(秀氣)를 설(洩)해 금기(金氣)를 유통(流通)시켜야 한다. 청(淸)하고 가벼운 기(氣)를 극제(剋制)하는 것은 바람직하지 않다. 酉月 辛金은 戊己土가 생왕(生旺)하면 辛金을 매몰(埋沒)시키고, 壬水를 혼탁(混濁)하게 만들어 막히게 한다. 이때는 甲木으로 제(制)해야 한다. 만일 壬甲이 투(透)했는데 戊己土가 투(透)하지 않으면 지지(地支)에 戊己가 있으므로 귀격(貴格)을 이룬다. 그러나 戊土가 없다면 甲木은 무용(無用)하다.

[원시*TEXT]

或四柱一點壬水, 甲多洩水, 此為用神無力, 奸詐之徒. 得庚制者, 反主仁義. 或三點辛金, 一重壬水, 多見甲木, 有庚透者, 主大富貴. 不見丁為美, 若見一丁, 此人風雅清高, 衣食饒裕而已.

혹사주일점임수, 갑다설수, 차위용신무력, 간사지도. 득경제자, 반주인의. 혹삼점신금, 일중임수, 다견갑목, 유경투자, 주대부귀. 불견정위미, 약견일정, 차인풍아청고, 의식요유이이.

[일람*Scanning]

1. 혹 사주(四柱)에 일점(一點) 壬水가 있고 甲木이 많아 水를 설(洩)하면, 용신(用神)이 무력(無力)해지니 간사(奸詐)한 무리가 된다.

2. 庚金을 얻어 제(制)하면 반대로 명주(命主)는 인의(仁義)가 있다.

3. 세 개의 辛金와 하나의 중(重)한 壬水가 있는데 甲木은 많고 庚金

이 투(透)한 자는 대부귀(大富貴)하다.

4. 丁火를 보지 않아야 아름답고, 만약 하나의 丁火를 보면 차인(此人)이 풍아청고(風雅淸高)하나 의식(衣食)이 요유(饒裕)한 것으로 그친다.

[숙달*Mastery]

酉月 辛金이 辛金과 壬水가 각각 하나씩 있는데 甲木이 壬水를 설(洩)하면 용신(用神)이 무력해져 평범(平凡)해진다. 이런 사람은 간사(奸詐)함이 백출(百出)하여 웃음 속에 칼을 감추고 재물이 넉넉해도 인색하다. 그러나 庚金이 甲木을 제(制)하면 인의(仁義)가 나타난다. 만일 세 개의 辛金와 하나의 중(重)한 壬水가 있는데 甲木은 많고 庚金이 투(透)한 자는 대부대귀격(大富大貴格)을 이룬다. 이때는 丁火가 있으면 좋지 않고, 만약 하나의 丁火를 보면 기풍(氣風)이 우아(優雅)하고 청고(淸高)하나 의식(衣食)이 넉넉하고 마음이 너그러운 것에 지나지 않는다. 丁火는 壬水와 합(合)하여 암(暗)으로 재(財)를 화(化)한다. 용신(用神)이 기반(羈絆)되면 "과어유정(過於有情), 지무원달(志無遠達)"이라, 큰 뜻이 없다.

[원시*TEXT]

或一二比肩, 壬甲皆一, 無庚出干, 亦有恩榮. 若二三比肩, 一點壬水, 戊土多見, 此為土厚埋金, 此人愚懦, 見一甲出, 必為創立之人.

혹일이비견, 임갑개일, 무경출간, 역유은영. 약이삼비견, 일점임수, 무토다견, 차위토후매금, 차인우나, 견일갑출, 필위창립지인.

[일람*Scanning]

1. 혹 한두 개의 비견(比肩)이 있고, 壬甲이 모두 하나씩 있는데 庚金이 출간(出干)하지 않으면 역시 은영(恩榮)이 있다.

2. 만약 두세 개의 비견(比肩)이 있고 하나의 壬水가 있는데 戊土를 많이 보면 차격(此格)은 토후매금(土厚埋金)이 되어 차인(此人)은 우나(愚懦)한데 하나의 甲木이 출(出)하면 필시 창업(創業)하는 사람이다.

[숙달*Mastery]

酉月 辛金이 한두 개의 辛金이 있고 비견(比肩)이 있고, 壬甲이 각각 하나씩 있는데 庚金이 출간(出干)하면 오히려 재(財)를 빼앗기 때문에 흉하다. 이때 庚金이 투(透)하면 임금의 은혜를 입는 영광이 있다. 금성옥진부(金聲玉振賦)에 이르길, "金水가 총명(聰明)하나 土가 있으면 우나(愚懦)하다"고 했다. 酉月 辛金이 辛金이 두세 개 있는데 壬水가 하나밖에 없고 戊土가 많으면 용신(用神)이 제거되고 金이 묻혀 어리석고 나약하다. 이때 甲木이 戊土를 제(制)하면 자수성가(自手成家)한다.

[원시*TEXT]

或一派辛金, 一位壬水, 無庚雜亂, 又主富中取貴. 或一派壬水洩金, 無戊出制, 為沙水同流, 主奔波勞苦. 若得支見一戊止流, 其人頗有才略, 藝術過人.

혹일파신금, 일위임수, 무경잡란, 우주부중취귀. 혹일파임수설금, 무무출제, 위사수동류, 주분파로고. 약득지견일무지류, 기인파유재략, 예술과인.

[일람*Scanning]

1. 혹 한 무리의 辛金에 일위(一位) 壬水가 있고, 庚金이 잡란(雜亂)치 않으면 또한 명주(命主)는 부중취귀(富中取貴)한다.

2. 혹 한 무리의 壬水가 金을 설(洩)하고, 戊土가 출(出)하여 제(制)하지 않으면 사수동류(沙水同流)라 해서 명주(命主)는 분파로고(奔波勞苦)한다.

3. 만약 지지(地支)에서 하나의 戊土를 보아 흐름을 그치게 하면 그 사람은 꽤 재략(才略)이 있어 예술(藝術)이 뛰어난 사람이다.

[숙달*Mastery]

酉月 辛金에 일파(一派) 辛金이 있는데 壬水가 하나밖에 없으면 수천금다(水淺金多)하니 체전지상(體全之象)을 이루어 부귀(富貴)하다. 이 같은 경우를 일신일용(一神一用)이라 하는데 이때 庚金이 있어 잡란(雜亂)하면 청(淸)함을 취할 수 없다. 만일 辛金은 적은데 壬水가 많으면 庚金으로 도와야 한다. 酉月 辛金에 일파(一派) 壬水가 金을 설(洩)하는데 戊土가 출간(出干)하여 제(制)하지 않으면 사수동류(沙水同流)가 되어 늙도록 빈고(貧苦)하고 분파(奔波)하나 금수상관(金水傷官)은 학문을 좋아해서 유업(儒業)은 잃지 않는다. 지지(地支)에 戊土가 득소(得所)하면 재략(才略)이 있어 예술 방면에서 크게 발전한다. 己土로는 壬水를 막지 못한다.

[원시*TEXT]

或支成金局, 干見比肩, 無壬淘洗, 此宜用丁, 無丁必主凶頑無賴, 若得一壬高透, 以洩群金, 又名一清到底, 定有治國之材.

혹지성금국, 간견비견, 무임도세, 차의용정, 무정필주흉완무뢰. 약득일임고투, 이설군금, 우명일청도저, 정유치국지재.

[일람*Scanning]

1. 혹 지지(地支)에 금국(金局)을 이루고 천간(天干)에서 비견(比肩)을 보는데 壬水의 도세(淘洗)가 없으면 차격(此格)은 의당 丁火를 용(用)하고, 丁火가 없다면 필시 명주(命主)는 흉완(凶頑)하여 기댈 곳이 없다.

2. 만약 하나의 壬水가 고투(高透)하면 이로써 군금(群金)을 설(洩)하니 일청도저(一淸到底)라, 정히 치국(治國)의 자품(資稟)이 있다.

[숙달*Mastery]

酉月 辛金이 지지(地支)에 금국(金局)을 이루고 천간(天干)에 辛金이 투(透)했는데 壬水의 도세(淘洗)가 없으면 차격(此格)은 의당 丁火를 용(用)하고, 丁火가 없다면 필시 불량해지므로 승도(僧徒)가 되면 흉액(凶厄)은 면하나 선악(善惡)을 구분하지 못하는 사람이다. 이때 하나의 壬水가 고투(高透)하여 군금(群金)을 설(洩)하면 일청도저(一淸到底)라 해서 문무(文武)가 모두 길하며 동량(棟樑)이 된다.

[원시*TEXT]

或支成金局, 戊己透干, 壬透無火, 名白虎格, 運行西北, 富貴大顯, 子息艱難. 或透丙火, 雖有壬出, 亦屬平庸.

혹지성금국, 무기투간, 임투무화, 명백호격, 운행서북, 부귀대현,

자식간난. 혹투병화, 수유임출, 역속평용.

[일람*Scanning]

1. 혹 지지(地支)에 금국(金局)을 이루고, 戊己가 투간(透干)했는데 壬水가 투(透)하고 火가 없으면 백호격(白虎格)이라 해서 서북(西北)으로 운행(運行)하면 부귀(富貴)가 크게 현달(顯達)하나 자식(子息)이 간난(艱難)하다.

2. 혹 丙火가 투(透)하면 비록 壬水가 출(出)해도 역시 평용(平庸)에 속(屬)한다.

[숙달*Mastery]

酉月 辛金의 일청도저(一淸到底)는 천간(天干)에 辛壬으로만 팔자(八字)가 구성되지 않는다. 보통 년간(年干)에 戊土가 나타나기 마련으로 백호격(白虎格)이 된다. 이때 丙火가 있으면 戊土가 壬水를 제(制)하는 힘이 있어 평범(平凡)하다. 또한 丙辛 합(合)이 실시(失時)하여 격(格)을 이루지 못하기 때문이다. 만일 丁火가 투(透)하면 국(局)을 파(破)한다. 이것은 전왕격(專旺格)과 화기격(化氣格)이 파격(破格)됨을 뜻한다. 백호격(白虎格)은 서북운(西北運)에 부귀(富貴)가 비상하나 자식은 많지 않다. 화운(火運)에는 운세(運勢)가 크게 기운다. 다음은 백호격(白虎格)이나 일청도저(一淸到底)의 귀격(貴格)으로 보아 무방한 팔자(八字)다.

壬 辛 辛 戊

辰 丑 酉 申

[원시*TEXT]

或一二辛金, 一派己土, 定為僧道. 或干透己土, 支見庚甲, 一生安閒.
或一派乙木, 不見庚干, 為才多身弱, 一見庚制, 富貴可期.

혹일이신금, 일파기토, 정위승도. 혹간투기토, 지견경갑, 일생안한. 혹일파을목, 불견경간, 위재다신약, 일견경제, 부귀가기.

[일람*Scanning]

1. 혹 한두 개의 辛金과 한 무리의 己土가 있으면 정히 승도(僧道)가 된다.

2. 혹 천간(天干)에 己土가 투(透)하고 지지(地支)에 庚甲을 보면 일생이 안한(安閒)하다.

3. 혹 한 무리의 乙木이 있고 천간(天干)에서 庚金을 보지 않으면 재다신약(財多身弱)이 되며 하나의 庚金으로 제(制)하면 부귀(富貴)를 가히 기약(期約)한다.

[숙달*Mastery]

酉月 辛金에 한두 개의 辛金과 일파(一派) 己土가 있으면 金이 묻혀 더럽혀지므로 광채(光彩)를 잃어 승도(僧道)의 팔자(八字)가 된다. 己土가 투(透)하고 지지(地支)에 庚金과 甲木을 보면 평생 의록(衣祿)은 걱정할 필요가 없다. 한 마디로 왕금(旺金)은 인수(印綬)의 생(生)이 필요하지 않다. 戊土가 두터우면 매금(埋金)되어 빛이 없고, 己土를 만나면 오금(汚金)되어 빛이 가려지니 모두 좋지 않다. 토다(土多)하면 반드시 甲木으로 구제(救濟)해야 하고, 지지(地支)에 甲木이 있으면 의록

(衣祿)은 이지러짐이 없다. 그런데 지지(地支)의 甲木이 土를 제(制)할 수 없으므로 庚金이 득소(得所)해서 金이 돌출(突出)되는 부분이 있도록 도와야 한다. 酉月 辛金에 일파(一派) 乙木이 있고 庚金이 투(透)하지 않으면 재다신약(財多身弱)하여 발전이 어렵다. 이때 하나의 庚金으로 제(制)하면 부귀(富貴)를 가히 기약(期約)한다. 그런데 이때 乙庚이 상합(相合)하면 비겁(比劫)이 재(財)를 사모하는 격이 되어 간사(奸詐)함이 나타난다. 반대로 비겁(比劫)이 태다(太多)하면 오히려 재성(財星)을 분탈(分奪)하는 재경비중(財輕比重)의 파격(破格)이 된다.

[원시*TEXT]

金生秋月土重, 貧無寸鐵. 六辛日逢戊子時, 運喜西方, 陰若朝陽, 切忌丙丁離位. 庚辛局全巳酉丑, 位高權重.

금생추월토중, 빈무촌철. 육신일봉무자시, 운희서방, 음약조양, 절기병정리위. 경신국전사유축, 위고권중.

[일람*Scanning]

1. 金이 추월(秋月)에 생(生)하고 土가 중(重)하면 가난하여 촌철(寸鐵)도 없다.

2. 六辛日이 戊子時를 만나면 운(運)이 서방(西方)을 기뻐하며 음(陰)이 조양(朝陽)과 같으니 절대로 丙丁火의 이위(離位)를 꺼린다.

3. 庚辛이 巳酉丑 전국(全局)을 이루면 지위(地位)가 높고, 권세(權勢)가 중(重)하다.

[숙달*Mastery]

추월(秋月) 金日 생(生)이 土가 중(重)하면 빈한(貧寒)하기 그지없다. 六辛日이 戊子時를 만나면 육음조양격(六陰朝陽格)이 되어 관살(官殺) 丙丁火를 꺼리고, 子水가 쓰임이 있으면 귀격(貴格)을 이룬다. 다음은 '조화원약평주'에 조양격(朝陽格)으로 예시된 팔자(八字)로 시지(時支) 子水가 건전하여 金水가 청(淸)하므로 귀(貴)가 높았다.

戊 辛 辛 戊
子 酉 酉 辰

庚辛이 巳酉丑 전국(全局)을 이루면 지위(地位)와 권세(權勢)가 높다. 종혁격(從革格)이기 때문이다. 이때는 火를 만나면 흉하다. 반드시 壬水로 설(洩)해야 한다. 이것은 백호격(白虎格)과 마찬가지다. 이때 水가 없으면 부득이 丁火를 용(用)한다. 다음은 '조화원약평주'에 부격(富格)으로 설명된 팔자(八字)다.

丁 辛 己 丁
酉 丑 酉 丑

[원시*TEXT]

九月辛金, 戊土司令, 母旺子相, 須甲疏土, 壬洩旺金, 先壬後甲. 壬甲兩透, 桃洞之仙, 或壬透甲藏, 又見庚者, 平人. 甲透, 壬藏, 戊在支內, 異途之仕.

구월신금, 무토사령, 모왕자상, 수갑소토, 임설왕금, 선임후갑. 임갑량투, 도동지선. 혹임투갑장, 우견경자, 평인. 갑투, 임장, 무재지내, 이도지사.

[일람*Scanning]

1. 戌月 辛金은 戊土가 사령(司令)하여 모왕자상(母旺子相)하니 마땅히 甲木으로 소토(疏土)하고 壬水로 왕금(旺金)을 설(洩)해야 하니 먼저 壬水를 쓰고 다음으로 甲木을 쓴다.

2. 壬甲이 양투(兩透)하면 도동지선(挑洞之仙)이고, 혹 壬水는 투(透)했는데 甲木이 암장(暗藏)되고 庚金을 보면 평인(平人)이다.

3. 甲木이 투(透)하고 壬水가 암장(暗藏)되었는데 지지(地支)에 戊土가 있으면 이도(異途)로 벼슬을 한다.

[숙달*Mastery]

戌月 辛金은 戊土가 사령(司令)하고 辛金의 여기(餘氣)가 성(盛)하여 모왕자상(母旺子相)하다. 토중(土重)하면 金이 묻히니 甲木이 있어야 하고, 토조(土燥)하면 金이 약해지므로 壬水가 있어야 한다. 壬甲을 용(用)하는 것은 辰月 辛金과 마찬가지지만, 戌土는 조항(燥亢)하므로 반드시 水木이 있어야 한다. 戌月 辛金에 壬甲이 양투(兩透)하고 지지(地支)에 水가 득소(得所)하면 최상(最上)의 명(命)이다. 과갑(科甲)하고 부귀(富貴)를 의심할 필요가 없다.

甲 辛 庚 壬

午 □ 戌 子

戌月 辛金에 壬水가 투(透)하고 甲木이 암장(暗藏)되면 공감(貢監)이나 생원(生員)은 한다. 그러나 庚金을 보면 평범(平凡)해진다. 계월(季

月)은 戊己土가 투(透)하지 않아도 진토(塵土)가 방해하므로 일단 甲木은 투(透)하는 게 좋다. 甲木이 투(透)하고 壬水가 암장(暗藏)되었는데 지지(地支)에 戊土가 있으면 이도(異途)로 발달(發達)한다.

[원시*TEXT]

或辛日甲月, 壬水在支, 有庚自能去濁留清, 秋闈一榜. 若戊戌月, 即有甲在支, 亦否.

혹신일갑월, 임수재지, 유경자능거탁류청, 추위일방. 약무술월, 즉유갑재지, 역부.

[일람*Scanning]

1. 혹 辛日 甲戌月에 壬水가 지지(地支)에 있고 庚金이 있으면 능히 스스로 거탁유청(去濁留清)하여 추위(秋闈)에 일방(一榜)을 이룬다.

2. 만약 戊戌月이고 甲木이 지지(地支)에 있으면 역시 그와 같지 않다.

[숙달*Mastery]

甲戌月 辛金이 壬水는 지지(地支)에 있고 庚金이 있으면 상생(相生)의 작용으로 거탁유청(去濁留清)하니 일방(一榜)은 허락한다. 그러나 戊戌月이고 甲木이 지지(地支)에 있으면 소토(疏土)가 불가(不可)하므로 金의 광채(光彩)가 사라지니 명성(名聲)을 얻기 힘들다.

[원시*TEXT]

總之土太多, 甲不出干, 莫問功名, 得一壬出, 洗土助甲, 雖不發達, 富而可求.

총지토태다, 갑불출간, 막문공명, 득일임출, 세토조갑, 수불발달, 부이가구.

[일람*Scanning]

총론하면 土가 태다(太多)하고 甲木이 출간(出干)하지 않으면 공명(功名)을 묻지 말 것이며 하나의 壬水가 출(出)하여 土를 세척(洗滌)하고 甲木을 조력(助力)하면 비록 발달(發達)하지는 않더라도 가히 부(富)는 구한다.

[숙달*Mastery]

戌月에 당령(當令)한 土가 사오 개 있으면 甲木이 하나 출간(出干)해도 극제(剋制)하기 어렵다. 그러므로 후토(厚土)가 金을 매몰(埋沒)시켜 분류(奔流)하는 명(命)이 된다. 이때 壬水가 투간(透干)하면 土를 세척(洗滌)하고 甲木을 조력(助力)하여 비록 귀격(貴格)을 이루지는 못해도 노력으로 부(富)는 일군다.

[원시*TEXT]

或土多無壬甲, 時月多透丙辛者, 略貴. 加以辰字在支, 則榮顯莫及.

혹토다무임갑, 시월다투병신자, 략귀. 가이진자재지, 즉영현막급.

[일람*Scanning]

1. 혹 土가 많은데 壬甲이 없고 時月에 丙辛이 많이 투(透)하면 개략

(槪略) 귀(貴)하다.

2. 더해서 辰이 지지(地支)에 있으면 영현(榮顯)을 예측할 수 없을 정도다.

[숙달*Mastery]

戌月에는 金水가 진기(進氣)하므로 辛金을 月時에서 丙火가 합(合)하면 암(暗)으로 수기(水氣)가 나타나 작은 부(富)는 있다. 이때 辰土를 얻으면 화격(化格)를 이루어 대부대귀격(大富大貴格)을 이룬다. 그러나 戌月은 토왕(土旺)하여 수기(水氣)를 거스르므로 지지(地支)에 申酉戌 방국(方局)을 이루어야 진화(眞化)가 되는 것이다.

壬 辛 丙 庚

辰 酉 戌 申

[원시*TEXT]

或木多土厚, 無水者常人. 或干上重見癸水, 雖無淘洗之功, 頗有淸明之用. 此命主富, 辛苦.

혹목다토후, 무수자상인, 혹간상중견계수, 수무도세지공, 파유청명지용. 차명주부, 신고.

[일람*Scanning]

1. 혹 木이 많고 土가 후(厚)한데 水가 없으면 상인(常人)이다.

2. 혹 천간(天干)에 중(重)한 癸水를 보면 비록 도세(淘洗)의 공(功)은 없으나 자못 청명(淸明)의 용(用)은 있다.

3. 이러한 명주(命主)는 부(富)하나 신고(辛苦)함이 있다.

[숙달*Mastery]

戌月 辛金은 木이 많아도 술궁(戌宮) 조토(燥土)는 水로 윤택(潤澤)하게 하지 않으면 金을 생(生)하지 못하므로 재왕(財旺)하여 인수(印綬)를 파(破)한다. 결국 신약(身弱)하여 재물을 감당하지 못한다. 신왕재다(身旺財多)는 식상(食傷)을 중심으로 삼는데 水가 없으면 평범(平凡)해지는 것이다. 戌月 辛金은 癸水가 많이 출간(出干)하면 도세(淘洗)의 공(功)은 없으나 金을 청(淸)하게 만든다. 이때는 고생(苦生)으로 부(富)를 일군다. 壬水는 분방(奔放)하여 충쇄(沖刷)하는 작용을 하나 癸水는 징홍(澄泓)하여 오직 윤택(潤澤)하게 만드는 작용만 한다.

[원시*TEXT]

或己透無壬有癸, 亦能滋生金力, 衣衿之貴, 但恐己多, 不免濁富. 九月辛金, 火土為病, 水木為葯.

혹기투무임유계, 역능자생금력, 의금지귀, 단공기다, 불면탁부. 구월신금, 화토위병, 수목위약.

[일람*Scanning]

1. 혹 己土가 투(透)하고 壬水가 없는데 癸水가 있으면 능히 자생금력(滋生金力)하여 의금(衣衿)의 귀(貴)는 있고 단 己土가 많음을 두려우니 탁부(濁富)를 면(免)치 못한다.

2. 戌月 辛金은 火土가 병(病)이 되고 水木이 약(藥)이 된다.

[숙달*Mastery]

戌月 辛金에 癸水가 투(透)했는데 戊土가 투(透)하면 쓰임을 잃고, 己土가 있으면 습윤(濕潤)하여 金을 생(生)하니 작은 부귀(富貴)는 있다. 만일 己土가 많으면 金을 더럽히니 이때는 壬水가 있어도 귀격(貴格)을 이룰 수 없고 부정한 재물을 피하기 어렵다. 한 마디로 戌月 辛金은 火土가 병(病)이고 水木이 약(藥)이다.

戌月 辛金이 水가 전혀 없다면 하격(下格)이 되기 십상이다. 그러나 庚金이 투(透)하면 재관(財官)을 감당할 수 있다. 이때는 丁火를 용신(用神)으로 삼는다. 다음은 물리학자, 마리 퀴리(Marie Curie)의 팔자(八字)로 두 번에 걸쳐 노벨상을 수상했다.

乙 辛 庚 丁
未 卯 戌 卯

■ 三冬辛金 (삼동신금)

[원시*TEXT]

十月辛金, 時値小陽, 陽氣漸升, 寒氣將降, 先用壬水, 次取丙火, 壬丙兩透, 金榜題名, 何也? 蓋辛金有壬水丙火, 名金白水清, 又在亥月故發. 丙透壬藏, 採芹之造. 丙藏壬透, 富有千金. 壬丙在支, 聰明之士.

시월신금, 시치소양, 양기점승, 한기장강, 선용임수, 차취병화, 임병량투, 금방제명, 하야? 개신금유임수병화, 명금백수청, 우재해월고발. 병투임장, 채근지조. 병장임투, 부유천금. 임병재지, 총명지사.

[일람*Scanning]

1. 亥月 辛金은 때가 소양(小陽)을 만나니 양(陽)이 점점 오르고 한기(寒氣)가 장차 내려오므로 먼저 壬水를 용(用)하고 다음으로 丙火를 취(取)하는데 壬丙이 양투(兩透)하면 금방(金榜)에 이름을 올린다.

2. 대개 辛金에 壬水와 丙火가 있으면 금백수청(金白水淸)이라 하는데 또한 亥月에 있어 발달(發達)하기 때문이다.

3. 丙火가 투(透)하고 壬水가 암장(暗藏)되면 채근(採芹)하는 명조(命造)다.

4. 丙火가 암장(暗藏)되고 壬水가 투(透)하면 천금(千金)의 부(富)가 있다.

5. 壬丙이 지지(地支)에 있으면 총명(聰明)한 선비다.

[숙달*Mastery]

亥月 辛金은 때가 소양(小陽)을 만나니 양기(陽氣)가 땅 속을 흐르고, 한기(寒氣)가 왕성(旺盛)하기 직전이다. 壬水를 선용(先用)하고, 丙火로 온난(溫暖)하게 하면 금백수청(金白水淸)을 이룬다. 고서(古書)에 이르길, "금수상관(金水傷官)은 동령(冬令)을 가리킨다"고 했다. 금수상관(金水傷官)은 丙火를 기뻐하니 辛金에 壬水와 丙火가 있으면 금백수청(金白水淸)으로 부귀격(富貴格)을 이룬다. 亥月에는 壬水가 장

생(長生)하여 특히 길하다. 다음은 청(淸)나라 문황제(文皇帝), 홍타이지(皇太極)의 팔자(八字)다.

丙 辛 辛 壬
申 亥 亥 辰

丙火가 투(透)하고 壬水가 암장(暗藏)되면 채근(採芹)하는 은덕(恩德)은 입으니 공감(貢監)이나 향신(鄕紳)은 한다. 丙火가 암장(暗藏)되고 壬水가 투(透)하면 부(富)는 크나 귀(貴)가 없다. 壬丙이 지지(地支)에 암장(暗藏)되면 수사(秀士)에 불과하다. 다음은 고타마 싯다르타(Gotama Siddharta), 석가모니(釋迦牟尼)의 팔자(八字)다. 壬丙이 투간(透干)하지 않아 속진(俗塵)의 부귀(富貴)와는 거리가 멀었고, 壬丙이 암장(暗藏)되고 癸水가 출간(出干)하여 금백수청(金白水淸)의 수명(秀命)이다.

癸 辛 辛 丁
巳 卯 亥 酉

[원시*TEXT]

戊壬在柱, 積富之人. 或壬多無戊, 名辛水汪洋, 反成貧賤. 戊多壬少, 又主成名. 或甲多戊少, 因藝術而蓄金.

무임재주, 적부지인. 혹임다무무, 명신수왕양, 반성빈천. 무다임소, 우주성명. 혹갑다무소, 인예술이축금.

[일람*Scanning]

1. 戊壬이 사주(四柱)에 있으면 부(富)를 축적(蓄積)하는 사람이다.

2. 혹 壬水가 많고 戊土가 없으면 신수왕양(辛水汪洋)이라 해서 반대로 빈천(貧賤)해진다.

3. 戊土가 많고 壬水가 적으면 또한 명주(命主)는 공명(功名)을 이룬다.

4. 혹 甲木이 많고 戊土가 적으면 예술(藝術)로 인해 축재(蓄財)한다.

[숙달*Mastery]

亥月 辛金에 丙火가 없고 戊壬이 있으면 부격(富格)이다. 壬水가 많고 戊土가 없으면 금수왕양(金水汪洋)으로 빈천(貧賤)해진다. 戊土가 출간(出干)하여 당권(當權)한 壬水를 제(制)하면 과갑(科甲)을 의심할 필요가 없다. 甲木이 많고 戊土가 적으면 상관생재(傷官生財)하여 예술(藝術)로 치부(致富)한다. 다음은 의류 계통에 종사하여 부자(富者)가 된 팔자(八字)다.

己 辛 乙 甲
亥 卯 亥 午

[원시*TEXT]

若己多有戊, 壬水被困, 金被埋, 不過誠實之人. 或壬癸多無戊丙者, 勞碌辛苦. 十月辛金, 先壬後丙, 餘皆參用.

약기다유무, 임수피곤, 금피매, 불과성실지인. 혹임계다무무병자, 로록신고. 십월신금, 선임후병, 여개참용.

[일람*Scanning]

1. 혹 己土가 많고 戊土가 있으면 壬水가 피곤(疲困)해지니 金이 묻히니 성실(誠實)한 사람에 불과(不過)하다.

2. 혹 壬癸水가 많고 戊丙이 없으면 노록(勞碌)하고 신고(辛苦)가 따른다.

3. 亥月 辛金은 먼저 壬水를 쓰고 다음으로 丙火를 쓰며 나머지는 참작(參酌)해서 용(用)한다.

[숙달*Mastery]

亥月 辛金에 戊己土가 많아 壬水를 곤(困)하게 하고, 辛金이 매몰(埋沒)되면 상관패인(傷官佩印)이 편중(偏重)되어 종신(終身)토록 예술(藝術)하기 쉽고, 견실(堅實)하다. 壬癸水가 많고 戊丙이 없으면 분류(奔流)하고 고생(苦生)이 많다. 亥月 辛金은 壬丙을 용(用)하여 귀격(貴格)을 이룬다.

[원시*TEXT]

十一月辛金, 癸水司令, 為寒冬雨露, 切忌癸出凍金, 而困丙火, 壬丙兩透, 不見戊癸, 衣錦腰金. 即壬藏丙透, 一榜堪圖.

십일월신금, 계수사령, 위한동우로, 절기계출동금, 이곤병화, 임병량투, 불견무계, 의금요금. 즉임장병투, 일방감도.

[일람*Scanning]

1. 子月 辛金은 癸水가 사령(司令)하여 한동(寒冬)의 우로(雨露)가

되니 癸水가 출(出)하여 金이 얼어붙는 것과 丙火가 곤(困)해짐을 기피(忌避)하여 壬丙이 양투(兩透)하고 戊癸를 보지 않으면 비단옷과 금띠를 두른다.

2. 만일 壬水가 암장(暗藏)되고 丙火가 투(透)하면 일방(一榜)은 감당(勘當)하고 도모(圖謀)한다.

[숙달*Mastery]

子月 辛金은 癸水가 득령(得令)하여 癸水가 출간(出干)하는 것을 가장 꺼리니 이는 辛金이 얼고 丙火가 곤(困)해지기 때문이다. 壬丙이 양투(兩透)하고 戊土가 출간(出干)하지 않으면 과갑(科甲)으로 현신(顯臣)이 된다. 壬水가 암장(暗藏)되고 丙火가 투(透)하면 일방(一榜)은 있다. 다음은 '자평진전평주'에 금수식신격(金水食神格)에 칠살(七殺)을 용(用)하는 팔자(八字)다. 차명(此命)의 귀(貴)는 丁火 용(用)에 있는 것이 아니라 일지(日支) 巳에 득지(得地)한 丙火에 있는 것이다.

丁 辛 壬 丁
酉 巳 子 亥

[원시*TEXT]

或壬多有戊, 丙甲出干者, 青雲之客. 若壬多無戊丙者, 洩金太過, 定主寒儒, 或壬多, 甲乙重重, 無丙火者, 貧寒.

혹임다유무, 병갑출간자, 청운지객. 약임다무무병자, 설금태과, 정주한유. 혹임다, 갑을중중, 무병화자, 빈한.

[일람*Scanning]

1. 혹 壬水가 많고 戊土가 있는데 丙甲이 출간(出干)하면 청운지객(靑雲之客)이 된다.

2. 만약 壬水가 많고 戊丙이 없으면 金의 설(洩)이 태과(太過)하여 명주(命主)는 한유(寒儒)가 된다.

3. 혹 壬水가 많고 甲乙이 중중(重重)한데 丙火가 없으면 빈한(貧寒)하다.

[숙달*Mastery]

子月 辛金에 壬水가 많고 戊土가 있는데 丙甲이 출간(出干)하면 중화(中和)의 배합(配合)을 얻어 공감(貢監) 정도로 그치지 않는다. 만약 壬水가 많고 戊丙이 없으면 金의 설(洩)이 태과(太過)하여 추운 선비다. 壬水가 많고 甲乙이 중중(重重)한데 丙火가 없으면 학문(學文)은 잃지 않으나 재다신약(財多身弱)으로 한유수사(寒儒秀士)라 할 수 있다.

[원시*TEXT]

或支成水局, 癸水出干, 有二戊制者, 富貴恩榮, 無戊者常人. 或支見亥子丑, 干出比劫, 無丙, 名潤下格, 富貴雙全, 運喜西北. 若無庚辛, 又出甲乙, 無戊丙者, 必主僧道.

혹지성수국, 계수출간, 유이무제자, 부귀은영, 무무자상인. 혹지견해자축, 간출비겁, 무병, 명윤하격, 부귀쌍전, 운희서북. 약무경신, 우출갑을, 무무병자, 필주승도.

[일람*Scanning]

1. 혹 지지(地支)에 수국(水局)을 이루고 癸水가 출간(出干)했는데 두 개의 戊土가 제(制)하면 부귀(富貴)하고 은영(恩榮)이 있으며 戊土가 없으면 상인(常人)이다.

2. 혹 지지(地支)에 亥子丑을 보고, 천간(天干)에 비겁(比劫)이 출(出)했는데 丙火가 없으면 윤하격(潤下格)으로 부귀(富貴)가 쌍전(雙全)하며 서북운(西北運)을 기뻐한다.

3. 만약 庚辛이 없고 甲乙木이 출(出)했는데 戊丙이 없으면 명주(命主)는 반드시 승도(僧道)가 된다.

[숙달*Mastery]

子月 辛金에 지지(地支)에 수국(水局)을 이루고 癸水가 출간(出干)했는데 두 개의 戊土가 제(制)하면 대부귀(大富貴)한다. 이때 戊土가 없으면 빈고(貧苦)하거나 평범(平凡)하다. 지지(地支)에 亥子丑이 있으면 윤하(潤下)가 통원(通源)한다. 더해서 천간(天干)에 庚辛金을 보면 윤하격(潤下格)으로 부귀(富貴)가 비상(非常)하다. 이때는 동남운(東南運)을 꺼리고, 서북운(西北運)을 기뻐한다. 혹 庚辛金이 출간(出干)하지 않았는데 甲乙木이 출간(出干)하고 戊丙이 없으면 승도(僧道)가 된다. 子月 辛金이 수국(水局)으로 수왕금침(水旺金沈)하면 辛金으로 논하지 않고 壬水로 보아 丙戊를 취하니 변격(變格)이다.

[원시*TEXT]

或支成木局, 有丁出干, 又見戊者, 功名特達. 冬月辛金, 須丙溫暖方妙.

혹지성목국, 유정출간, 우견무자, 공명특달. 동월신금, 수병온난방묘.

[일람*Scanning]

1. 혹 지지(地支)에 목국(木局)을 이루고 丁火가 출간(出干)했는데 또한 戊土를 보면 공명(功名)이 특달(特達)한다.
2. 동월(冬月) 辛金은 마땅히 丙火로 온난(溫暖)해야 묘(妙)하다.

[숙달*Mastery]

동월(冬月) 辛金은 丙火를 용신(用神)으로 삼는 게 마땅한데 丁火가 출간(出干)해도 특별히 발달(發達)한다고 한 말은 경험으로 말한 것 같다. **대개 음양간(陰陽干)을 불문하고 팔자(八字)에 재관인(財官印) 삼자(三者)를 모두 갖추면 복수(福壽)가 가득하다.** 지지(地支)에 목국(木局)을 이루고 丁火와 戊土가 출간(出干)하면 이에 부합된다.

[원시*TEXT]

十一月辛金, 寒凍之極, 先丙後壬, 無丙不能解凍, 無壬不能洗淘. 丙壬兩透, 金馬玉堂之客. 壬丙俱藏, 游庠食饎之人. 有丙無壬富真貴假. 有壬乏丙, 賤而且貧. 或丙多, 無壬, 有癸, 市中貿易之流. 或水多, 有戊己出干, 又有丙丁, 必主衣食充盈, 一生安樂.

십일월신금, 한동지극, 선병후임, 무병불능해동, 무임불능세도. 병임량투, 금마옥당지객. 임병구장, 유상식희지인. 유병무임부진귀가. 유임핍병, 천이차빈. 혹병다, 무임, 유계, 시중무역지류. 혹수다, 유무기출간, 우유병정, 필주의식충영, 일생안락.

[일람*Scanning]

1. 丑月 辛金은 한동(寒冬)이 지극(至極)하니 먼저 丙火를 쓰고 다음에 壬水를 쓰는데 丙火가 없으면 해동(解凍)이 불능(不能)하고 壬水가 없으면 도세(淘洗)가 불능(不能)이다.

2. 丙壬이 양투(兩透)하면 금마옥당지객(金馬玉堂之客)이 된다.

3. 丙壬이 함께 암장(暗藏)되면 유상(游庠)하며 의식(衣食)이 여유(餘裕)있는 사람이다.

4. 丙火가 있고 壬水가 없으면 부(富)는 참되나 귀(貴)는 가장(假裝)된 것이다.

5. 壬水가 있고 丙火가 결핍(缺乏)되면 하천(下賤)하고 또 가난하다.

6. 혹 丙火가 많고 壬水가 없는데 癸水가 있으면 시중(市中)에서 무역(貿易)을 하는 계층이다.

7. 혹 水가 많고 戊己土가 출간(出干)했는데 丙丁火가 있으면 반드시 의식(衣食)이 충분(充分)하고 넘치며 일생(一生)이 안락(安樂)하다.

[숙달*Mastery]

丑月 辛金은 한기(寒氣)가 심하여 물이 얼어붙으니 먼저 丙火를 용신(用神)으로 삼아 해동(解凍)하고 壬水로 도세(淘洗)한다. 그러므로 丙壬이 양투(兩透)하면 부귀(富貴)가 청아(淸雅)하여 가장 높은 행정기관의 관리(官吏)가 된다. 丙壬이 함께 암장(暗藏)되면 학교를 부유(浮游)하며 가르치거나 배우면서 의식(衣食)이 차고 넘치는 편안한 팔자(八字)다. 丙壬 중 하나가 투(透)하고 하나가 암장(暗藏)되면 의금(衣衿)이 적지 않다. 丙火가 있고 壬水가 없으면 부(富)는 참되나 귀(貴)는

가장(假裝)된 것이다. 壬水가 있고 丙火가 결핍(缺乏)되면 고빈(孤貧)하고 승도(僧道)가 된다. 丙火가 많고 壬水가 없는데 癸水가 있으면 무역(貿易)을 한다. 팔자(八字)에 水가 많고 戊己土가 출간(出干)했는데 丙丁火가 있으면 중화(中和)의 배합(配合)을 얻어 의록(衣祿)이 풍족(豊足)하고 일생(一生)이 안락(安樂)하다. 다음은 '조화원약평주'에 예시된 팔자(八字)다. 庚金을 보아 乙木 재(財)를 능히 감당한다. 시지(時支) 寅에 丙火가 득소(得所)하여 의금(衣衿)이 있다.

庚 辛 己 乙
寅 卯 丑 丑

'서락오'가 차명(此命)을 두고 己土와 乙木을 보아 기쁘다고 했는데 이것은 인수용재격(印綬用財格)을 이루기 때문이다.

[원시*TEXT]

十二月辛金, 丙先壬後, 戊己次之.

십이월신금, 병선임후, 무기차지.

[일람*Scanning]

丑月 辛金은 丙火를 먼저 용(用)하고 壬水가 다음이며, 戊己土를 차용(次用)한다.

[숙달*Mastery]

丑月 辛金은 丙壬을 용(用)하여 금수상관희견관(金水傷官喜見官)의

격(格)으로 귀(貴)를 정한다. 이때 水가 많으면 戊己土로 제(制)하는 상관패인격(傷官佩印格)이 차선(次善)이다.

| 참고문헌 |

- 余氏用神辭淵 行卯出版 梁湘潤 編著
- 窮通寶鑑・欄江網 武陵出版 徐樂吾 評註
- 窮通寶鑑評註 益群出版 李鐵筆 編著
- 造化元鑰評註 武陵出版 徐樂吾 評註
- 造化元鑰評註 益群出版 李鐵筆 編著
- 窮通寶鑑精解 明文堂 崔鳳秀, 權伯哲 講述
- 三命通會 武陵出版 萬民英 著
- 命理乾坤 武陵出版 鍾義明 著
- 四柱推命十干秘解 佐藤六龍 編著

李修 先生 活動 年表

1965년 釜山 출생

1999년 역학계 데뷔

스포츠조선 '오늘의 운세' 연재

2000년 운세 역학 포털사이트 '애스크퓨처닷컴(www.askfuture.com)' 런칭

중앙일보 이코노미스트, 한국경제신문 고정 칼럼니스트

한국경제TV MC 및 패널리스트

- 이코노미스트, "이수 선생의 四柱-테크"
- 한국경제신문, "명사들의 사주 산책"
- 한국경제TV, '국민주식고충처리반'
- 한국경제TV, "동양학으로 보는 증시 예단"

2001년 한국능률협회, 최고 경영자 과정 세미나 초빙 강연

'이수문파(李修門派)' 창건

코리아타임즈(The Korea Times) 칼럼니스트

- 코리아타임즈, 중앙데일리 "매년 國運 예측" 기고
- 이코노미스트, "벤처CEO 추명(推命) 탐방 시리즈"

- 한국경제신문, "십간론 증시 예측"

2002년 이코노미스트, '이수 · 고승덕' 하계 투자 컨설팅 세미나

중앙일보 '오늘의 운세' 연재

증시 사이트 '팍스넷' 투자분석가(전문 애널리스트) 활동

서울경제신문 '오늘의 재운' 연재

- 한국경제TV, '投資와 命理'

- 한국경제TV, "동양학으로 그려본 2002년 주가 그래프"

2003년 스포츠조선 계열사 SCFM 대표이사 취임

스포츠조선 칼럼니스트

- 스포츠조선, "재테크와 역술"

- 이코노미스트, "CEO 풍수학"

- 월간중앙, "이수의 명리학 강의 – 세기적 인물의 사주학적 운명"

2004년 원광대학교 동양학 대학원 명리학 강의

머니투데이 칼럼니스트

- '매직다우, ^DJI 등락 주간 예측' 연재

- 한국경제TV, '건강충전, 풍수–테크'

2005년 AskFuture USA Inc. 설립

성균관대학교 경영학 대학원 금융MBA 과정 출강

매일경제신문 '창조포럼' 창조 리더 연사

난강망(欄江網) 마스터리-II

초판 1쇄 2006년 4월 30일
초판 2쇄 2017년 7월 18일
지은이 이 수(李 修)
펴낸이 장석홍
펴낸곳 도서출판 장서원
주소 서울 용산구 한강대로 88길 21-5
전화 703-5362 팩스 713-7436
등록 제 03-01213호
E-mail moonumsa@hanmail.net
정가 30,000원